交通科技丛书

Pavement Base Structures and Materials in Frozen Soil Regions

冻土地区路面基层结构与材料

马　骉　王秉纲　著

人民交通出版社
China Communications Press

内 容 提 要

本书针对冻土地区公路路面基层特殊的施工和使用条件，结合多年来的科研成果和工程经验，对基层结构与材料进行了系统总结与分析。内容包括：冻土及其工程性质，冻土地区公路工程特点，冻土地区路面基层与结构组合，水泥稳定粒料特性与组成设计，水泥稳定粒料基层施工，级配碎石材料特性与组成设计，级配碎石基层施工，沥青稳定碎石材料特性与配合比设计，沥青稳定碎石基层施工等。

本书可供从事冻土地区路面工程研究、设计、施工人员及大专院校相关专业师生学习参考。

图书在版编目(CIP)数据

冻土地区路面基层结构与材料/马骉，王秉纲著．—北京：人民交通出版社，2007.10

ISBN 978-7-114-06868-3

Ⅰ．冻… Ⅱ．① 马…②王… Ⅲ．①冻土区—路面—道路工程—工程结构②冻土区—路面—道路工程—工程材料 Ⅳ．U416.2

中国版本图书馆 CIP 数据核字(2007) 第 156623 号

交通科技丛书

书　　名：冻土地区路面基层结构与材料

著 作 者：马　骉　王秉纲

责任编辑：丁润铎

出版发行：人民交通出版社

地　　址：(100011)北京市朝阳区安定门外外馆斜街 3 号

网　　址：http://www.ccpress.com.cn

销售电话：(010)85285838，85285995

总 经 销：北京中交盛世书刊有限公司

经　　销：各地新华书店

印　　刷：北京凯通印刷厂

开　　本：787×960　1/16

印　　张：15.5

字　　数：284 千

版　　次：2007 年 10 月　第 1 版

印　　次：2007 年 10 月　第 1 次印刷

书　　号：ISBN 978-7-114-06868-3

印　　数：0001～3000 册

定　　价：36.00 元

前　　言

冻土在我国的分布面积较大，约占我国国土面积的50%以上，其中多年冻土面积约215万km^2，占我国国土面积的22.3%，仅次于俄罗斯（1 000万km^2）和加拿大（390～490万km^2），位居世界第三。多年冻土的工程性质以及冻土地区的特殊自然条件，给冻土地区公路建设带来了巨大困难。

路面基层作为路面结构中的主要承重层，其强弱和好坏明显影响着路面结构的整体强度、使用品质和使用寿命，路面的许多病害与基层状况直接相关。随着半刚性基层在我国公路路面中的广泛应用，冻土地区公路路面基层类型也比较单一，以水泥稳定粒料等半刚性基层为主。但在一些冻土地区低温、大温差、干燥、冻融循环剧烈等特殊自然条件下，半刚性基层普遍出现强度低、难以形成板体、收缩开裂严重等问题，导致路面整体承载能力和抗变形能力明显降低，产生反射裂缝、不均匀沉陷、坑槽和松散等多种病害，严重影响路面的使用性能。冻土地区公路路面特殊的使用条件和施工条件对路面基层结构与材料提出了特殊要求。长安大学先后在交通部行业联合科技攻关项目《高原多年冻土地区路基路面典型结构研究》，交通部西部交通建设科技项目《西藏干线公路修筑技术研究》、《多年冻土地区路面设计与施工技术研究》、《青藏公路改建技术研究及应用示范》等研究中，从设计、施工、养护管理等方面，对冻土地区特殊使用条件下的水泥稳定粒料基层、级配碎石基层、沥青稳定碎石基层等基层结构与材料开展了系统研究，取得了具有实用价值的创新成果。本书便是这些科研成果和相关工程经验的总结，以期为冻土地区公路路面设计与施工提供参考和帮助，促进冻土地区公路修筑技术的发展。

全书共分九章。第一章介绍了冻土及其分布、冻土工程性质。第二章论述了冻土地区的特殊工程地质，以及该地区公路路基和沥青路面的病害类型及其产生原因。第三章计算分析了沥青路面基层对冻土路基融沉变形的适应能力，以及级配碎石基层对沥青路面吸热的改善，推荐了适宜于冻土地区的路面基层结构组合。第四章、第六章、第八章分别论述了水泥稳定砂砾、级配碎石、沥青稳定碎石等基层混合料在冻土地区条件下的材料特性及相关研究成果，提出了混合料组成设计方法。第五章、第七章和第九章从原材料、机械设备、施工工艺、质量控制等方面，阐述了水泥稳定砂砾、级配碎石、沥青稳定碎石等基层在冻土地区条件下的施工技术。

谨以此书献给为青藏高原冻土地区公路修筑技术科学研究而献身的我国公路交通领域知名专家、长安大学博士生导师胡长顺教授！本书中的研究成果浸透着他的智慧和心血。斯人已逝，精神犹在！

由于作者水平有限，书中不足之处在所难免，敬请读者不吝赐教，批评指正。

著　者

2007年6月

目　　录

第一章　冻土及其工程性质

第一节　冻土及其分布

一、冻土

含水的松散岩石和土，冷却到 0℃以下时，其中水相变成冰，这是冻结状态的主要标志。凡是温度在 0℃或 0℃以下，且含冰的岩石和土，即使含冰率很少，均称为冻土。在致密的冻土内，即使温度相当低，亦会有相当数量的未冻水和冰共存，其数量取决于土的温度、它的组成以及其他因素。假如在具有负温的土内，冰和未冻水之间还未达到相态平衡，则当含冰率增大时，称之为冻结土；而当含冰率减小时，称它为解冻土。温度为 0℃或负温，但不含冰的岩石和土称为耐冻土或耐寒土。具有正温的岩石和土称为未冻土。

根据冻结时间的长短，冻土可分为季节冻土、隔年冻土和多年冻土。冬季冻结而夏季全部融化的土层称为季节冻土，季节冻结层又称为季节作用层、季节活动层。冬季冻结而一、两年内不融化的土层称为隔年冻土。冻结三年或三年以上的土层称为多年冻土。

多年冻土层上的表土层，夏季融化而冬季冻结，属于季节冻土，通称为季节冻融层。季节冻融层根据其与下伏多年冻土的关系，可分为：季节冻结层——夏季融化，指冬季冻结时不与多年冻土层衔接或其下为融土层；季节融化层——夏季融化，为冬季冻结时与多年冻土完全衔接的土层。对应这种关系，多年冻土根据其与上覆季节冻融层的关系，可分为不衔接冻土和衔接冻土。不衔接冻土是指季节冻结层下的多年冻土，主要分布在不太严寒的地区，在北半球是分布在高纬度多年冻土地区的南部。衔接冻土是指季节融化层下的多年冻土，与不衔接冻土相比，分布在更为寒冷的地区，在北半球是分布在高纬度多年冻土区的北部。

根据未冻水含量和冰的胶结程度，冻土可分为以下三类：

(1)坚硬冻土：土中未冻水含量很少，土粒为冰牢固胶结，土的强度高，压缩性小，在荷载下表现为脆性破坏。当不同土的温度低于一定数值时，易呈坚硬冻土：如粉砂－0.3℃，粉土－0.6℃，粉质黏土－1.0℃，黏土－1.5℃。

(2)塑性冻土：含大量未冻水，土的强度不高，压缩性较大；当土的温度在0℃以下至坚硬冻土温度上限之间，饱和度小于 80%时，呈塑性冻土状态。

(3)松散冻土:土的含水率较小,土粒未被冰所胶结,仍呈冰前的松散状态,其力学性质与未冻土无大差别,砂土与碎石土常为松散冻土。

二、冻土的分类

国内外对冻土类型的划分基本上有两种方法:一是根据冻土的物理性质和含冰特征进行分类,二是根据冻土的特殊工程性质进行分类。前者是一种通用的分类方法,对有关工程及冻土学理论研究均适用,尤其适用于冻土的现场分类和描述,而后者是针对冻土区各项工程建设提出的,对冻土区的工程地质勘察和建筑物地基基础设计具有实际意义。

美国的土统一分类系统中,冻土分类补充系统的有关冻土描述和分类,是由加拿大国家研究理事会和美国陆军工程师兵团共同提出的,该冻土分类系统着重于现场描述和分类,将土相(冻结与非冻结)通过土粒粒组划分进行鉴别,并根据土的物理性质和含冰特征进行分类。

前苏联的冻土技术标准,是按照其《土分类国家标准》进行多年冻土分类和命名。分类分为三个层次,第一层次是按粒度成分划分,分为粗碎屑土、砂土和按塑性指数与孔隙比划分出粉土、黏土、黄土、淤泥。第二层次是按充填物、结构密度、有机质相对含量及现存包裹体的含量进行细分。第三层次是按性质划分,即饱水程度、含盐程度、冻土温度和相对含冰率、冰胶结程度、流动性指标、膨胀程度及下沉程度等进行更详细的划分。冻土分类的主要依据是冻土的温度、相对含冰率、冰胶结程度、含盐量、有机质含量等。

我国最初的冻土分类系统主要考虑冻土的特殊工程性质,即按照多年冻土的含冰特征及融沉等级将其分为少冰冻土、多冰冻土、富冰冻土、饱冰冻土和含土冰层五种类型,具体表现在铁路和公路部门制定的冻土分类系统中。由铁道部第一铁路勘测设计院、铁道部科学研究院西北研究所、中国科学院兰州冰川冻土研究所共同编制的"青藏高原多年冻土地区铁路勘测设计细则"中提出的冻土分类方案,考虑了土的粒度成分、总含水率以及冻土融化后的潮湿程度,按融沉性将冻土分为上述五种类型。西安公路交通大学提出的公路多年冻土分类同样是考虑了冻土的粒度成分、总含水率以及融沉系数将冻土也分为五种类型。中国科学院兰州冰川冻土研究所提出的综合冻土工程分类系统,综合反映了多年冻土的冻胀、融沉、强度及冷生构造之间的内在联系。由黑龙江省寒地建筑科学研究院主编,建设部颁布的《冻土地区建筑地基基础设计规范》(1998 年)中,对冻土的分类又补充了按冻土的盐渍化、泥炭化程度及冻土的压缩系数分类的有关内容。长安大学和中国科学院寒区旱区环境与工程研究所(2000 年)针对公路工程的特点,以多年冻土的粒度组成、冻土的年平均地温及含冰特征为基础,综合考虑不同冻土地温带具有的热稳定性和融沉特性,提出了多年冻土地区冻土的公路工程分类方案（表 1-1）。

多年冻土区冻土公路工程分类

表 1-1

土的类别		总含水率 w_n(%)	体积含冰率(i)	冻土温度(℃)	冻土类型
粗颗粒土	粉黏粒含量≤15%	＜10	i＜0.1（少冰冻土）	不考虑	稳定型冻土(I)
	粉黏粒含量＞15%	＜12			
细砂、粉砂		＜14			
黏性土		＜w_p			
粗颗粒土	粉黏粒含量≤15%	10～16	i=0.1～0.2（多冰冻土）	0.0～−1.0	过渡型冻土(II)
	粉黏粒含量＞15%	12～18			
细砂、粉砂		14～21		＜−1.0	稳定型冻土(I)
黏性土		$w_p<w_n<w_p+7$			
粗颗粒土	粉黏粒含量≤15%	16～25	i=0.2～0.3（富冰冻土）	0.0～−1.5	过渡型冻土(II)
	粉黏粒含量＞15%	18～25			
细砂、粉砂		21～28		＜−1.5	稳定型冻土(I)
黏性土		$w_p+7<w_n<w_p+15$			
粗颗粒土	粉黏粒含量≤15%	25～48	i=0.3～0.5（饱冰冻土）	0.0～−1.0	不稳定型冻土(III)
	粉黏粒含量＞15%	25～48		−1.0～−2.0	过渡型冻土(II)
细砂、粉砂		25～45			
黏性土		$w_p+15<w_n<w_p+35$		＜−2.0	稳定型冻土(I)
粗颗粒土	粉黏粒含量≤15%	＞48	i＞0.5（含土冰层）	0.0～−1.0	不稳定型冻土(III)
	粉黏粒含量＞15%	＞48		−1.0～−2.0	过渡型冻土(II)
细砂、粉砂		＞45			
黏性土		＞w_p+35		＜−2.0	稳定型冻土(I)

注：①粗颗粒土包括碎（砾）石土、砾砂、粗砂、中砂；

②w_p 为塑限含水率；

③总含水率界限中的+7%、+15%、+35%为黏性土的中间值，砂粒多的比该值小，黏粒多的比该值大。

三、冻土的分布

1. 世界冻土分布

地球上多年冻土总面积约为 3 500 万 km^2，约占地球大陆面积的 25%，主要分布在西伯利亚、阿拉斯加和加拿大北部等地区，此外南极和格陵兰的无冰川覆盖地段和冰盖边缘地下，以及南美和中亚的高山地区也有分布。

冻土在地球上的分布具有明显的纬度地带性和高度地带性。在水平方向和垂直方向上，多年冻土带都可分为连续多年冻土带、不连续多年冻土带和岛状多年冻土带。在纬度地带性上，自高纬度向中纬度，多年冻土埋深逐渐增加，厚度不断减小，年平均地温相应升高，由连续多年冻土带过渡为不连续多年冻土带、季节冻土带。如欧亚大陆极地区域冻土出露地表，厚达千米以上，年平均地温－15℃；到北纬 60°附近，冻土厚百米左右，地温升至－3～－5℃；至北纬约 48°，冻土厚仅数米，地温接近 0℃。高山地区冻土的分布，主要取决于海拔高度的变化。海拔愈高，冻土埋深愈浅，厚度愈大，地温愈低。我国西北部山区，每升高 100～150m，冻土埋深减少 20～30m，厚度增加 30m，地温降低 1℃。冻土分布的地带性规律，经常受到海陆分布、组成物质和地貌部位等非地带性因素的干扰。大陆性气候虽不利于冰川的成长，却有利于冻土、冰缘的发育。

围绕极地的多年冻土为高纬度多年冻土，其分布有明显的纬度地带性，在北半球自北而南多年冻土分布的连续性逐渐减小。北部为连续多年冻土带，通常以－5℃年平均地温等值线作为分布的南界。往南形成断续或广布多年冻土带，其南界大致与－4℃年平均气温等值线相符。再往南为高纬度多年冻土区的南部边缘地区，形成岛状或散布多年冻土带，其南部界线即为多年冻土南界。多年冻土南界以南、一定海拔高度上出现的多年冻土称为高海拔多年冻土，其分布有明显的垂直带性，厚度一般自多年冻土出现的最低界线(即多年冻土下界)往上，随高度的递增而增加。多年冻土南界以南还分布有残余多年冻土，它们是更新世寒冷期形成的多年冻土退化残存的结果。如在西西伯利亚，多年冻土南界为北纬 66°，而在 63°N 地下 200m 深处发现残余多年冻土。残余多年冻土有时出现在多年冻土区南缘的地下深处，与现代多年冻土一起构成双层多年冻土。

2. 我国冻土分布

我国冻土主要分布在青藏高原地区、东北北部地区及西北高山区。

具有世界屋脊之称的青藏高原是耸立于中低纬度的巨大隆起，其海拔高(平均 4 000 米以上)、气候严寒的特点决定着高原冻土的存在和广泛分布，是多年冻土最发育的地区。青藏高原的多年冻土位于高纬度多年冻土南界以南，属高海拔多年冻土，是世界上中、低纬度地带海拔最高、面积最大的多年冻土区，面积约 149 万 km^2，占中国多年冻土总面积的 70%。青藏高原多年冻土基本呈连续或大片分布，温度低，地下冰厚。青藏公路和青藏铁路格尔木至拉萨段自北而南纵贯青藏高原腹地，穿越青藏高原的大片连续多年冻土、岛状多年冻土和季节冻土区。沿线的多年冻土基本呈大面积连续分布，主要有岛状不连续多年冻土和大片连续多年冻土两种类型，且具有强烈的垂直地带性，多年冻土温度、厚度受海拔高度的控制，海拔越高，温度越低，多年冻土就越厚。

中国东北多年冻土位于欧亚大陆高纬度多年冻土区的南缘，主要分布在大、小兴安岭和松嫩平原北部，面积约 39 万 km^2，介于北纬 46°30′与北纬 53°30′之间，海拔几百米至 1 000m 上下。自南向北或由东南至西北，高纬度多年冻土分布及其特征具有明显的纬度地带性规律，多年冻土类型由零星岛状多年冻土过渡为岛状融区多年冻土、大块连续多年冻土。由于地貌、冬季逆温、植被、松散层厚度差异等的影响，多年冻土分布、形成、发育的上述纬度地带性规律受到一定干扰，使其在纬度地带背景上又展现出区域性或地段性差异。但不论是北部或是南部，冻土分布及发育都有一共同特点：即低处冻土厚度较大、温度较低。冻土退化顺序是：先阳坡，后阴坡；先高处，后低处；先山上，后谷底。

高山多年冻土主要分布在西部内陆如阿尔泰山、天山、祁连山等山系海拔某一高度以上位置，各山系气候、地理、地质条件不同，多年冻土分布下界亦不相同。由下界随海拔高度上升，冻土分布的连续性增大，由岛状至大片连续分布过渡，冻土温度随之降低、厚度随之增大，具有明显的垂直分布性。阿尔泰山多年冻土区位于高纬度欧亚大陆多年冻土南界附近，属高纬度山地多年冻土，分布面积约 1.1 万 km^2。其下界海拔 2 200m，2 200～2 800m 是岛状多年冻土带，年平均气温为－5.4～－6.7℃；2 800m 以上是大片连续多年冻土带，年平均气温－9.4～－11.5℃，多年冻土厚度由数米增至 400m。天山多年冻土分布总面积为 6.3 万 km^2，其下界最低海拔，阴坡为 2 700m，阳坡为 3 100m。在多年冻土下界附近，冻土温度较高（－0.1～－0.2℃），冻土厚度不足 20m，具有很强的不稳定性。在一定海拔以上，出现年平均地温低于－2℃的厚达 100m 或更大的稳定型多年冻土。祁连山多年冻土分布面积 9.5 万 km^2，其下界南侧大致为 3 700～3 900m，北侧为 3 500～3 650m，多年冻土温度－0.1～2.3℃，多年冻土厚度由数米至 140m。

第二节　冻土工程性质

一、冻土成分

冻土是多相和多成分的复杂体系，冻土的基本成分是矿物或矿体骨架、冰、未冻水和气体，它们决定着冻土的结构、物理力学和热物理性质，并影响其冻结和解冻过程。

1. 骨架

矿体骨架部分是冻土多成分体系的主体，矿物颗粒大小、形状、矿物成分、比表面积、表面活动性等反映它们表面物理化学性质的交换阳离子成分和交换量，这些都极大地影响土的结构构造特性、水分迁移特性、强度，以及冻结时冰的形成和冻胀量等。

2. 冰

冰是冻土必然的组成成分，是冻土存在的基本条件。冻土中的冰称为地下冰。地下冰的形成和融化致使冻土层的结构构造发生特殊的变化，使冻土具有特殊的物理力学性质。地下冰的埋藏形式与其成因有直接的关系。地下冰形成过程可分为三种类型，并有与其对应的三种类型的冰：即构造冰，在岩石冻结时形成；穴脉冰，冻结岩石中的孔穴被冰充填而形成；及埋藏冰，包括各种成因的埋藏的地面冰（湖冰、冰丘、河冰等）。构造冰是在冻结过程中形成的，对冻土结构的形成和性质具有重要意义，对冰和骨架的数量关系以及它们在土内的相互位置有影响。脉状冰和复合脉状冰是充填冻土裂缝的贯入体，在它们分布的地区同时有热融现象，亦即埋藏浅的地下冰融化形成的塌陷地形。埋藏冰的形成分为两个阶段：地面上形成地面冰，以及随后在矿物冲积层下面形成埋藏冰。地面冰是由于覆盖雪变成冰而形成的。属于第一种的有河川埋藏冰、湖泊埋藏冰、冰锥埋藏冰等，埋藏雪堆属于第二种。

3. 未冻水

土冻结是随时间而变化的、复杂的热过程。各种土的起始冻结温度不同，砂土、砾石土约在0℃时冻结，可塑的粉土在－0.20～－0.50℃冻结，坚硬黏土和粉质黏土在－0.60～－1.20℃冻结。对于同一种土，含水率越小，起始冻结温度越低。当土的温度降到起始冻结温度以下时，部分孔隙水开始冻结。随着温度的进一步降低，土中未冻水的含量逐渐减少，但不论温度如何低，土中总有一部分水保持未冻状态而与冰共存。未冻水主要是结合水。因为结合水受到土粒表面静电引力的作用，要使其冻结，除要克服普通液态水中的分子引力以外，还要克服土粒表面对这部分水的引力，因此，结合水的冰点降低，毛细水的冰点稍低于0℃，弱结合水在－20～－30℃时开始冻结，强结合水在－78℃才冻结。冻土中未冻水的含量对其力学性质有很大影响。在土中与冰共存的未冻水量，取决于冷却温度和压力，以及矿物骨架或有机矿物骨架的性质（细碎的程度、矿物组成、离子交换容量以及交换正离子的成分等）。

4. 气体

在没有冰和未冻水的冻土孔隙中，充满了水汽和其他的气态物质，它们处于自由、密闭或吸附状态，土中气体可以与周围大气自由贯通，且在土中移动。

二、冻土物理指标

由矿物颗粒、冰、未冻水和气体四相组成的冻土，表示其物理性质的指标除天然密度、含水率及土粒相对密度等一般常用物理指标外，还有几个与含冰状态有关的指标。

1. 体积含冰率 i_v

$$i_v = \frac{V_i}{V} \times 100\% \tag{1-1}$$

式中：V_i——冻土中冰的体积；

V——冻土体积(包括冰)。

2. 质量含冰率 i_w

$$i_w = \frac{m_i}{\gamma_d} \times 100\% \tag{1-2}$$

式中:m_i——单位体积冻土中冰的质量;

γ_d——冻土的干密度。

3. 相对含冰率 i_0

$$i_0 = \frac{w - w_r}{w} \times 100\% \tag{1-3}$$

式中:w——总含水率;

w_r——未冻水含量。

4. 冰夹层含水率 w_b

$$w_b = \frac{m_b}{m_g} \times 100\% \tag{1-4}$$

式中:m_b——冰夹层的质量;

m_g——土骨架的质量。

5. 未冻水含量 w_r

$$w_r = 1 - i_0 \tag{1-5}$$

6. 饱冰度 V_b

$$V_b = \frac{i_0 w}{1 + w} \times 100\% \tag{1-6}$$

7. 冻胀量 V_p

$$V_p = \frac{\gamma_r - \gamma_d}{\gamma_r} \tag{1-7}$$

式中:γ_r,γ_d——冻土融化后和融化前的干密度。

三、冻土热物理特性

1. 热容量

热容量是土的蓄热性能的指标,是进行热工计算不可缺少的参数之一。热容量包括质量热容量(亦称比热)和体积热容量,分别为使单位质量或单位体积的土温度升高1℃所需要的热量,单位分别为J/(kg·℃)和J/(m^3·℃)。土的比热具有按其组成物质(矿物颗粒、有机质、水溶液等)的质量加权平均的性质。冻土与融土的主要区别在于冻土中含有冰,而水的比热(4.19×10^3J/(kg·℃))要比冰的比热(2.10×10^3J/(kg·℃))大1倍。

2. 导热系数

导热系数是表征土体热传导能力的指标,定义为:在单位温度梯度条件下,单位时间内通过单位面积的热量，计量单位为 W/(m·℃)。土的导热系数随其干密度的增大而增大；干密度相同时，土的导热系数随总含水率和含冰率的增加而增大(冰的导热系数比水大 4 倍)；干密度和含水率相同时，粗颗粒土的导热系数大于细颗粒土。

3. 导温系数

导温系数是研究热传导过程常用的基本指标，定义为：土中某一点在其相邻点温度变化作用下，改变其自身温度的能力，单位为 m^2/s。导温系数等于单位体积土中进入相当于导热系数的热量后所升高的温度。

四、冻土的力学性质

1. 强度

冻土的强度主要有抗压强度和抗剪强度，其抗剪强度比抗压强度小得多。冻土的抗压强度与冻土的负温度、含水率、矿物成分、颗粒组成以及外力作用时间有关。随着冻土负温度的降低，其结构和水聚集的状态都会改变，这时不仅水分子聚集体的联结改变，而且水与矿物骨架和冰之间的联结、冰胶结土的强度都在改变，从而使冻土的强度产生急剧变化。冻土的极限抗压强度随着其负温度的降低而急剧增大，负温度低于－5℃后，极限抗压强度与负温度基本呈线性关系。冻土的抗压强度主要由土骨架和冰的抗压强度以及冰与矿物颗粒间的黏聚力构成。当负温度恒定时，冻土的抗压强度随着土中含冰率的增加而增大，在孔隙完全充满冰时抗压强度达到最大值。当含冰率相同时，砂类土的抗压强度最大，粉黏类土的抗压强度最小。荷载作用时间对冻土强度的影响也大，冻土的瞬时抗压强度往往很大，但随着荷载作用时间的延长，其抗压强度会不断降低。

2. 变形

在短期荷载作用下，冻土的压缩性很低，类似岩石，可不计其变形。在荷载长期作用时，冻土的变形增大，特别是温度为－0.1～－0.5℃的塑性冻土，其压缩性可能相当大，这种情况下，必须考虑冻土地基的变形。冻土在融化时，土的结构破坏，往往变成高压缩性的土体，产生剧烈变形。冻土融化前后的孔隙比发生明显突变，是产生地基融陷的原因。

3. 冻结力

土中水冻结时，产生胶结力，将土与建筑物基础胶结在一起，这种胶结力称为冻结力，也称冻结强度。冻结力只有在外荷载作用时才表现出来，且其作用方向总是与外荷载的总作用方向相反，类似于摩擦力。冻结力与土的温度、含水率、基础材料表面粗糙度等有关。在 0～－10℃范围内，冻结力随土的温度降低而增大。冻结力随土的含水率增加而增大，达到最大值，此时土孔隙被冰晶充满，胶结面积最大。超过最大值后，含水率继续增加，会使土粒与基础之间冰层加厚，胶结强度变小，直至接近于纯冰的冻结力为止。基础材料表面粗糙度越高，冻结力越大。

4. 冻胀力

冻胀力是冻土地区建筑物基础最常遇到的问题之一。土中水冻结时，体积膨胀。若土粒之间尚有足够的孔隙供冰晶自由生长，则没有冻胀力的反映。一直到含水率大到某一程度后，土中水的冻结力造成土冻胀。

五、冻土工程特性

冻土是一种对温度敏感和易变的地质体，是在地壳内热源和外热源的综合作用下形成、发展、退化及消亡的，冻土本身对气候、水文和地表条件的变化极其敏感，具有特殊的工程性质。

1. 融沉特性

冻土融化过程中，在自重和外荷载作用下会不断地产生排水固结下沉，即冻土的融沉性。融沉过程中，不仅冻土中冰相变为水时，相变体积会缩小，还会产生孔隙水的消散与排泄。由融沉特性引起的工程构造物沉降变形是冻土地区工程的主要病害形式。

冻土的融沉特性与冻土的粒度成分、含冰率、密度、孔隙水的消散条件等密切相关。研究表明：不论何种土，在允许自由排水条件下，冻土的融沉系数随冻土含水率的增加而急剧地增加，而且随着冻土干密度的增大而减小；在相同的含水状况下，冻结粉质亚黏土、粉质黏土的融沉性最强，重黏土和细砂次之，砾石土最小。对于粗粒土来说，土中粉黏粒含量小于或等于12%时，融沉性一般变化不大，其值均小于3%～4%，当粉黏粒含量大于12%时，融沉性则随粉黏粒含量的增加而急剧增大。

另外，冻土的融沉特性与其构造有密切关系。由于土的冻结速度、冻结边界条件及土中水多少的不同，在冻结中可以形成晶粒状构造、层状构造和网状构造等三种冻土构造。晶粒状构造，冻结时没有水分转移，土颗粒与冰晶融合在一起，没有冰和矿物颗粒的离析现象，水分在原来的孔隙中结成晶粒状的冰，一般砂土或含水率小的黏性土具有这种结构。层状构造，土呈单向冻结并有水分转移时形成这种结构，土中出现冰和矿物颗粒的离析，形成冰夹层，在饱和的黏性土或粉砂中常见。网状构造，是由于多向冻结条件下有水分转移而形成的。在温度升高，冰融化时，土体往往在自重作用下产生一定的融化下沉；在土的自重和外荷载作用下，水逐渐排出，使土进一步压缩下沉，称为融化压缩。在外荷载作用下，这两种变形很难予以区分。一般晶粒构造的冻土，融沉性不大，而层状和网状构造的冻土在融化时可产生很大的融沉。

2. 冻胀特性

冻胀是指土在冻结过程中，土中水分冻结成冰，并形成冰层、冰透镜体及多晶体冰晶等形式的冰侵入体，引起土粒间的相对位移，使土体体积膨胀的现象。冻胀的主要表现是土层不均匀升高，当路基土层产生冻胀时会导致路基开裂、路面裂缝及破损。如果公路桥涵基础修建在冻胀土中，就会受到冻胀力的作用，当恒载不足以克服冻胀力时，桥涵基础隆起将导致结构物破坏。

冻胀性取决于土的粒度成分、矿物成分、密实度、冻结条件等。土的分散性越大，其冻胀性越大，颗粒粒径为0.005～0.007 4mm的粉黏粒具有最大的冻胀性。含有粉黏粒的湿土，在其冻结前后，土体内的水分将产生重分布，水分向冻结峰面迁移，发生聚冰作用，使土粒和冰分异，形成冰夹层、冰透镜体等而引起土体强烈冻胀。当土体的密度较小时，冻胀性随密度的增大而增大；当土体的干密度超过1.68～1.80g/cm^{3}时，冻胀性则随密度的增大而减小。土冻结过程中的水分迁移和冻胀的强弱与土的性质及冻结条件有关。粉质砂性土、粉质黏砂土中水分迁移最为强烈，其冻胀性最强；砂砾土冻结时，一般不发生水分迁移，冻胀性很小。土体冻结过程中，若有外来水分补给，往往在土中形成很厚的冰层，因而产生强烈的冻胀。另外，附加荷载对土体的冻胀会产生抑制作用，随着附加荷载的增大，土体的冻胀量会相应地减小。

一般认为，温度是引起冻土融沉、冻胀的主要原因。但若土中无水或含水率很小，虽有温度的升降，土是不会产生融沉与冻胀的，即“融而不沉”或“冻而不胀”，只有土的含水率大于某一数值后，土才出现明显的融沉与冻胀。因此，冻土的冻胀与融沉是土中水的冻结与冰的融化作用，是温度与水分综合作用的结果。

第三节　青藏高原多年冻土

一、自然环境特征

1. 地理环境

青藏高原的形成与喜马拉雅造山运动及印度板块和亚洲大陆板块的相互碰撞有关，强烈的构造活动导致高原大面积隆起并伴随差异性升降。除全球性的冰期—间冰期气候波动影响外，高原地势大幅度抬升，促使气候条件呈现明显的垂直地带性变化。青藏高原独有的海拔高度成为本区气候巨大变化的主导因素。在高寒气候条件下，冰川、冻土的发育，冰缘营力的强烈作用，构成青藏高原现代独特的自然地理环境：广泛而强烈的冰川、冻土物理风化作用；低温、强风环境，使植被根深、叶小并形成特殊的寒区生态特征；不对称地形沟谷切割及气候变迁，高原内部水量减小，侵蚀减弱，湖泊消退，使水系由外流变为内流；寒冻风化和干旱化过程进一步增强，沙漠化愈向西北愈强烈。

青藏公路沿线翻越近东西走向的昆仑山脉（海拔4 767m）、可可西里山（海拔 4 740m)、风火山(海拔 5 010m)、开心岭(海拔 4 764m)、唐古拉山(海拔 5 231m)、申格里贡山(海拔4 880m)等中高山,跨越斜水河、楚玛尔河、北麓河、沱沱河、通天河、布曲河、扎加藏布河、桑曲河、那曲河等。强烈地质构造运动,出现东西和南北展布的西大滩、温泉等断陷谷地,楚玛尔河、沱沱河、通天河、扎加藏布河等断陷盆地,造就了中高山、低山丘陵、河谷平原相间的地貌形态。

2. 气候特征

青藏高原属于高寒大陆性气候,寒冷而干旱,气候多变,四季不分明。气温低、空气稀薄、大气干洁、异常强烈的太阳辐射构成青藏高原气候的基本特征。

高原地势隆起的差异性成为影响青藏高原气候变化的主导因素,南北地带气温高,高原腹部低。青藏公路沿线多年平均最低气温为-14.5~-17.4℃、最高气温为-6.8~8.1℃,年平均温度为-4.0~-6.9℃,温度较差为23~26℃。全年冻结期达 7~8 个月(10 月至翌年4~5 月)。冻结指数最大值大于 3 000 度·日,低于2 400 度·日的等值线围绕昆仑山、风火山和唐古拉山呈现增大的环状分布。融化指数最大值为 2 100 度·日,高原腹部小于 900 度·日,等值线亦围绕昆仑山、风火山及唐古拉山而呈减小的环状分布。年较差与纬度有关,由南往北逐渐增加,到格尔木达到最大(28℃)。温度日变化的特点使升温、降温迅速,剧烈气温变化在冬季最为显著。

青藏高原的年降水量从拉萨的 500mm,沿青藏公路向北逐渐减少,到格尔木的年降水量减少为 30mm 以下。公路沿线的高降水量区多在唐古拉山以南地区。每年的 5~9 月为降水季节,雨量非常集中,一般占全年的总降水量的 97%,夜雨率达 50%~60%。雷阵雨及固态降水为高原降水的特征,冰雹、霰、雪等固态降水在任何季节都可出现。唐古拉山以南地区降雪较多,北部高原地带的降雪量极少,多年平均的积雪深度小于 1cm。年降水量的多寡,明显地反映了地形、地理位置和环流系统的影响。

青藏高原大气透明度大,云量少,日照时数较长,一般为 2 600~3 000h/年,到达高原地面的太阳总辐射,全年各月几乎都是全国之冠。

3. 青藏高原的地质与构造

青藏高原的构造体系可分为径向和纬向构造体系。青藏公路沿线的地质构造分布格局受纬向构造的控制,形成了昆仑山、可可西里山、风火山、开心岭、唐古拉山、桃二九及申格里贡山等中高山和西大滩、布曲河、温泉、捷布曲河等断陷谷地,以及楚玛尔河、北麓河、乌丽、沱沱河、通天河及扎加藏布河断陷盆地。一系列山谷、盆地相间分布的地貌景观,造成当今青藏公路沿线高平原与山地交替出现。

由于受青藏高原隆升、第四纪冰川作用及其他营力的影响和控制,青藏公路沿线第四纪沉积物的类型和分布规律极其复杂。主要沉积类型有残坡积物、坡积物、洪积物、冲洪积物、洪冲积物、冲积物、湖相沉积物、风积物、冰水沉积物,其中湖相沉积几乎广泛分布于青藏公路沿线的断陷盆地和低山丘陵地带。青藏公路沿线分布的岩土种类较多，从坚硬至软弱岩类，从粗粒到细粒松散土类均有。有冻结状态，亦有融化状态。坚硬、半坚硬岩石类有灰岩、砂岩、泥质砂岩、粉砂岩、泥岩、碳质页岩等，变质和软弱岩石类有片岩、千枚岩、板岩及砂质泥岩、泥岩、泥灰岩等，松散土类有角碎石、砾石土、碎石土、砂类土、黏性土等。

4. 河流、湖泊及地表植被

青藏高原河流众多，湖泊密布，长江与黄河均发源于此。楚玛尔河、北麓河、沱沱河、通天河、扎加藏布河、那曲河横穿青藏公路，布曲河、捷布曲河则平行公路。冰雪融水补给为其主要来源，少量为雨水补给。除布曲河及那曲河的水量、水深较大外，其他河流的径流量较小，水深较浅，但河床宽阔，有强烈的河水渗流作用。

水分强烈差异分布，使青藏公路沿线的植被具有明显的纬向地带分布规律，自南向北出现草原—草甸—草原—荒漠草原—荒漠的植被带状更替。

二、青藏公路沿线多年冻土

1. 平面分布

青藏公路沿线多年冻土分布既有强烈的垂直地带性，又有纬度地带性和干燥地带性。多年冻土温度、厚度受海拔高度的控制，海拔越高，地温越低，多年冻土越厚。青藏公路沿线多年冻土在各种地形、地貌单元的松散沉积物和岩层中基本呈大面积连续分布。在青藏公路 K2879～K3630 路段内，分布有大片连续多年冻土 422.6km，岛状多年冻土 24km，多年冻土中融区 177.4km，季节冻土 127km。

在西大滩 K2879＋650 发育有不连续岛状多年冻土。从 K2886 起，发育着大片连续分布的多年冻土。受地热和构造影响，在不冻泉地段 64 道班以南地带，出现约为 4～5km 的贯穿性融区。楚玛尔河、北麓河等地段受河流影响，形成范围较小的非贯穿河流融区。沱沱河断陷盆地受河流贯穿性融区和渗透辐射融区的影响，出现片状连续分布的多年冻土和融区相间分布的格局，平面上和深度上均呈现不连续性。开心岭山区的多年冻土又出现片状分布。通天河盆地、布曲河谷地段到温泉断陷谷地，出现青藏公路多年冻土区中最长与范围较大的贯穿性河流融区与多年冻土相间存在的区段。在地质构造的影响下，温泉断陷谷地存在着较大范围的构造—地表水融区，使得大片连续分布的多年冻土在平面和深度上均产生不连续。唐古拉山至桃二九山区间，多年冻土仍呈现大片连续分布。受河流及构造影响，在捷布曲河断陷谷地，具有贯穿融区与多年冻土相间分布的特点。至 K3415＋000 片状连续的多年冻土分布结束。从申格里贡山起，属于岛状多年冻土区，在申格里贡山、120 道班（K3462）、122 道班北（K3480）、两道河（K3493）及 124 道班南（K3504）等路段的路基下依然可见到一些多年冻土存在，K3515 为多年冻土分布区南界。

2. 多年冻土厚度

在多年冻土地区，地表以下一定深度内为夏季融化、冬季冻结的季节冻融层，在该深度以下则为土终年处于冻结状态的多年冻土层，这一深度称为多年冻土上限。从地表到达这一深度的距离即为季节冻融层厚度或多年冻土上限的埋深。多年冻土层的底部称作多年冻土下限。多年冻土上限和下限之间的距离称为多年冻土厚度。多年冻土厚度是多年冻土的重要标志之一，它反映着冻土的发育程度。

在纬度、海拔、坡向及其他地理因素的影响下，青藏公路沿线多年冻土厚度分布极不均匀。多年冻土厚度具有随海拔高度升高而增大的特点，平均海拔每升高 100m，冻土厚度大致增加 20m。青藏高原海拔 4 500～4 900m 范围内，冻土层最大厚度为 128.1m，估计 4 900m 以上地区的冻土层厚度将更大。坡向对局部冻土有很大的影响和控制作用，但坡向对冻土的作用随纬度的升高而增强，在中纬度地区，坡向作用相对高海拔冻土为弱，这主要与太阳辐射平衡值有关。

3. 多年冻土上限

青藏公路沿线多年冻土上限深度和活动层厚度，受海拔高度、纬度的控制和影响，此外，主要还受土质类型、土体含水率、含冰率、年平均气温、下垫面类型等因素的影响和控制。决定季节冻结与融化深度的主要因素是年平均气温、年平均地表温度较差、岩性和含水率。前者属于纬度与高度的地带性因素，后者属于地区性因素。影响多年冻土上限、活动层深度变化的因素相当复杂，不同地貌单元、不同地表特性、不同地温特征等都对其产生较大的影响作用，人为活动因素也起着重要的作用。

青藏公路沥青路面修建后，因路面具有强烈的吸热作用，及沥青路面封闭，阻碍了路基水分的蒸发散热，使多年冻土路基下的温度场发生剧烈变化，路基土的温度升高，导致路基下多年冻土融化，原多年冻土上限下降，形成人为扰动的多年冻土上限，即多年冻土人为上限。调查证明，沥青路面下多年冻土上限绝大部分地段处于下降趋势，随着路堤高度及地段情况的变化而变化。青藏公路多年冻土人为上限变化，是随所处地段的气候条件和路基下天然土层被扰动的程度而变化，与地基土的岩性、含冰率、冻土年平均地温、地下水运动条件、路基填料、路基高度及断面形式等因素有关。

4. 冻土路基下的融化夹层

青藏公路冻土路基下的融化夹层是指在季节冻结层底板和多年冻土顶板之间形成的隔年或多年不冻的融化土层，亦称为不衔接层。沥青路面的修筑，增大了冻土路基对太阳辐射的吸收率，同时阻碍了路基表面蒸发过程，产生的蒸发耗热不能通过沥青路面散出，影响着冻土与大气之间的热量交换。在这种热状态的影响下，加剧了冻土路基下多年冻土的融化。在外部因素和内部因素的共同影响下，路基中热量积累，阻碍了季节冻结锋面下移，并促使多年冻土上限处的地下冰融化，引起了上限的下移，产生不冻结层，且随路基中年热量积累的增加而逐渐发展。多年冻土年平均地温的高低，是影响冻土路基融化夹层形成及厚度大小的重要因素，一般含冰率较大的土层，融化时需消耗的热量较大，融化夹层的厚度较小。融化夹层厚度较大的路段主要分布于高温多年冻土地区。青藏公路沿线多年冻土年平均地温、岩性、含冰率、气候、地形地貌等多种内外因素的综合作用，影响着冻土路基融化夹层的分布，使其特征和空间分布存在大的差异。

融化夹层的存在对冻土路基稳定性的影响很大。首先，融化夹层中含水率较大，冻土路基产生的排水固结下沉变形量则较大；其次，融化夹层的存在，使人为上限逐渐下移，季节冻结深度减小，融化夹层有逐渐增厚的趋势；再次，融化夹层中一般含有大量的自由水，使多年冻土升温和上限下降，导致路基处于极不稳定状态。据有关研究统计资料显示，青藏公路破坏路段的 80％以上均为融化下沉破坏，在 80％的融化下沉破坏的路段中，含有融化夹层的路段占 90％以上。

第四节　大小兴安岭多年冻土

一、自然环境特征

1. 地理环境

大小兴安岭位于我国东北部，约在东经 115°～130°、北纬 45°～53°之间。大兴安岭主山脉呈北北东～南南西走向，长约 1 400km。其主要支脉伊勒呼里山自北部向东南方向呈“S”形状延伸约 230km 与小兴安岭相连。大小兴安岭山地海拔高度一般为 300～1 300m，南端最高可达 1 700m 以上。山地相对高差在分水岭地段约 200～400m，在河谷地段约 100～250m。

组成大小兴安岭的地貌为大小兴安岭山地、呼伦贝尔高原和松嫩平原。大小兴安岭山地的主要特点是山地地形比较发育，广泛分布第四纪沉积物，并有酸性侵入岩和喷出岩存在。残积层分布在山顶与山坡地带，厚约 2m，主要物质成分为碎石夹黏砂土、碎石、砾石等。残坡积层分布在山麓和山间洼地较多，厚约 2～3m，由沼泽土、角砾砂黏土、碎砾石土等物质组成。冲积层多分布在河谷地带，洪积层多分布在山前沟口地带，其主要物质成分为卵石、砂砾石以及砂层或砂黏土的透镜体等。呼伦贝尔高原上丘陵平原地形发育，周围为丘陵山地，中部海拉尔台地构成了呼伦贝尔高原的主体。第四纪松软岩层分布广泛。松嫩冲积平原的地层主要为第四纪冲积、洪积物。

2. 气候特征

大小兴安岭属于高纬度大陆性气候。北受西伯利亚寒流控制，西受蒙古高压气流影响，东部小兴安岭在一定程度上阻碍着海洋气候的对流作用。所以，本区具有气候严寒、冬季特长、夏季极短的特点。若以候温高于22℃为夏季，则夏季只有6～30d；低于10℃为冬季，其冬季长达210～250d。全年气温1月最低，7月最高。气温从南向北逐渐降低，充分体现了气温的纬度分带性。但是，海拔高度又使某些地区的气温带有垂直分带的特点。如兴安(海拔982.1m)和博克图(海拔738.7m)纬度相近，相距仅20km，但由于海拔高度相差250m，其年平均气温相差甚多，分别为－3.3℃与－1.1℃。相反，阿尔山与牙克石虽然相距甚远，可是海拔高度和纬度相近，因而其年平均气温却非常接近(分别为－3.3℃与－2.8℃)，足见海拔高度对气温的影响不容忽视。

大小兴安岭年降水量一般不超过500mm，主要集中在6、7、8三个月，占全年降水量的60%～80%；9月末至翌年5月上旬为降雪期，自南向北积雪逐渐增厚(5～35cm)。

该区年蒸发量远远大于降水量，全年总蒸发量一般都大于1 000mm，5～7月三个月蒸发量最大，约占全年总蒸发量的50%左右。全年日照总时数为2 400～2 900h，5～8月日照最强，11月至翌年1月的日照最弱。

3. 地质与构造

大小兴安岭属于兴安海西褶皱带。其基本岩性是以岩浆岩类侵入岩和喷出岩为主，其次是变质沉积岩。自第三纪以来，地面长期遭受剥蚀作用，致使地形比较缓和。新构造运动以缓慢翘起上升运动为主。

大小兴安岭多年冻土地区水文地质条件比较复杂，地下水的分布、埋藏和循环，主要受地质构造、地貌、气候和岩性等因素的影响。同时本区地处多年冻土区的南缘，冻土的分布对水文地质条件的变化影响也很大。

4. 河流、湖泊及地表植被

大小兴安岭山地河流发育，各河支流密集。除呼伦贝尔高原的乌尔迅河、克鲁伦河属于呼伦湖内陆河外，全区较大河流有额尔古纳河、嫩江、松花江等，均属于黑龙江水系。

大小兴安岭山地的植被多为原始森林、乔木及部分次生林等。呼伦贝尔高原在伊敏河右岸为广阔的大草原。松嫩冲积平原河网密集，植被除次生林外主要是农作物。

二、大小兴安岭多年冻土

1. 平面分布

大小兴安岭地区的多年冻土属于高纬度多年冻土，随着纬度的增高，多年冰土的分布面积逐步增大。自北向南多年冻土由大兴安岭西北部的不连续多年冻土带过渡到大兴安岭东南部及整个小兴安岭的大片岛状多年冻土带，以致最南端的零星岛状多年冻土带，多年冻土面积逐渐减少，充分体现了多年冻土的纬度分带性。

2. 多年冻土厚度

在大小兴安岭地区，多年冻土层的厚度和面积一样，同样受纬度地带性制约。由冻土南界往北，随着纬度增高，冻土温度降低，多年冻土的平面分布面积增大，其厚度亦逐渐增大。最薄的多年冻土层存在于零星岛状多年冻土带的南界附近，一般仅几米至十几米。最厚的多年冻土层分布于大兴安岭最北部的不连续多年冻土带内，一般为 40～70m。在背阳的山间谷底、生长塔头草或厚层苔藓的沼泽中和低级阶地上，多年冻土厚度可超过 100m。在北纬 52°27′～53°03′，东经 121°52′～122°04′的漠河县霍拉河盆地中，实测到的冻土最大厚度为 120m。

虽然多年冻土层厚度变化的总规律是由南界往北随纬度增高逐渐增大，但由于同时受到地质地理因素的影响，亦存在着纬度高处的冻土厚度反而较纬度低处薄的现象。即使在同一谷地里，由于地貌、岩性、植被、地质构造、地表水、地下水、坡向等条件的差异，亦会使多年冻土层的厚度有较大的变化。其另一种规律是：最厚的多年冻土层均分布在沟谷底部或盆地中心植被覆盖良好的沼泽中。向边缘厚度明显变薄，向阳山坡冻土多已消失。构造裂隙发育、富含地下冰的地段冻土厚度也薄。

分布在大中河流漫地的多年冻土层，其厚度一般都很薄，无论在岛状多年冻土带还是不连续多年冻土带内均是如此。其特点是多年冻土下限上升明显，上限相对下降较小，使冻土高悬于全新世冲积层中。这显然是冻土受到由河水补给的地下水的热作用产生融化所致。但就不同冻土带的同一横断面而言，在零星岛状多年冻土带内，自河漫滩向一级阶地高处的保温良好地段有小块薄层冻土，向上方高处的山前缓坡以至山坡、分水岭上，多年冻土大多均已尖灭消失。而在不连续多年冻土带内，自河漫滩向一级阶地多年冻土厚度逐渐加大。向高处其冻土厚度变化因地形、坡向、岩性、地质构造、植被、地表水、地下水等多种因素的综合影响而异，与零星岛状多年冻土带内明显不同。在大兴安岭南部的阿尔山地区，因受海拔高度(1 000～1 300m)控制，多年冻土厚度变化略具一些垂直分带的特点。河谷海拔高度在 800m 左右的五义沟、白狼一带多年冻土厚 0.2～0.3m。阿尔山、伊尔施地区河谷底部海拔高度 1 000～1 100m，多年冻土厚度 2～3m。大池至兴安林场一带海拔 1 100～1 200m，多年冻土层厚度达 20m 左右。其厚度增加明显与海拔增高有关。

第二章　冻土地区公路工程特点

随着人类活动足迹的延伸，对冻土的认识与研究逐渐深入。自17世纪俄国亚库梯州长报告西伯利亚存在多年冻土以来，18世纪俄帝彼得一世命科学家研究西伯利亚多年冻土，19世纪后期，俄国在西伯利亚多年冻土地区修筑了铁路。20世纪初，伴随着阿拉斯加和加拿大西北部采矿、伐木业的发展，美、加修建了最早的一批道路，至20世纪40年代，为满足汽车交通的需要，阿拉斯加州道路委员会(ARC)和美国公共道路局(BPR)先后完善了该州主要道路。1942年跨阿拉斯加和加拿大的公路建成通车。第二次世界大战使阿拉斯加的战略地位上升，美国政府为军事目的在阿拉斯加进行工程地质勘察和冻土研究，并大规模修建机场和道路。20世纪50年代，阿州掀起改建旧路和新建社区间道路的高潮。20世纪50年代大小兴安岭林区公路及铁路的修建，开创了我国多年冻土地区修筑道路的新纪元。1953年青康公路和1954年青藏公路建成通车，拉开了我国多年冻土地区修筑公路的序幕。冻土的基本特性、工程性质以及冻土地区的特殊自然条件，影响着冻土地区道路修筑，使其具有不同于一般地区的特点。

第一节　冻土地区公路工程特殊地质

冻融作用使岩石遭受破坏，松散沉积物受到分选和干扰，冻土层发生变形，并产生冻胀、热融沉陷和流变等一系列复杂的过程，使冻土地区公路工程建设面临厚层地下冰、冻胀丘、热融沉陷、热融滑塌等一系列特殊的工程地质问题。这些不良工程地质现象发生和存在的基本条件不仅在于冻土地区气候严寒，而且还有多年冻土层作为底板使地表水的下渗和多年冻土层上水的活动受到约束。

一、厚层地下冰

含土冰层厚度大于0.1m，或饱冰冻土厚度大于0.3m，称为厚层地下冰。如果该路段在上限以下3m内有厚层地下冰，则称为厚层地下冰地段。当冻结层上水发育，季节融化层达到最大融化深度时，下部多呈饱和状态；在冻结过程中，水分向上限附近聚流，形成冰夹层，因此，只要上限位置逐渐上升，就会形成厚度相当大的厚层地下冰。也有少量厚层地下冰可能是埋藏的冰川冰。厚层地下冰多分布在含水率较大的黏性土地段。青藏高原多年冻土区厚层地下冰比较发育，多分布在高平原以及低山丘陵区的山间低地、山前缓坡和平缓分水岭地带。在厚层地下冰发育地段，容易产生热融沉陷、热融滑塌等不良地质现象，对路基稳定性影响甚大。

二、冻胀丘

冻胀丘是指土体由于冻胀隆起而形成的鼓丘。一般是每年的最冷月份隆起，夏季融化时消失，所以称为季节性冻胀丘。其形成是冬季土层由上而下冻结时，缩小了地下潜水的过水断面，使地下水承压。在冻结过程中，水向冻结峰面迁移，形成地下冰层。随着冻结深度的增大，当冰层的膨胀力和水的承压力增加到大于上覆土层的强度时，地表发生隆起，形成冻胀丘。

冻胀在寒冷的季节性冻土地区和多年冻土地区均有发生，但多年冻土地区因冰丘而引起的冻胀规模和程度都远比季节性冻土地区大，会出现突发性的隆起和回落，形成的冻害时间较迟，但冻害期限却较长。冻胀和冻胀丘的平面分布具有明显的不均匀性，使地基、路基等产生不均匀冻胀变形，给房屋、管道、路面等上部构造物带来严重危害，导致路面开裂、房屋倒塌、管道断裂等破坏。

三、热融沉陷

气候转暖或人为因素改变了地面的温度状况，引起季节性融化深度加大，导致地下冰或多年冻土层发生局部融化，上部土层在自重和外部压力作用下产生的沉陷称为热融沉陷。当沉陷面积较大，且有积水时，称为热融湖。

热融沉陷与人类工程活动有着十分密切的关系。在多年冻土地区，公路、铁路、房建、管道等工程建设，都可能因处理不当而引起热融沉陷，地基和路基的融化下沉又会反过来影响工程设施的稳定性与耐久性。融沉是冻土路基的主要病害之一，既有突然的大量下沉，又有周期性的持续下沉，严重影响着冻土地区道路的正常使用。

热融作用下，除了出现热融沉陷外，还可能出现热融滑塌和融冻泥流。热融滑塌是指斜坡上的地下冰层融化后，土体在重力作用下沿着融冻界面滑塌的现象。热融滑塌可能使建筑物或路基边坡失去稳定性，也可能使建筑物被滑塌物堵塞和掩埋。融冻泥流则是指缓坡上的细粒土由于冻融作用而结构破坏，土中水分受下伏冻土层的阻隔不能下渗，致使土体饱和甚至成为泥浆，在重力作用下沿冻土层面顺坡向下蠕动的现象。

第二节　冻土地区公路路基病害

对青藏公路多年冻土区路基的使用状况的多次调查表明，路基沉陷变形、纵向裂缝较为严重，是冻土地区公路路基的典型病害，另外还分布有边坡冲刷及冻胀翻浆等病害。

一、冻土路基变形

冻土路基与一般地区路基的不同之处是它依附于以环境温度为生存条件的多年冻土，随着温度的变化，路基容易发生不均匀变形。冻土路基的变形主要是融沉和冻胀。

研究和工程实践表明，冻土地区路基路面经常出现沉陷、波浪、裂缝、隆起等病害，主要是路基下多年冻土的变化及路基季节性冻融导致，路基变形是导致冻土地区路基失稳和路面破坏的主要原因。如青藏公路穿越连续多年冻土区500多公里，区内气候严寒、地质及水文地质条件复杂。加之近年来运输车辆日趋重型化，以及全球气候变迁，气温转暖，特别是在修筑沥青路面后，由于吸、放热的不平衡，使沥青路面下卧土层的正积温增加，造成多年冻土上限下移，导致路基热融变形失去稳定。

历年来的大量调查、勘探与现场观测表明，青藏公路冻土路基变形以沉降变形为主，冻土路基下多年冻土的融化使路基产生不均匀下沉，这类热融沉陷变形占路基病害路段的80%以上。路基变形的主要表现形式为路基的横向倾斜变形、纵向凹陷与波浪沉陷，大多发生在高含冰率的高温冻土地段，究其原因是路基下地温逐年升高，地下冰融化，多年冻土上限逐年下降所致。

1. 冻土路基变形特性

引起冻土路基变形的因素很多，如多年冻土融化、施工质量、侧向水的补给侵蚀、路基填土不均匀和压密不够、冻胀等。其中因多年冻土的融化和冻胀而引起的路基变形具有以下特性。

（1）冻土路基变形的不均匀性

冻土路基的变形特征主要与多年冻土的构造类型、工程地质条件、年平均地温以及空间分布有关。多年冻土退化过程中，冻土融化引起的路基变形，在含土冰层、饱冰冻土及厚层地下冰地段变化最大，少冰与多冰冻土最小，富冰冻土介于两者之间。不同地质条件下，以亚黏土、亚砂土等细颗粒为主的地段，由于高含冰率，冻土发育产生的融沉量大，导致路基变形严重；以砾石、碎石等粗颗粒为主的地段，由于高含冰率冻土较难发育，融沉量小，路基相对稳定。不同的年平均地温下，高温多年冻土区高含冰率地段的路基变形最大，低温多年冻土区路基相对稳定而路基变形量较小。

多年冻土的含冰条件在水平和垂直方向的分布都是不均匀的，融沉系数存在较大差异，所以，冻土融化引起的路基变形，无论是纵向变形还是横向变形，都表现出较大的不均匀性。如青藏公路冻土路基所产生的波浪、倾斜等较严重的路基热融下沉变形，都发生在饱冰与厚层地下冰较发育的路段中。少冰和多冰多年冻土地区，地下冰一般为整体状或网状构造分布，冻土路基变形特征主要以整体下沉为主，横向与纵向变形较小。由于多年冻土中的含冰率较少，冻土路基的热融下沉变形一般都比较小，而且冻土路基的下沉变形也比较均匀，所以，这些地区的冻土路基病害相对较少。

(2)冻土路基的冻胀与融沉变形

冻土路基变形在一年中随地温的年波动而变化，主要为冻胀和融沉。在同一路段中，冻土路基的冻胀变形与融沉变形也不均匀。沥青路面下冻土路基的起始冻胀变形时间一般晚于天然地面，在地下水丰富和具有较好的水分补给条件的路段，当冻结深度达到冻结层上水位或饱水层附近时，开始产生较大冻胀过程。冻土路基进入剧烈冻胀变形时间，青藏公路沿线在12月到翌年1月之间，而剧烈融沉变形发生时间在4～7月之间，其他时间的路基变形处于冻胀或者融沉变形的缓慢过渡阶段。

多年冻土路基下已形成融化夹层，并具有较大路基热融下沉变形的路段，路基上部在无侧向水补给条件时，因受路基上部的含水及水分迁移条件的制约，路基的冻胀变形起始时间要推迟，而且冻土路基在冻结期没有剧烈的冻胀变形过程，只有不明显的缓慢冻胀或路基暂时处于相对稳定状态。路基下部土层仍在继续沉降的作用下，冻土路基的起始冻胀量很小，甚至当冻胀量小于路基的下沉变形量时，路基变形仍处在继续下沉状态。产生这一现象的主要原因是路基上部水分补给较少，以及路基下融化夹层的存在，在冬季路基仍具有较大的下沉变形，冻胀和融沉变形的相互作用，使冻土路基的冻胀变形没有表现出来。同时，随着路基上部冻结层的不断增厚和土温的不断降低，路基的整体强度不断增大，这在一定程度上阻碍了冻土路基的下沉变形，上述冻胀和融沉以及路基上部冻结强度增加的共同作用结果，使冻土路基变形在冬季暂时处于相对稳定状态。多年来对青藏公路唐古拉山南北冻土路基变形连续观测发现，青藏公路冻土路基发生较大下沉变形的高温多年冻土路段，路基一年的变形过程以下沉变形为主，绝大部分路段没有明显的冻胀过程或冻胀变形很小。特别是经过青藏公路一、二期整治的路段，由于抬高了路基，加强了路基侧向水的疏通，减少了路基中的水分补给和向冻结锋面迁移，使路基的冻胀变形减小。在冻土路基下未形成融化夹层的路段，气温和年平均地温都比较低，进入冬季以后，路基的冻结过程很快，剧烈冻胀变形时间一般在10月底至翌年1月初，在1月底以前完成整个路基的全部冻胀过程，2～4月份冻土路基处于相对稳定状态。

冻土路基的冻胀变形是可逆的，无论冬季产生多大冻胀变形量，当开始融化时，随着进入暖季路基土融化与冻结强度的消失，以及在外部荷载作用下，路基进入剧烈下沉变形期。在较短的时间内，路基高程恢复到冻胀初期位置，并且冻土路基的沉降变形以相同的速率不断发展。也就是说,冻土路基一年中的绝大部分时间是处在下沉变形状态。

2. 冻土路基沉陷变形的坡向性和分带性

冻土路基沉陷变形的分布和规模具有明显的坡向性和分带性。坡向性是指路基沉陷发育规模在路堤的阳坡和阴坡截然不同。路基阳坡面太阳照射的时间长、强度大,因而阳坡面吸热大于阴坡面,阳坡下冻土融化深度大于阴坡,这在钻探中得到直接反映。路堤愈高,边坡坡面愈大,阴阳坡面热效应差别愈大,因此随着路基高度的增加,路基阴阳面的沉陷差异也增大。青藏公路格尔木至拉萨段为北东—南西走向,按路线前进方向,路基左侧为阳坡,右侧为阴坡。沉陷严重路段的测量结果表明,不论改建或整治工程,均是阳面(左)沉陷大于阴面(右)。调查表明,路基沉陷主要发生在多年冻土较稳定和不稳定型区域,即在多年冻土范围内除昆仑山、风火山、唐古拉山至桃二九山等高山垭口段以外,均易发生融沉变形。在较稳定区段和不稳定区段,工程治理的效果有明显不同。在较稳定区段通过增加路基高度,可以保护或减缓冻土上限下移,减轻路基沉陷的危害。

3. 冻土路基变形与地温、地质条件的关系

在多年冻土构造、类型、土质相同的条件下,年平均地温制约着冻土路基变形的大小。多年冻土地区年平均地温的高低不仅反映了这一地区气温的高低,而且显示了多年冻土自身的稳定状态。高温多年冻土自身处在脆弱的状态,生存环境条件的改变,将会引起其升温及融化。所以,高温多年冻土地区的道路,铺筑沥青路面会使冻土路基发生热融沉陷,要比低温多年冻土地区严重得多。冻土路基变形随年平均地温的升高而增大的规律,在青藏高原多年冻土路基变形中显现得非常突出。各类严重路基病害发生路段,绝大部分是在冻土年平均地温高于−1.5℃地区。在年平均地温低于−1.5℃的地区,路基相对稳定,路基病害很少发生。

多年冻土地区工程地质条件与一般地区的区别,主要在于多年冻土中的水分是以固态冰的形式存在,并使岩土颗粒与冰胶结在一起,使岩土的工程性质发生变化。岩土中含冰率的多寡决定了工程地质条件的优劣程度。冻土温度的高低,也决定了冻土强度的大小,尤其是,天然状态下的多年冻土地温决定了多年冻土本身的稳定状态及对外界扰动的敏感程度。道路工程建设对多年冻土生存环境产生扰动,多年冻土年平均地温及含冰率决定了其升温及融化速率,以及冻土路基发生的热融沉陷变形。所以,多年冻土地温是冻土工程地质条件划分的重要指标之一。沥青路面下多年冻土产生融化而导致冻土路基的不均匀下沉变形,实质就是沥青路面使多年冻土地温逐年上升,多年冻土工程地质条件向差的方向转化。

二、冻土路基纵向裂缝

青藏公路经过1992～1996年的一期整治后，路基沉陷等病害得到了一定程度的控制，但产生了一些新问题，其中包括部分高路堤路段开始出现较为严重的纵向裂缝。自1998年开始，多年冻土地区的路基路面普遍出现严重的纵向裂缝，并且呈现出日益加重的趋势。调查表明，纵向开裂的发育、分布与多年冻土稳定状态、工程建设历史、路基高度、路基走向、边坡坡向等有关。

1. 纵向裂缝的分类

根据青藏公路纵向裂缝的特点，以反映纵向裂缝的形成机理和变形破坏特性为原则，以纵向裂缝形成的主要影响因素、分布规律、变形特点和形态特征为依据，将青藏公路多年冻土区内的纵向裂缝可以划分为路面边缘带沉陷性弧状裂缝、路肩沉陷性纵向裂缝、路面中间带张性纵向裂缝等三种类型。

路面边缘带沉陷性弧状裂缝在路基路面范围内平面上呈圆弧形或近于弧形，圆弧圆心位于路基外数米。裂缝开始于路基边坡坡脚处，弧顶出现在路肩与路面结合带或靠近圆心一侧的半幅路面内。裂缝宽度和深度自坡脚向上逐渐增大，弧顶处达到最大。一般为单条连续性裂缝，也有2～3条不同半径的同心圆弧状裂缝，但有一条长度和宽度明显较大的主裂缝。这类裂缝主要分布于高路基路段或路基两侧的高侧，以及路基外有地面积水或地表排水不畅的路段。这类裂缝除具有张裂变形外，处于路基外侧的部分还有明显的下沉变形。其形成与分布受多年冻土稳定类型、地表积水状况、路基高度和路面排水等因素影响，其中路基外天然地面有积水或排水不畅时，纵向裂缝显著。

路肩沉陷性纵向裂缝平面呈连续或断续直线状，长度往往较大；一般位于路基或路面一侧，离路中线较远，多出现在高路基的路肩部位或半填半挖的路肩部位或半填半挖的填挖结合部位，裂缝分布无阴阳坡差异，但受填方和河流冲刷控制明显；裂缝除张启外，两侧有明显差异沉降，靠路基外侧为沉降部分。这类裂缝的产生主要是路基加高后加宽部分或填挖过渡位置的路基土密实程度与原有路基之间存在明显差异及河流的冲刷作用。

路面中间带张性纵向裂缝包括单缝张裂式和双缝堑式两种，是青藏公路纵向裂缝的主要类型，分布广泛，规模大，具有周期性发展趋势，主要分布在路面行车带上，对行车安全性影响极大。单缝张裂式纵向裂缝的平面特点是路面宽度内只有一条主裂缝，开裂严重，裂缝面平直完整，裂缝呈上大下小的楔形，楔形的角平分线基本为铅直方向。双缝堑式纵向裂缝的平面特点是路面范围内分布两条中间近于平行、两端逐渐合拢，两条裂缝面相向(对)倾斜，裂缝中间部分相对下沉，裂缝呈闭合状。

2. 纵向裂缝与多年冻土稳定类型的关系

多年冻土地区各类公路病害的发生和分布均受多年冻土及其稳定性的影响。多年冻土的类型，特别是冻土上限的变化，会直接影响路基的热融沉陷变形，也带来路基中水、热状态的改变，进而引起路基受力状态的改变。因此，多年冻土的稳定程度是纵向裂缝产生的内在因素。稳定型、岛状多年冻土区内的纵向裂缝产生和分布较少，规模较小；亚稳定（较稳定）型、退化型多年冻土区内的纵向裂缝分布较多，规模较大；融区内的纵向裂缝的数量少，规模小，与季节冻土区基本相同。

3. 纵向裂缝与工程建设历史的关系

纵向裂缝的发展历程涉及两个方面：一是纵向裂缝开始出现及大规模产生的时间和周期性活跃的时间；二是纵向裂缝的发展过程与工程建设历史的关系。

对青藏公路纵向裂缝的跟踪调查分析得出，纵向裂缝应在一期整治工程结束之前便已出现，而大规模产生的时间是二期整治工程结束前后，这可能与整治工程中加高路堤有关。在 1997 年进行青藏公路路况调查时已发现在 K3190～K3191 和 K3490～K3410 路段出现一些较大规模的纵向裂缝，其他路段尚未见明显的纵向裂缝。由此推断，青藏公路纵向裂缝开始出现的时间应早于 1997 年。纵向裂缝大规模出现意味着纵裂成为青藏公路的主要病害，以沿线普遍出现纵向裂缝和纵向裂缝规模较大两方面为标志。1998 年 10 月至 1999 年 4 月，青藏公路多年冻土地区内大量出现规模较大的纵向裂缝，原有裂缝的规模明显增大；1999 年调查得出，全线出现明显纵裂，数百条，宽度大于 5cm 的近百条，全部发生于片状多年冻土区内，纵裂严重者，最大缝宽可达 30cm，最深可达 2.5m，裂缝断续延伸可达 500～600m；2001 年，在 652km 长的调查路段内，查明长度大于 10m 的纵向裂缝 736 条，单缝断续长度达 770m，单缝宽度达 65cm。

工程建设历史的影响来自两个方面：一是整治工程路基加高，新老路基连接部位，因新填部分自然沉降较大，造成路基路面连接带出现纵向开裂，此类主要出现在路肩或路面边缘带；二是加高路堤造成水热平衡状态改变，路基路面产生过大附加拉应力，导致纵向开裂，此类多发生在路面中央部位或附近，而且规模很大。根据 1997 年以后青藏公路的调查资料，纵向裂缝主要分布在一、二期整治工程的高路堤路段，纵向裂缝的数量、所占比例和裂缝规模明显大于八五改建工程路段，且随着时间的延长在不断增大。为了治理路基沉陷，保护路基下多年冻土，一、二期整治工程采取了大幅增加路基高度的措施，改变了路基的水、热平衡状态，使路基受力状态改变，路基因冻胀产生的横向拉应力增大，是一、二期整治工程纵向裂缝分布广泛和规模大的主要原因之一。另外，路基增高的过程也带来了路基的加宽，新老路基的沉降特性不同，衔接部位的沉降差异也是一、二期整治工程路段纵向裂缝多的原因。

4. 纵向裂缝与路基高度、坡向的关系

纵向裂缝的分布与路基高度的关系密切。调查表明，同一建设时期、同一多年冻土类型的工程，路基高度愈高，纵向裂缝分布愈密集，规模愈大。具体是，路基高度大于 1.5m 后，纵向裂缝的分布密度明显增加，最易产生纵向裂缝的路基高度是 3～3.5m，路基高度大于 3.5m 后，纵向裂缝出现比率有明显下降。由此可见，路基高度控制在一定范围，可以减轻纵向裂缝的发育与发展。

纵向裂缝的发育规模具有明显的坡向性，即路堤阳坡和阴坡截然不同，多分布于路基中线阳坡一侧。1997 年青藏公路调查得出，在已发生的 71 条纵向裂缝中，位于阳面一侧的有 51 条，位于路面中部的有 9 条，位于阴坡一侧的有 11 条。青藏公路格尔木至拉萨段路线走向总体为北北东—南南西，按路线延伸方向将路段走向分为南北、北东、东西和北西四个方向，受太阳入射方向影响，除南北走向路段无明显阴阳坡外，其余三个走向路段的阴阳坡向明显。2001 年调查分析表明，纵向裂缝受路线走向影响明显，南北走向路段纵向裂缝条数和密度均比其余三个走向路段小；路段坡向性越大，纵向裂缝分布密度越大，东西走向路段的阴阳坡差异最明显。

三、冻土路基病害的发展趋势

1. 路基沉陷变形逐渐减弱

路基沉陷变形的根本原因是由多年冻土消融，上限下降造成。铺设沥青面层后，严重改变了路基下的多年冻土热平衡状态，路面强烈吸热并向下传递，造成多年冻土从上至下逐渐融化，引起路基路面下陷变形。沉陷变形在沥青面层铺设早期最为强烈，随着多年冻土逐渐消融，路面至多年冻土上限距离不断增大，传递至多年冻土的热量逐渐减少，多年冻土融化规模、速度亦在减小，最终将趋于稳定。因此，由多年冻土融化造成的路基沉陷变形亦应是逐渐减弱的过程。时至今日，虽然沿线路基沉陷还是主要病害，但其规模和范围已较过去明显减小，且有可能随时间的推移由主要病害变为非主要病害。已有研究资料表明，路基沉降在工程后第 1 年开始，以路基填方压密为主；2～4 年后显著增大，以路基多年冻土融沉固结变形为主，变形程度、历时长短取决于多年冻土温度、含冰率等；以后则进入变形动平衡阶段，年沉降变形逐渐减小。

2. 季节冻胀融沉变形在增强

随着路基冻土天然上限下降深度的增加及路基沉降变形的逐渐减弱，路基在季节冻融作用下，冬季冻胀、暖季融沉程度不断增强。这种增强并不是此类病害的加剧，而是所占各类病害比率的增加。然而随着一期、二期整治后路基高度的明显增大，由冻胀和融沉导致的路基路面纵向裂缝发生几率和规模愈来愈大，对工程的危害程度也愈来愈大，这种变化自 1998 年以来更加明显和强烈。

青藏公路沿线路基土以粗粒土为主，小于2mm的砂和粉粒含量都很高，一般占总重的20%～50%。此类粒径组成有利于毛细水的迁移，根据钻孔调查，沿线毛细水上升高度约为1.0～1.5m。而地下水埋藏又浅，一般1～3m，有些甚至小于1m，为毛细水上升提供了充足水源。毛细水的大量上升则成为冻胀翻浆和融沉发生的重要条件。

青藏高原气温较低，负温期有7～8个月。根据沿线五道梁、沱沱河、安多等气象站的资料，日平均气温从+1℃降至-1℃的波动时间在10～34d，一般自每年9月初或上旬开始，10月初结束。此温度区间历时较长，冻结面形成和向下发展缓慢，有利于地下水特别是季节冻结层下融化盘中的地下水沿毛细管向冻结面迁移，为冻胀翻浆和融沉提供了必要的气象条件。

经过一期和二期整治后，青藏公路全线路基大幅度抬高，路基高度的提高既改变了热传导和水分迁移条件，也改变了力平衡边界条件。在水热力耦合作用下，随着负温出现，水分冻结，路面横向水平拉应力增大，导致路基路面纵向开裂。因此，1998年及1999年冬季后青藏路沿线大范围出现纵向开裂，这也是病害类型改变的一个方向。

综上所述，青藏公路在多年冻土环境变化和工程自身变化的条件下，路基病害将由过去较为单一的融沉变形的格局，转变为多年冻土融沉与季节性冻胀融沉、纵向裂缝及路基边坡冲刷共存的局面。

第三节　冻土地区沥青路面病害

一、典型病害

采用普遍调查、重点调查、钻芯取样、路面雷达探测、弯沉检测等方法，多次对青藏公路多年冻土区沥青路面的使用状况进行现场调查。调查发现，青藏高原冻土地区沥青路面破损按类型、严重程度和范围可分为裂缝类、变形类、松散类，以及泛油、表面磨光等其他破损四大类。

1. 裂缝类

裂缝是青藏公路沥青路面上较为普遍的破坏类型，约占整个破坏的三分之一，主要有纵向裂缝、横向裂缝、块状裂缝和龟裂等。其中横向裂缝居多，分布较有规律性，在同一路段内基本等间距分布，裂缝间距主要为5～20m，大多在路面宽度范围内贯通。纵向裂缝在个别路段上发育明显，多出现在路面中央和路肩边缘，宽度最大可以达到30cm，长度由数米至数百米不等。块裂和龟裂多出现在沉陷路段，这种裂缝在行车荷载的作用下极易扩散，造成更大面积的损坏。裂缝的出现主要与行车荷载和环境因素有关。

2. 变形类

路面结构保持其完整性，但由于路面材料或路基稳定性等原因，路面表面形状发生变化。在几类路面破坏中，变形类破坏最为严重，也最为常见，约占路面破坏的一半，主要表现为波浪和沉陷，而车辙、隆起的比例很小。变形类破坏与青藏公路所处地区的冻土类型、冻土路基的冻融稳定性等密切相关。沉陷在阳坡处明显多，而阴坡处明显少；并在有水的一侧沉陷显著。同时，路基施工压实质量也有重要影响。

3. 松散类

由于轮胎与路面的作用，以及环境因素的影响，使得路面表层材料散失，造成破坏，主要表现为松散、坑槽、脱皮等，其中松散破坏居多。不少路段材料散失严重，表面粗糙，粗集料外露，路面呈现坑状。长期受到高原紫外线的影响，导致沥青老化，黏结力下降，是造成沥青路面这类损坏的主要原因。

4. 其他类破损

泛油、表面磨光、推移等破坏在个别路段也较常见。

二、病害原因

青藏公路沥青路面的破损是冻土地区特殊的自然条件、不断增大的交通荷载、设计施工不当等综合作用的结果。交通荷载，特别是近年来不断增加的重载交通，加大了破坏的速度。复杂的地质条件，水温状态的变化及水冰的迁移和荷载反复作用，使路基路面在使用过程中出现不稳定状态。此外，路基和基层压实不足，多年冻土的上限下移，以及融沉加剧，造成路基严重变形。强烈的太阳辐射作用，使路面沥青混合料品质下降，而强烈的昼夜温差、极快的温度变化速率、雨雪冻融交替等加速了路面破坏过程。

青藏高原冻土地区沥青路面病害产生的原因可以归结为气候因素、交通荷载和材料与结构特性等三个方面。

1. 气候因素

(1)温度

青藏公路常年处于低温状态，全年基本为负温环境，5～8 月份有较短的正温环境，但最低温度仍低于 0℃。降温速率快、昼夜温差大，也是该地的主要气候特征，昼夜温差可达 20℃，地表温差高达 50℃。这种特殊的气温状况是青藏公路冻土区的沥青路面病害区别于一般地区的主要原因，也是该地区沥青路面设计要考虑的主要因素。在低温下，沥青变得脆硬，沥青混合料的劲度模量高，变形能力和应力松弛性能差。温度的变化、荷载的作用，是造成沥青面层发生裂缝病害(占 36.2%)的重要原因。

由于持续负温，基层的施工时间短，且即使在施工季节，也仅白天有一段时间正温，这对水泥稳定类材料的强度形成非常不利，低温环境导致半刚性基层无法形成板体，强度增长缓慢，承载能力不高。更加值得关注的是，半刚性基层在低温和大温差环境下，温度收缩剧烈，由此产生的裂缝将很快反射到面层上来，加剧路面的早期破坏。

(2)辐射

青藏高原地区太阳辐射强，在强辐射作用下，沥青老化加剧，变得干涩，黏性降低，使混合料的水稳性下降而出现松散、坑槽等病害(占总损坏的16.8%)。同时沥青老化也使沥青混合料的低温抗裂性能降低，路面裂缝率提高。

(3)雨雪

降落到路面的雨雪，渗透到混合料中，在负温下冻结，致使沥青面层出现严重的水损害，产生松散、坑槽、冻胀裂缝等病害。

2. 交通荷载

交通荷载作用加速了路面损害。近年来随着西藏经济社会发展加快，与外界联系及经贸往来增多，青藏公路的交通量和轴重增大，恶化了青藏公路路面的工作条件，加速了路面的损坏。

3. 材料与结构特性

(1)沥青

为了适应低温环境下路面性能要求和在低温条件下沥青路面的施工，青藏公路沥青路面一般采用高标号沥青。然而，虽然高标号沥青的低温柔性好，低温抗裂性强，但其黏性较低，与集料黏附性较差，造成水稳定性、抗冻性不佳，这是青藏公路沥青路面出现松散类病害来自材料方面的一个主要原因。

(2)矿料及矿料级配类型

矿料的性质，诸如其与沥青的黏附性、酸碱性、形状、规格和尺寸等均对沥青混合料的路用性能产生影响。矿料级配类型对沥青路面的低温性能有一定影响，调查表明，密级配沥青混合料的低温病害少于开级配，而中粒式密级配路面比细粒式要好。

(3)混合料结构

混合料的空隙率与沥青路面的病害有密切关系，空隙率小则不易出现开裂，水损害现象也较少。研究表明，裂缝往往从材料中的离析和缺陷处产生与发展，空隙率小则缺陷少，不均质性越不明显，则相对开裂率较小。空隙率大，水分进入沥青面层及基层结构，易造成水损害，特别是对于多年冻土地区，水损害更加明显。

(4)路面结构

面层厚度、基层材料类型和厚度对沥青路面的病害有较大的影响。研究表明，当面层厚度由6cm增加到16cm时，路面开裂率可下降约3倍。基层材料的导热系数由 0.5W/(m·℃)增加到 2.5W/(m·℃),可使开裂率下降约 10%,在沥青面层较薄时,基层导热系数对路面开裂率的影响更为显著。

三、冻土地区沥青路面的特殊使用条件

冻土地区公路沥青路面病害的产生,除与一般地区相同的原因外,特殊的使用条件和施工条件至关重要。

冻土地区的气候特点是长期低温,降温速率快,昼夜温差大。青藏公路调查路段全年基本为负温环境,多年平均最低气温为−14.5～−17.4℃,最高气温为6.8～8.1℃,5～8 月份有较短的正温环境,但最低温度仍低于 0℃;昼夜温差为23～26℃,地表温差高达 50℃。这种特殊的气温状况是青藏公路冻土区沥青路面病害区别于一般地区的主要原因,也是该地区沥青路面设计需要考虑的重要因素。

冻土地区气候的另一个特点是日照强烈,云量稀少。青藏高原太阳总辐射量高居全国之冠,年总量 5 000～8 000MJ/m^2,且紫外线辐射明显高于一般地区,使沥青结合料与混合料的性能劣化严重,产生松散、坑槽等病害。

融沉变形是冻土路基的主导病害。均匀的沉降变形对路面结构不会产生大的影响,而不均匀融沉变形则会在路面结构中产生附加应力,导致路面沉陷、裂缝等病害发生,因而成为多年冻土地区路基路面相互作用研究的一个重要方面。

冻土地区沥青路面的施工条件与一般地区的差别大,主要表现在施工期短、施工温度低、碾压成型困难及养生条件有限等。冻土地区公路的最佳施工时间为每年的 5～9 月份,但气温仍较低,日温差也较大,高原多年冻土地区夜间往往出现负温,有效施工时间短。同时,降水又集中在 7～9 月,且雨雪无常,影响路面施工的连续性。冻土地区常年低温,即使在路面的可施工季节,路面施工温度也明显低于一般地区,满足现行规范规定的施工温度要求困难。冻土地区气温低,加上多风、风大,热拌沥青混合料施工过程中的温度损失明显快于一般地区,使沥青混合料碾压成型困难;气候干燥,蒸发率高,路面基层施工中水分损失比一般地区快,且损失量大,十分不利于无机结合料稳定基层的强度形成,水泥稳定类材料和水泥混凝土保温保湿养生难度明显大于一般地区,水分蒸发损失容易引起干缩裂缝,频繁冻融循环将导致路面早期损伤,大温差使结构层内产生较大的温缩应力和翘曲应力。

冻土地区公路路面特殊的使用和施工条件使路面设计与施工具有明显的特殊性,对路面材料与结构提出了一些特殊要求。

(1)路面材料的低温特性

冻土地区长期低温条件下,路面半刚性基层混合料的强度形成缓慢,难以形成板体,无法充分发挥半刚性材料的优点;沥青变得脆硬,沥青混合料的劲度模

量提高，变形能力和应力松弛性能降低，沥青混合料的低温抗裂性能降低，容易产生开裂。因此，冻土地区沥青路面材料设计中，应以低温特性为主，对路面基层与面层混合料的低温强度、低温抗裂等特性提出更高要求。

(2)路面材料的抗变形能力

冻土地区公路路面材料的抗变形能力除满足行车荷载要求外，还要考虑温度作用和路基不均匀融沉变形的影响。冻土地区气温降温速率快、昼夜温差大、蒸发率大，路面半刚性基层混合料的干燥收缩和温度收缩比一般地区更为严重，沥青混合料的温度收缩也很明显。路基不均匀融沉变形在路面结构内产生附加应力，因此要求提高路面材料的抗变形能力。

(3)路面材料的耐久性

冻土地区路面使用中经受频繁冻融循环和强辐射作用，影响程度明显高于一般地区，要求路面材料具有更高的抗冻耐久性，面层沥青混合料还要具有良好的抗老化能力，以延长路面使用寿命。

(4)路面结构的抗不均匀融沉变形能力

已有研究表明，冻土地区路基的不均匀融沉变形，使路面结构产生不可忽视的附加应力。因此，冻土地区的沥青路面结构设计，不仅要考虑行车荷载的作用，还应考虑路基不均匀融沉变形的影响。

第三章　冻土地区路面基层与结构组合

基层是路面结构中的重要层次，主要承受并传递由面层传来的车辆荷载的竖向作用，起到扩散路面荷载、减小路面变形、防止或减缓路面病害出现等作用。因此，路面基层应具有足够的强度和刚度，良好的应力扩散功能。路面基层类型与结构组合对路面的受力状态、整体使用性能等有显著影响。本章重点讨论沥青路面基层对冻土路基融沉变形的适应能力，级配碎石基层对沥青路面吸热的改善，推荐适宜的路面基层结构组合。

第一节　路面基层类型与特点

路面基层按材料力学性质可分为半刚性类、柔性类和刚性类；按材料组成可分为有结合料稳定类（包括稳定粒料类、稳定细粒土类）和粒料类，结合料稳定类又可分为有机结合料稳定类（沥青稳定类等）和无机结合料稳定类（水泥、石灰等稳定类）；按组成结构状态可分为骨架密实结构类、骨架空隙结构类、悬浮密实结构类、均匀密实结构类。目前常用的基层类型通常为半刚性基层、柔性基层和刚性基层。

一、半刚性基层

半刚性基层是指采用水泥、石灰或工业废渣等水硬性无机结合料稳定的半刚性材料修筑的基层。半刚性材料根据结合料的不同，主要有水泥稳定类、石灰粉煤灰稳定类、石灰稳定类、水泥粉煤灰稳定类；其组成结构状态有骨架密实结构、骨架空隙结构、悬浮密实结构和均匀密实结构。水泥稳定类适用于各级公路的基层、底基层；石灰粉煤灰稳定类材料对冰冻地区、多雨潮湿地区宜用于下基层或底基层；石灰稳定类材料适用于各级公路的底基层以及三、四级公路的基层。高速公路、一级公路的基层或上基层宜选用骨架密实型的稳定集料；二级及二级以下公路的基层和各级公路的底基层均可采用悬浮密实型混合料；骨架空隙结构型混合料具有较高的空隙率，适用于需考虑路面内部排水要求的基层。

半刚性材料具有整体性强、承载力高、刚度大、水稳定性好、能充分利用当地材料、经济性较好等特点，在以往“强基薄面”的沥青路面设计思想指导下，广泛应用于我国公路路面基层或底基层，为我国的公路建设与发展起到了积极的推动作用。一般来说，半刚性材料具有较高的抗压强度、刚度和一定的抗弯拉强度，并随龄期不断增长，因此半刚性基层沥青路面通常具有较小的变形和较强的荷载扩散能力。同时，半刚性基层的刚度大、整体性好，使沥青面层的弯拉、应力值较小，从而提高了沥青面层抵抗行车荷载疲劳破坏的能力。另外，水泥、石灰、粉煤灰、碎石、砂砾等筑路材料可以就地取材，材料来源广泛，造价低廉，其中粉煤灰，可以变废为宝，既保护了环境，又为公路建设提供了良好的筑路材料。

伴随着半刚性基层的广泛应用，半刚性基层沥青路面存在的一些问题逐渐引起人们的关注。半刚性基层反射裂缝严重，排水条件差，与沥青层层间黏结困难等导致半刚性基层沥青路面出现较多早期损害。

(1)由半刚性基层的收缩开裂引起的沥青面层反射性裂缝，是半刚性基层的重要缺陷。半刚性材料属水硬性材料，在失水干燥过程中会产生收缩，进而产生收缩应力；同时，在温度变化过程中，会在其内部产生温度应力；干缩应力和温度应力的共同作用，半刚性基层产生裂缝，在环境与交通荷载综合作用下，裂缝逐渐向上延伸，甚至贯通整个沥青面层，最终形成反射裂缝。根据有关资料，半刚性基层沥青路面开裂现象在我国各个地区普遍存在，只是裂缝的轻重程度不同，一般在开放交通第一个冬季就可能发生，在以后的冬季甚至其他季节还要继续发展。沥青路面裂缝中由于半刚性基层开裂而引起的沥青面层反射裂缝常常超过 50%，尤其在温度、湿度变化剧烈地区。裂缝的存在使车轮从裂缝的一侧经过到达裂缝的另一侧时，荷载变化不再连续，使路面裂缝两侧发生大的应力突变；裂缝渗水又引起其他病害的产生和发展，加快路面破坏。

(2)半刚性基层排水性能差。水从各种途径进入路面并到达基层后，不能从基层迅速排走，而沿沥青面层和基层的界面扩散、积聚，导致沥青面层和基层界面条件发生变化，路面承载能力降低，而且基层表面产生水力冲刷，出现灰浆，裂缝处形成唧浆、坑槽，导致更多的裂缝出现。影响沥青路面的水，除了降雨、降雪外，还有冬季冰冻引起的水分积聚和春融期间产生的积水，中央分隔带的绿化浇水、挖方路段的裂隙水等，如不及时排走就将造成危害。

(3)半刚性基层损坏后修补困难，基层一旦破坏，除了"开膛破肚"式的挖掉重建，别无他法，这将对沥青路面的维修养护造成很大的困难。

二、柔性基层

柔性基层是用沥青混合料、沥青贯入碎石以及不加任何结合料的粒料类等材料铺筑的基层。柔性基层可分为有机结合料稳定类(沥青稳定类)和粒料类，沥青稳定类主要包括热拌沥青混合料、乳化沥青混合料、沥青贯入碎石等，以沥青稳定碎石为主；粒料类包括级配碎石、级配砾石、填隙碎石、泥结碎石等，以级配碎石为主。

1. 沥青稳定碎石

沥青稳定碎石基层，按其级配组成特性分为密级配、半开级配和开级配三种，其设计空隙率分别为4%～6%、12%～18%、18%～24%。密级配沥青碎石具有较高的承载能力，被广泛应用于路面基层；半开级配沥青碎石混合料具有承重、减缓反射裂缝和一定的排水作用，主要作为路面防治反射裂缝的中间层；开级配沥青稳定碎石主要作为路面的内部排水层。

沥青稳定基层在国外已经得到了广泛应用。美国地沥青协会认为，设置沥青稳定基层的路面能够有效地减小水损害，使得路面结构的受力协调，并有利于采用统一的沥青材料从而保证路面质量。沥青稳定基层主要有密实式沥青处治基层(ATB)和透水性的沥青处治基层(PATB)，这两类基层多采用大粒径的沥青混合料；英国在交通繁忙道路上普遍采用密级配的沥青碎石(DBM)作基层；在法国，沥青稳定砾石是常用的基层材料；日本的高速公路多采用沥青稳定粒料作基层；在挪威等北欧国家，沥青碎石、沥青混凝土等与碾压碎、砾石等是最主要的基层类型；在地处北半球高纬度寒区的加拿大，公路路面广泛采用沥青稳定基层。

沥青稳定基层具有良好的整体性和柔韧性，使路面结构的受力均匀，且强度形成快，可以大大缩短施工工期。同时，沥青稳定基层有一定的空隙率，使水分能顺畅排除，不会滞留在路面结构中造成路面的水稳性破坏。沥青混合料对于水分的变化不敏感，不会产生干缩裂缝而导致面层出现反射裂缝。大粒径沥青混合料减小了矿料总表面积，因而可以保证有较厚沥青膜，并减少混合料的沥青用量，从而降低工程造价。随着交通量和轴载的不断增大，沥青路面产生车辙和疲劳破坏的危险越来越大，而采用沥青稳定基层是一种技术经济可行的方案，可以避免沥青路面过早开裂，延长路面使用寿命，提高路面使用品质。

2. 级配碎石

级配碎石等无结合料处治粒料至今仍然是一种应用广泛的筑路材料，级配碎石宜用几种粒径不同的碎石和石屑掺配拌制而成，分为骨架密实型与连续型。级配碎石可以用做路面的不同层位，取决于材料本身的特性、材料的质量、气候条件、交通组成和交通量，以及使用经验。级配碎石一般可用于轻交通道路的面层或其上铺筑薄沥青层；重交通道路较厚沥青面层下基层，以及沥青面层与半刚性层之间过渡层。用在重交通道路的厚沥青面层下，有两种情况：一是高质量的级配碎石直接用在厚沥青面层下作为基层；另一种是质量略次的级配碎石用于较下的位置，如设置在结合料基层的下面。

针对半刚性基层沥青路面的反射裂缝问题，国内外研究提出了一些减少和延缓反射裂缝的措施，其中在半刚性基层与沥青面层之间铺筑一层优质级配碎石层形成上柔下刚的倒装结构，在美国、澳大利亚、南非等国家得到了应用，并取得了较好的效果，我国也修筑了试验工程。这种结构利用级配碎石作为松散材料的应力应变非线性特点，吸收和减弱了半刚性基层顶面裂缝的尖端应力，减少或延缓了反射裂缝的产生。级配碎石具有一定的空隙，能将进入路面的水排出，避免了水对半刚性基层的浸泡和冲刷；级配碎石层的设置，大大改善了半刚性基层可能遭受的不利水温状况，减少了半刚性基层由于温度、湿度变化产生的温缩、干缩应力，缓解了半刚性基层的开裂问题；级配碎石没有结合料，需在外力的约束下达到嵌挤密实而形成强度，将其置于强度高、刚度大的半刚性基层上，有利于提高其强度和模量，因而也使路面整体结构抵抗交通荷载破坏的能力增强。

级配碎石应用中的主要缺陷是在重复行车荷载作用下易产生较大的塑性变形。级配碎石的强度主要来源于碎石颗粒本身的强度以及碎石颗粒之间的嵌挤力，当行车荷载作用超过各种粒径粒料之间相互嵌挤作用形成的抗变形能力时，粒料会产生一定程度的重排，导致塑性变形的产生。因此，级配碎石作为基层时，应采用优质的碎石材料，严格控制施工级配组成与含水率，尽量提高密实程度，才可以显著减小永久变形。

级配碎石对材料与施工技术的要求较高，目前国内碎石加工控制不严格，生产不上规模，规格不均匀，碎石质量和混合料级配组成难以保证。另外，施工管理不够规范，含水率控制不严，级配组成准确性较低，离析问题严重，压实质量不高，使混合料的实际使用性能降低。这些不利因素限制了级配碎石的大面积应用。但随着路面结构组合的多样化，设计与施工管理水平的不断提高，级配碎石作为路面结构层的应用将得到重视与发展。

三、刚性基层

刚性基层指混凝土、低强度等级混凝土、贫混凝土、碾压混凝土、钢筋混凝土、连续配筋混凝土等材料形成的基层，一般用于重、特重交通道路，或有特殊使用要求的路面基层。

贫混凝土是指水泥用量较少的混凝土，用量一般为 100～200kg/m^3，因而又称为经济混凝土。贫混凝土有密实贫混凝土和多孔贫混凝土，除具有比半刚性材料更高的强度和刚度外，都具有良好的抗冲刷性能。其中前者可以抵抗水的冲刷，而后者由于具有较多的孔隙，可以将进入结构层内的水迅速排走而免受冲刷，因而具有更好的抗冲刷性能。此外，贫混凝土具有良好的抗冻性能，为其在冰冻地区的应用提供了可能。有条件的地方，可以在贫混凝土中适当掺用粉煤灰，可减少水泥用量，改善贫混凝土的工作性和提高密实性，减少收缩裂缝，提高后期强度。

碾压混凝土是以级配集料和较低的水泥用量、用水量以及掺合料、外加剂等组成的超干硬性混凝土拌和物，经振动压路机等机械碾压密实而形成的一种混凝土。

第二节　路面结构对冻土路基融沉变形的适应能力

冻土路基普遍存在融沉变形，均匀的融沉变形对路面结构的影响较小，而不均匀变形会使路面结构内部产生较大的附加应力，同时在行车荷载的反复作用下，将使路面出现早期破坏。有时融沉变形引起的路面破坏甚至比行车荷载要大。因此，冻土地区公路路面结构设计中，在考虑行车交通荷载作用的同时，还应重视冻土路基不均匀融沉变形的影响。

一、冻土路基不均匀融沉变形

冻土路基的沉降变形主要有填土的压缩沉降变形、季节活动层的压缩和热融沉降，以及多年冻土上限下移后的热融沉降，其量的大小与冻土类型、土质状况、地温、含水率、路基排水状况、地基融深、路堤高度等有关。在保证路基施工质量，有效控制路基容许变形的前提下，冻土路基的不均匀沉降变形主要是路堤下冻土地基的融沉变形。利用弹塑性固结有限元分析程序，可对冻土路基不均匀融沉变形进行计算分析。

路基土的主要计算参数列于表 3-1。计算边界条件为：中心对称面没有水平位移，底面为固定边界，表面自由且为透水面，地基与路堤相接处分透水和不透水两种情况分别计算。固结计算时间考虑冻土融化以后 3 个月，路堤高度为 3m，宽度为 10m，边坡坡度为 1：1.5，地基计算范围，水平取 20m，深度方向按实际融化深度考虑。

土 基 参 数 表　　　　表 3-1

渗透系数	土密度(kg/cm^3)	侧压力系数	体积压缩指数	回弹压缩指数	修正剑桥模型参数 M_p
1×10^{-6}	17.5×10^{-4}	0.5	0.06	0.01	1.10

图 3-1 所示为路堤底部设和不设砂砾等排水垫层材料时，两种排水状态下的地基表面沉降曲线。由图 3-1a)可见，不排水状态下的最大沉降并不产生于路中心，而是发生在路基边缘处；且路堤顶面宽度范围内的沉降变形较小，且不均匀。边坡处由于填土重量自上至下减小，沉降变形逐渐减小，在路堤坡脚及坡脚附近一定范围内，产生了向上的垂直位移，表明发生了隆起变形。在距路堤较远的地表面，沉降变形逐渐减小，并趋于零。图 3-1b)所示的排水状态下的边坡及其外侧的地基沉降变形规律与不排水状态基本相同，路堤顶面宽度范围内的沉降变形较大，但较均匀。由此可见，在路堤底部设置排水垫层，可以减小路堤顶

面宽度范围内沉降变形的不均匀性。

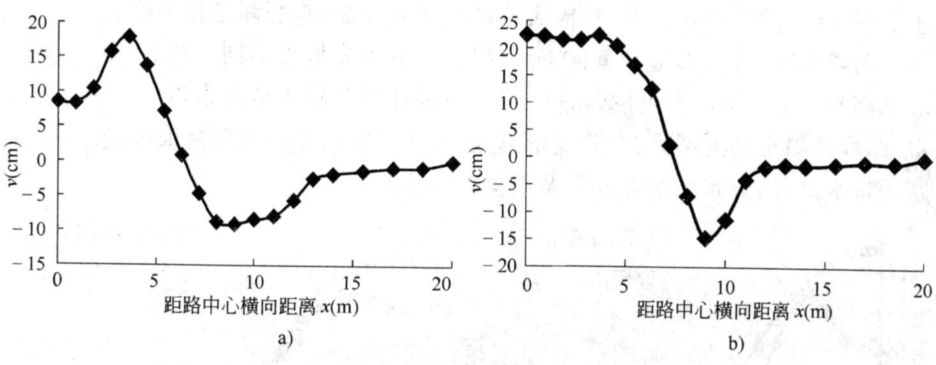

图 3-1 地基表面沉降变形与排水状态关系

a)不排水状态;b)排水状态

图 3-2 所示为地基表面沉降与融深的关系。由图可见,地基的融化深度不同,地表沉降变形也不同;排水状态下路基中心的地表沉降较大,而不排水状态的不均匀沉降较大。对于不同的冻土融化深度,融深较大时的固结沉降亦较大,

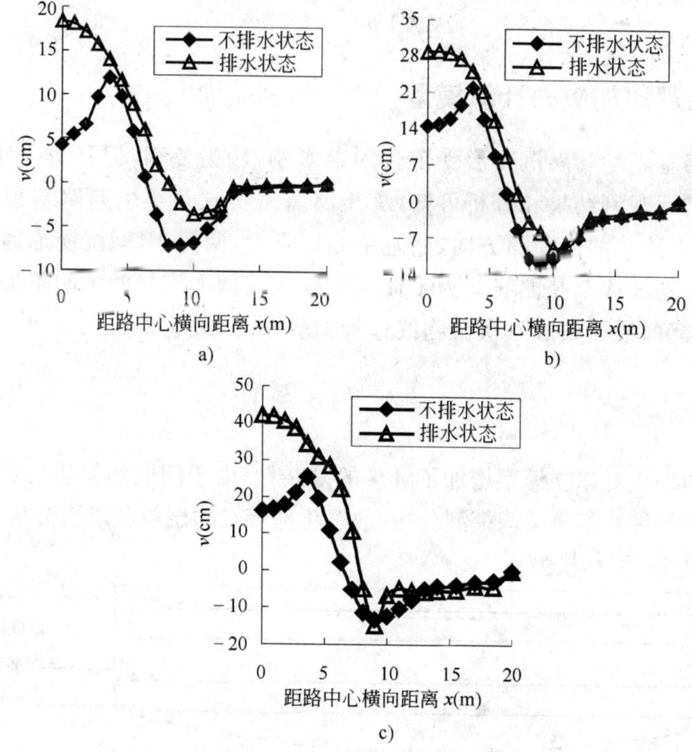

图 3-2 地基表面沉降与地基融深关系

a)融深 3m;b)融深 7m;c)融深 9m

而融深较小的沉降变形则小。这说明在冻土地区修建公路，应采取措施保护冻土上限，减小路基融化深度，从而减小路基沉降变形，提高路基稳定性。

路堤高度不同，其堤身重量不同，引起的沉降变形也不同。图 3-3 所示为路堤填高 6m 和 1.5m 时的路表沉降变形，前述计算为路堤填高为 3m，综合对比可得，路堤的填土高度越大，沉降变形越大，填土高度较小时则沉降变形较小；改善路堤排水条件，能减小沉降变形及不均匀沉降。

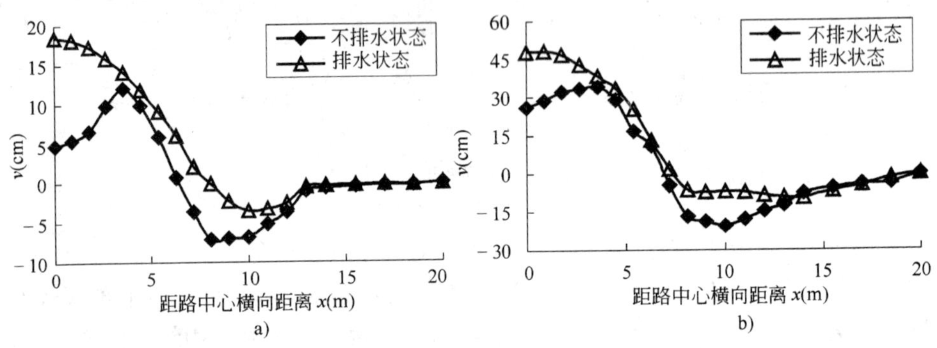

图 3-3 地基表面沉降与路堤高度关系

a)填高 1.5m；b)填高 6m

二、融沉附加应力计算模型

冻土路基不均匀融沉变形受较多因素影响，较为复杂，但又有一定规律性。根据已有实际观测结果和分析可知，冻土路基融沉往往会引起路基顶面反拱变形，即在冻土路基的横断面方向，路基中心沉降大，两侧小，融沉变形曲线形状近似于二次抛物线或余弦曲线。为了便于对路面结构不均匀融沉的附加应力计算分析，将融沉曲线回归成二次抛物线作为边界条件，表达式为：

$$\delta = \delta_{\max}\left(1 - \frac{r^2}{a^2}\right) \tag{3-1}$$

土基的处理对建立模型增加了计算的复杂性，由于问题的实质已经转化为已知位移边界条件的路面结构模型分析，故可将路面结构层单独取出分析，将路面结构简化为图 3-4 所示模型。

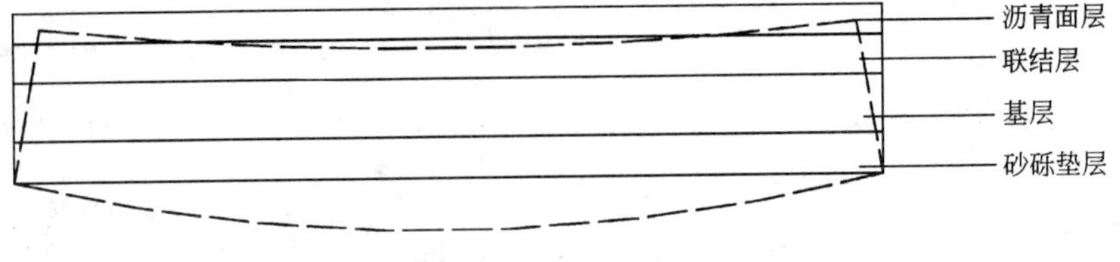

图 3-4 路堤沉降变形

在计算模型中采用如下假定：

(1)路面各结构层为连续均质、各向同性线弹性材料，力学特性用弹性模量 E 和泊松比 μ 表征。

(2)路面各结构层在垂直方向完全连续，即当土基发生固结沉降后，路面结构层在交通荷载与自重作用下随之下沉，层间不会出现脱空现象。沥青面层与联结层、联结层与基层及基层与砂砾垫层之间均为连续接触。

(3)不考虑土基的总体下沉，只分析不均匀沉降引起的附加应力。

(4)考虑荷载的对称性，在有限元计算中，取 1/2 模型进行计算。

实际路面为带状结构物，路基横向不均匀融沉变形对路面纵向影响很小，故可建立二维轴对称的路面结构有限元模型，能有效地模拟横向不均匀融沉变形对路面结构的影响。路基宽度为 9m，面层结构一般为两层，中间设置联结层(也可不设)，基层为半刚性基层或柔性基层。路面结构附加应力的有限元计算模型如图 3-5 所示，在有限元计算中不考虑阴阳坡的差异，路面中心为水平约束，竖直方向无约束，融沉变形的半径取路面半幅宽度，路面表面与侧面为自由边。

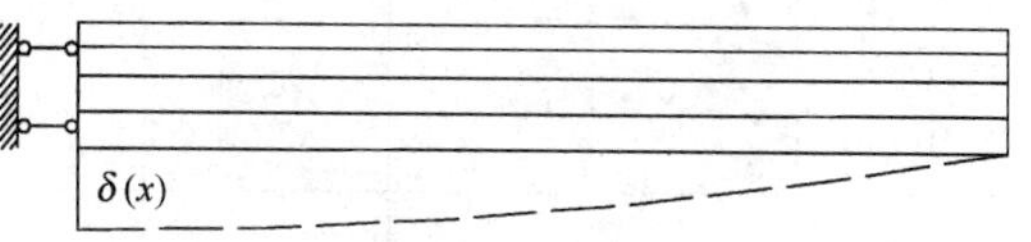

图 3-5　计算模型

计算方法采用有限元位移法，单元为平面问题等参元中的四结点四边形等参元。

根据已有经验，采用单层半刚性基层、复合半刚性基层、设沥青碎石或级配碎石的混合式基层，以表 3-2 所示 6 种沥青路面结构组合作为计算分析对象。

计算路面结构组合　　表 3-2

结构	面层		联结层	基层		垫层
	上面层	下面层		上基层	下基层	
1	中粒式沥青混凝土	粗粒式沥青混凝土	—	水泥稳定砂砾(5%)		砂砾垫层
2	中粒式沥青混凝土	粗粒式沥青混凝土	—	水泥稳定砂砾(5%)		—
3	中粒式沥青混凝土	—	沥青碎石	水泥稳定砂砾(5%)	水泥稳定砂砾(4%)	砂砾垫层
4	中粒式沥青混凝土	粗粒式沥青混凝土	沥青碎石	水泥稳定砂砾(5%)		砂砾垫层
5	中粒式沥青混凝土	粗粒式沥青混凝土	级配碎石	水泥稳定砂砾(5%)		砂砾垫层
6	中粒式沥青混凝土	粗粒式沥青混凝土	—	水泥稳定砂砾(5%)	水泥稳定砂砾(4%)	砂砾垫层

结构1为目前常用沥青路面结构组合。结构2未设置砂砾垫层，目前已很少使用，仅作为对比结构。结构3与结构6均设置了复合半刚性基层，即5%的水泥稳定砂砾基层和4%的水泥稳定砂砾底基层，并设砂砾垫层，两者不同之处在于结构3在面层和基层之间设置了沥青碎石联结层。结构4和结构5均采用双层沥青混凝土面层，水泥稳定砂砾基层，中间设置联结层，并设置砂砾垫层。两者不同之处在于结构4设置了沥青碎石联结层，而结构5设置了级配碎石联结层。

计算参数变化范围及取值见表3-3。

路面结构层计算参数取值及变化范围 表3-3

材料类型	中粒式AC	粗粒式AC	5%水稳砂砾	4%水稳砂砾	级配碎石	沥青碎石	砂砾垫层	土基
层厚 h(cm)	4	5	20(复合基层为18)	18	10	10	20	—
层厚变化范围(cm)	—	3～7	10～35 10～30(复合)	10～30	0～14	0～14	0～30	—
模量 E(MPa)	1 200	1 100	1 300	800	300	700	200	45
模量变化范围(MPa)	800～1 800	700～1 700	600～1 800	600～1 800	200～500	100～300	100～300	20～70
泊松比	0.25	0.25	0.25	0.25	0.25	0.25	0.25	0.35

三、沥青路面结构融沉附加应力分析

路基横向不均匀融沉变形在路面结构内产生的附加应力大于路面结构层的抗拉强度时，结构层纵向被拉裂，并伴随出现大量的纵向裂缝。冻土地区纵向裂缝是路面裂缝类破坏的主要形式。因此，采用有限元法计算分析路基横向不均匀融沉变形下路面结构的附加应力。融沉盆半径取4.5m，融沉深度取5cm。计算分析得出，路基横向不均匀融沉变形在路面结构面层均产生压应力，且压应力值远远小于沥青混合料的极限抗压强度，对路面使用不会产生影响。因此，主要考虑路基不均匀变形在路面结构基层产生的附加拉应力。初步计算结果表明，随着面层模量和厚度的增大，基层底面拉应力呈微小线性增大，即面层模量和厚度对附加应力的影响很小，故主要分析路面其他结构层参数对基层底面拉应力的影响。

1. 联结层

考虑到冻土地区沥青路面的特殊要求，路面结构3、结构4、结构5在沥青面层和基层之间设置了联结层，结构3和结构4采用沥青碎石联结层，结构5采用级配碎石联结层。

图 3-6 和图 3-7 所示为联结层不同模量和厚度时的基层底面最大拉应力变化。随着联结层材料模量和厚度的增大，基层底面最大附加应力线性增大，且各结构的变化曲线基本平行。结构 4、结构 5 的组合相似，不同之处在于结构 4 采用的沥青碎石模量大于结构 5 级配碎石的模量，如果只考虑材料模量的差异，可以发现结构 5 的级配碎石模量继续增大时，变化曲线将与结构 4 的曲线重合。结构 3 与结构 4 所采用的材料相同，均为沥青碎石，但其结构组合不同。两种结构联结层材料模量对附加应力的影响基本相同，但设置复合半刚性基层的结构 3 的附加应力明显小于结构 4。由此可见，复合半刚性基层与联结层的组合有利于提高路面承载能力。当联结层厚度每增加 2cm 时，结构 4 的基层底面拉应力增大 7.9%，结构 5 的拉应力增大 5.9%，可见设置沥青碎石联结层的结构 4 比设置级配碎石联结层的结构 5 的基层底面拉应力对其厚度变化更敏感。

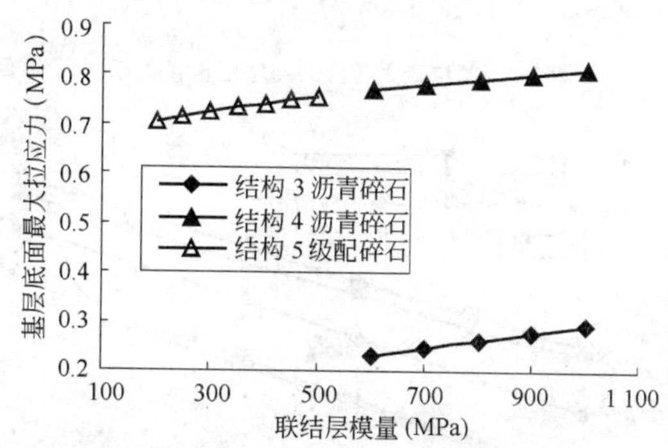

图 3-6 基层最大拉应力与联结层模量关系

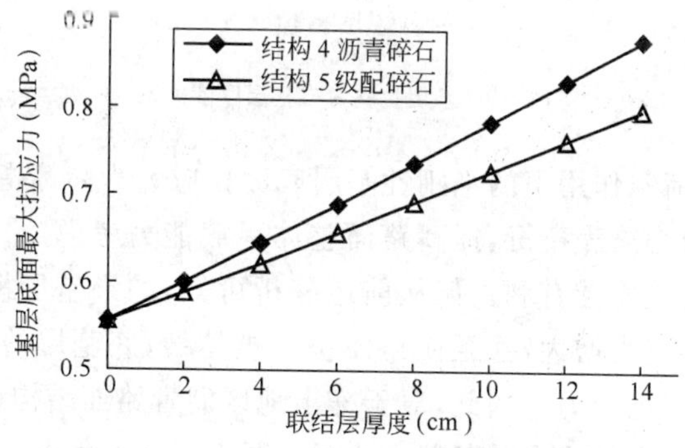

图 3-7 基层最大拉应力与联结层厚度关系

2. 基层

由图 3-8 和图 3-9 所示的不同基层模量和厚度下基层底面最大拉应力的变化可知，基层底面最大拉应力随其模量和厚度的增加而线性增大，各结构的关系曲线基本平行。未设置砂砾垫层的结构 2 的拉应力明显大于设置垫层的结构 1,表明砂砾垫层的设置可以有效降低基层底面的附加应力。设置复合半刚性基层的结构 3 和 6 的基层底面最大拉应力比其他结构的拉应力小得多,且当基层厚度较小时结构 3 与 6 的基层处于受压状态。

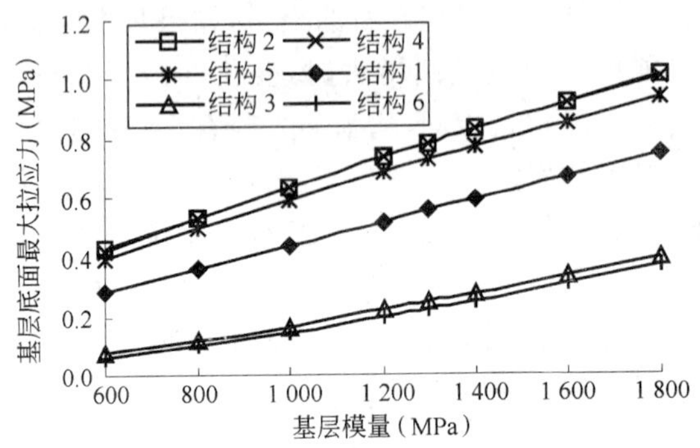

图 3-8　基层最大拉应力与基层模量关系

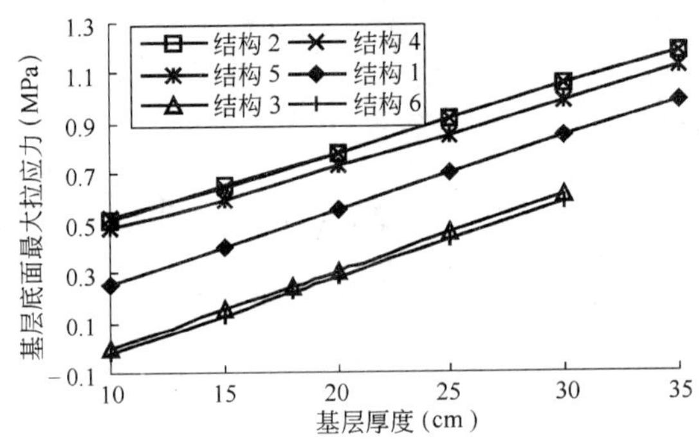

图 3-9　基层拉应力与基层厚度关系

现行规范以荷载作用下的半刚性基层底面拉应力为验算指标之一确定路面结构层厚度,从减小路表弯沉,提高路面整体承载能力考虑,希望基层材料的模量越高,基层厚度越厚越有利。但从前述分析可知,如果基层模量过高,厚度过大,可能导致附加应力增大,甚至使路面基层被拉裂;底基层的模量高,厚度大,可有效减小基层附加应力。因此,对于冻土地区沥青路面结构设计,应综合考虑路基不均匀融沉的附加应力和荷载应力的共同作用,合理选择基层和底基层材料模量和确定其厚度。

3. 垫层

图 3-10 和图 3-11 分别为不同垫层模量和厚度下的路面基层底面最大拉应力的变化情况。由图可见,基层底面最大拉应力随垫层模量的增大而线性减小,

不同路面结构组合的拉应力随垫层模量线性变化的斜率基本相同，仅拉应力大小有所不同。路面结构按最大拉应力从大到小的排序为：结构 4>结构 5>结构 1>结构 3>结构 6。结构 3 和结构 6 均设置了复合半刚性基层，基层底面最大拉应力明显减小，表明复合半刚性基层可以有效地改善路面基层在路基不均匀融沉变形下的受力状态。砂砾垫层的设置可以有效降低基层内的附加应力，随着砂砾垫层厚度的增加，拉应力基本呈线性减小，减小趋势逐渐减缓，对于不同结构而言，曲线基本平行。

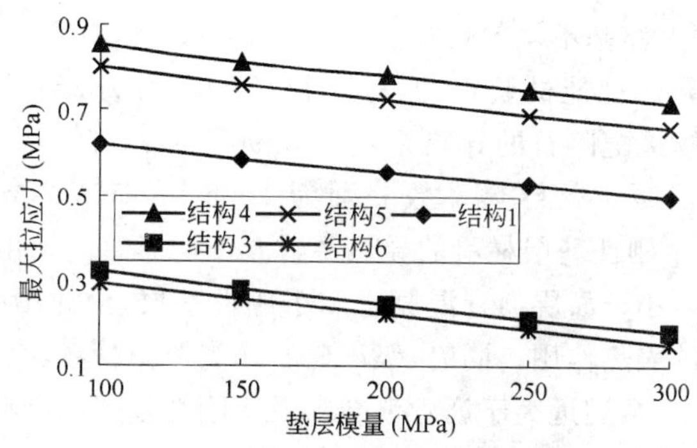

图 3-10 基层最大拉应力与垫层模量关系

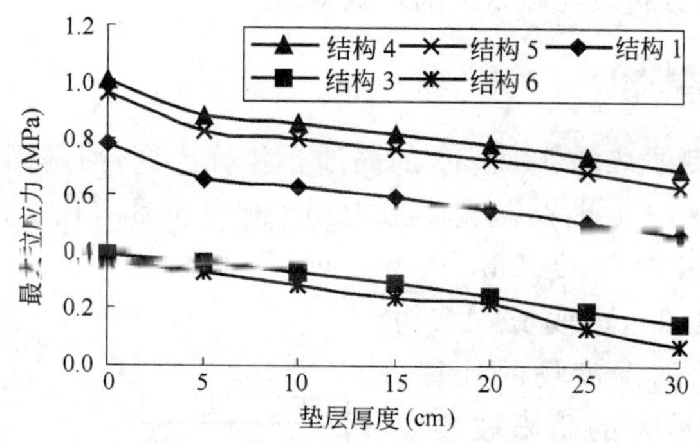

图 3-11 基层最大拉应力与垫层厚度关系

垫层模量和厚度的增大均使基层底面附加拉应力减小。因此，当路基的融沉深度较大，路基状况不好时，提高垫层的模量或增大垫层厚度，可有效地提高路面结构对路基不均匀融沉变形的适应能力。

综上所述，冻土地区沥青路面结构组合设计中，设置模量和厚度较大的砂砾垫层，采用复合半刚性基层，面层与基层之间设置沥青碎石或级配碎石联结层，可以明显提高路面结构对冻土路基不均匀变形的适应能力。另外，设置柔性基层的沥青路面结构具有较强的变形适应能力，因而对冻土路基不均匀变形的适应能力也较好，但应用中应重视柔性结构层的材料和施工要求，保证施工质量，否则，将适得其反。

第三节　级配碎石层隔热效果分析

研究表明，多年冻土地区沥青路面的吸热作用是产生路基不均匀融沉变形的主要原因之一，沥青路面下每年暖季所吸收的热量大于冷季放出的热量，路基中每年形成热量积累，冻土上限逐渐下降，导致路基产生热融沉陷。因此，在多年冻土地区沥青路面结构组合设计中，要采用适宜的结构层改善路面的导热性能，减小沥青路面对路基不均匀融沉变形的影响，同时也有利于冻土保护。

由级配碎石导热性能试验得知，最大粒径 D_{max} 为 26.5～31.5mm、n 值为 0.45和 0.5 的连续级配碎石的导热系数为 0.90～0.93 W/(m・℃)，而沥青混凝土和普通水泥混凝土的导热系数分别为 1.05～1.52W/(m・℃)和 1.3～1.7W/(m・℃)，半刚性基层材料的导热系数介于两者之间。由此可见，级配碎石的导热系数明显小于面层沥青混凝土和半刚性基层，因此用级配碎石作结构层可以起到一定的隔热作用。同时，级配碎石作为散体材料，除碎石可能储备部分热量外，热扩散系数远远大于沥青混合料及半刚性基层混合料。

以青藏公路为例，利用有限元法，对设与不设级配碎石层的沥青路面结构的温度场进行计算，分析级配碎石的隔热效果。

一、计算模型

青藏公路穿越了北纬 32°～36°的高原多年冻土区，路基高度 1m 至 5m 不等，边坡坡度多为 1∶1.5，路基宽度为 10m。现分析具有代表性的五道梁地区(北纬 35°)路基，对高度 2m，宽度 10m，走向东偏北 45°，边坡 1∶1.5 的路基结构进行路面温度场的计算分析。不考虑冻土路基的阴阳坡效应，沿路基对称轴取整个断面的 1/2 为分析模型，天然地面以下取 2m 深度，计算模型见图 3-12。

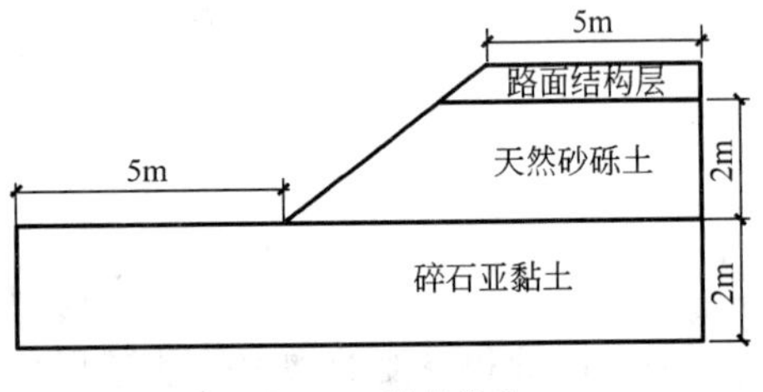

图 3-12　计算模型

在温度场有限元计算时，边界条件有左右边界条件与上边界条件。由于研究的重点在于不同路面结构组合对路面温度场的影响效应，工程实际表明，路基对边坡坡角 5m 以外的天然冻土的影响甚微，故左右边界为绝热边界，由于模型的对称性，在路基中心线处的边界也为绝热边界。路基上边界处存在随时间变化的周期性边界条件，计算中将其综合为两类，即热流密度边界条件与对流换热边界条件。将路基边界处的净辐射与蒸发耗热叠加，作为路基的热流密度边界条件，计算中施加在典型路基边界处的热流密度见表 3-4；对流换热边界条件主要涉及对流换热系数和流体温度，流体的温度按当地气温取值。综合该地区历年气温状况，将当地日平均气温的年变化用如下正弦曲线拟合：

$$T(t) = T_0 + A \cdot \sin\left(\frac{2\pi}{36}t + \frac{5\pi}{9}\right) \tag{3-2}$$

式中：t——旬序，路基建成之日 8 月 20 日 $t=0$，8 月 30 日 $t=1$，依此类推；

T_0——当地的年平均气温，五道梁地区取-5.2℃；

A——日平均气温年振幅，五道梁地区取 11.3℃。

典型路基一年内各月各边界处的热流密度（W/m²）　　表 3-4

日期＼边界	沥青路面	左边坡	右边坡	天然地面
1.20	30.68	22.84	−18	1.81
2.20	63.73	51.43	0	33.91
3.20	62.85	41.29	3	34.00
4.20	115.17	58.77	30	69.59
5.20	158.54	73.00	60	79.00
6.20	155.37	68.00	65	73.00
7.20	159.22	72.00	68	68.00
8.20	129.60	60.00	55	61.00
9.20	90.43	51.00	12	43.00
10.20	51.18	40.42	−8	18.03
11.20	10.05	21.00	−26	−3.78
12.20	8.58	13.87	−30	−12.00

计算路面结构组合如表 3-5 所示。结合青藏公路沿线典型路段路基与路面材料情况，根据研究实测资料与相关参考文献，材料类型及其热物理参数如表 3-6 所示。

计算路面结构组合　　表 3-5

<table>
<tr><th>模型编号</th><th>面层</th><th>级配碎石层</th><th>基层</th><th>垫层</th></tr>
<tr><td>模型 1</td><td rowspan="6">4cmAC+5cmAC</td><td rowspan="2">不设</td><td rowspan="6">20cm 水泥稳定砂砾</td><td>20cm 天然砂砾</td></tr>
<tr><td>模型 2</td><td>不设</td></tr>
<tr><td>模型 3</td><td>20cm 级配碎石</td><td rowspan="4">20cm 天然砂砾</td></tr>
<tr><td>模型 4</td><td>15cm 级配碎石</td></tr>
<tr><td>模型 5</td><td>10cm 级配碎石</td></tr>
<tr><td>模型 6</td><td>5cm 级配碎石</td></tr>
</table>

材料热物理参数取值表 表 3-6

材料	导热系数(W/(m·℃))	比热(J/(kg·℃))	密度(kg/m³)
沥青混凝土	1.12(B)	1 034(A)	2 000(B)
水泥稳定砂砾	1.2(B)	1 101(A)	1 800(B)
天然砂砾	2(C)	1 000(B)	1 600(B)
级配碎石(A)	0.9	2 000	2 400
天然砂砾土(C)	2.2(冻结)	856.52(冻结)	1 870
	1.68(融化)	1 102.5(融化)	
碎石亚黏土(C)	1.29(冻结)	1 023.4(冻结)	1 808
	1.1(融化)	1 298.9(融化)	

注:A 为参考文献[6]研究测试结果;B 为参考文献[63]结果;C 为参考文献[5]结果。

二、计算结果分析

如图 3-13 所示,从路基顶面日均温度的变化来看,级配碎石层在热季起到阻止外部热量进入路基内部的作用,而在冷季也在一定程度上阻止了外部的"冷量"进入路基内部,但夏季的隔热效果要好于冬季的"阻冷"效果。设置 20cm 级配碎石层的路基顶面的日均温度比热季未设时降低约 2.7℃,而在冷季二者相差最大为 2.1℃。

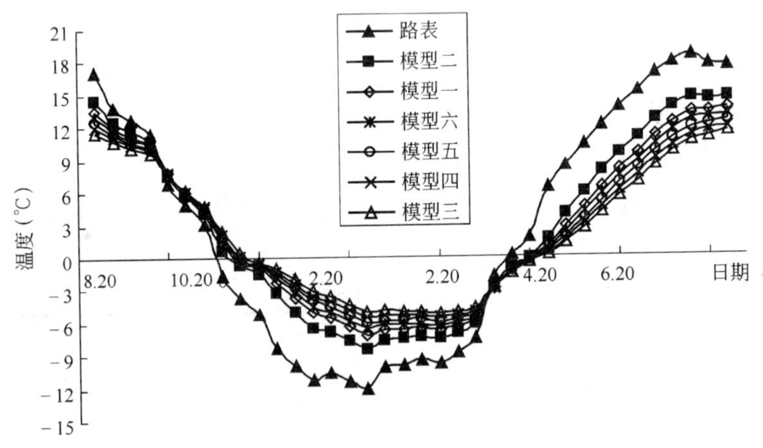

图 3-13 路表与路基顶面中心处日均温度的年变化过程

比较路基顶面的年均温度,级配碎石层的设置可以明显降低路基顶面温度,减小沥青路面吸热对路基温度场的影响。在沥青路面结构内设置 20cm 厚的级配碎石层,路基顶面的年均温度可降低0.2℃。降温效果与级配碎石层厚度有关，如图 3-14 所示，级配碎石层越厚，降温效果越好，但降温幅度随着厚度的增加有所减缓。厚度大于 15cm 后，增大厚度对隔热效果的提高作用不明显，考虑施工合理厚度及工程经济性，级配碎石层的厚度宜取 15cm。

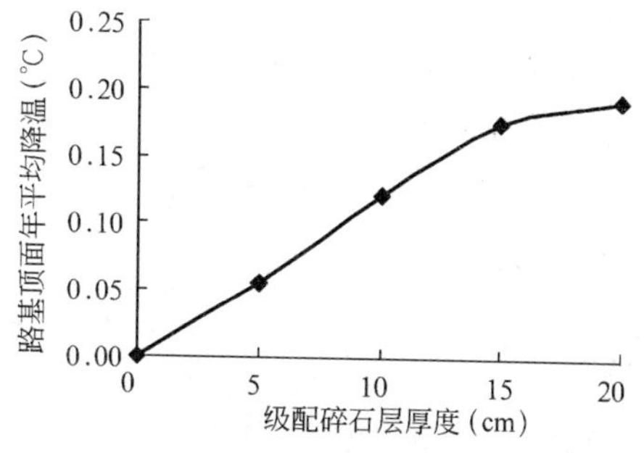

图 3-14　级配碎石层厚度与降温效果

由不设级配碎石层的模型 1 和模型 2 对比分析可得，在路基顶面设置 20cm 的砂砾垫层可以起到与级配碎石层类似的隔热效果，原因主要在于天然砂砾与级配碎石均属松散材料，空隙率大，导热系数低。将设置 20cm 级配碎石层的模型 3 与设置同样厚度砂砾垫层的模型 2 对比可以发现，两种结构对路基顶面温度的改善作用明显不同，模型 2 中的砂砾垫层可以降低冷季路基顶面的温度，而暖季反而有所提高，且年均温度提高 0.06℃。由于两种结构的差异除了导热性能不同外，主要在于结构层位置不同，由此可以认为，多年冻土地区沥青路面的级配碎石层不宜放置过低，越靠近沥青面层，隔热效果越好。

综上所述，级配碎石层可以减少沥青面层吸收的热量向下传递，改善多年冻土地区的路基热稳定性，从而延缓冻土上限的下降速率，起到主动调节改善多年冻土地区沥青路面结构导热性能和路基温度场，保护冻土的作用。

沥青路面表面能量收支的周期性变化，使路面表面温度呈周期性波动，称之为温度波，温度波按变化周期不同可分为年波与日波。由于路面温度的周期波动，引起温度梯度作用下热量在路面结构中传导，使路表的温度波向路面结构内部传播。对比分析可知，在路表温度波向路面结构传播的过程中，随着碎石层厚度的增加，路基顶面处的年温度波的振幅呈衰减趋势，而年温度波的相位则呈一定程度的滞后。其中，碎石层厚度每增加 5cm，年温度波的相位滞后约$\frac{3}{38}\pi$。

由图 3-15 可知，沥青路面路表温度与大气温度的变化规律相似。受沥青混凝土材料本身吸热及蓄热特性影响，以及太阳辐射、气温、对流换热等综合作用，沥青路面路表的年均温度为 2.61℃，比年均气温约高 7.8℃，日均温度的年振幅高于日均气温的年振幅，约高出 4.1℃；沥青路面的日均温度年变化曲线的相位较气温提前约$\frac{1}{9}\pi$。

综合考虑气温变化、太阳辐射、对流换热、坡面蒸发等影响，沥青路面表面的温度年变化过程(图 3-16)，可用正弦曲线较好模拟，即：

$$y = 2.611 + 15.234 \times \sin\left(\frac{x - 24.034}{18.143}\pi\right) \qquad (R^2 = 0.992) \qquad (3\text{-}3)$$

式中：y——沥青路面表面温度；

x——旬序，路基建成之日 8 月 20 日时 $x=0$，8 月 30 日 $x=1$，依此类推。

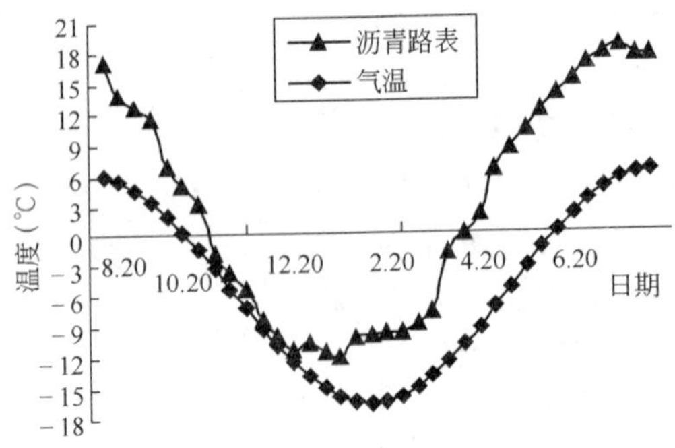

图 3-15　沥青路表日均温度与日均气温关系

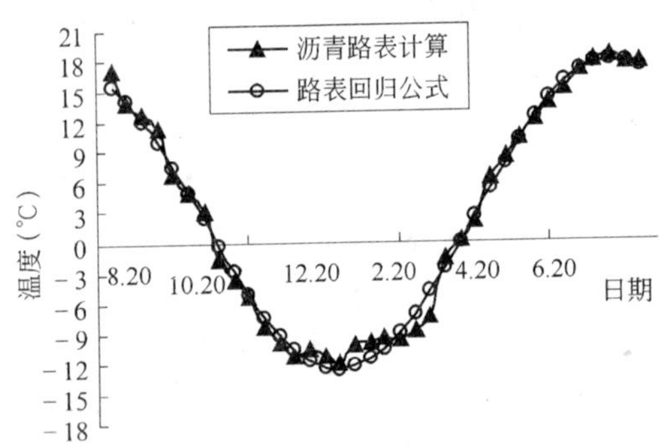

图 3-16　沥青路面日均温度年变化

第四节　冻土地区沥青路面推荐结构组合

沥青路面的合理结构组合要根据行车荷载和自然因素对路面的影响，路面各结构层的工作特性与相互制约关系以及施工技术综合确定。

路面结构组合设计的基本原则为：(1)路面结构应有足够的强度和稳定性，各结构层的刚度和强度与应力应变分布特性相适应；(2)面层、基层的结构类型及厚度应与公路等级、交通等级及组成相适应；(3)顾及各结构层本身的结构特性；(4)考虑水温状况的不利影响，与当地的气候、水文、地质状况相适应，并能充分利用当地的筑路材料；(5)选择适当的层厚和层数，各结构层既要满足最小厚度的要求，又应考虑施工的可行性。

冻土地区独特的气候、地质等条件决定了该地区沥青路面的使用要求。沥青路面的吸热导致路基热融沉陷，路基的不均匀融沉变形在半刚性基层产生较大附加拉应力，影响沥青路面的使用性能，因此，冻土地区路面结构组合中，除了遵循一般地区路面结构组合设计原则外，还需考虑以下要求：

(1)减小路基不均匀融沉变形在路面结构内引起的附加应力，提高路面结构抗融沉变形能力；

(2)减小路面结构吸放热的不平衡，减少沥青面层吸收的辐射热向下传递，改善路面结构的导热性能，以保护冻土；

(3)提高路面结构的抗反射裂缝能力。

根据沥青路面结构组合设计一般原则和冻土地区的特殊要求，总结已有经验，推荐的沥青路面结构组合形式如表 3-7 所示。

冻土地区沥青路面推荐结构组合　　表 3-7

结构类型	1	2	3	4	5
结构组合	沥青面层	沥青面层	沥青面层	沥青面层	沥青面层
	半刚性基层	沥青碎石联结层	沥青碎石联结层	级配碎石联结层	半刚性上基层
	砂砾垫层	半刚性上基层	半刚性基层	半刚性基层	半刚性下基层
	路基	半刚性下基层	砂砾垫层	砂砾垫层	砂砾垫层
	—	砂砾垫层	路基	路基	路基
	—	路基	—	—	—

结构 1 与结构 5 属于典型的半刚性基层沥青路面结构。设置砂砾垫层的目的为：(1)有效的扩散基层或底基层传来的荷载应力，减少路基的变形，减小路基不均匀沉降对路面结构产生的附加应力；(2)可以起到路面结构排水作用，排除路基、路面结构中滞留的自由水，确保路面结构处于干燥状态，同时改善路基的湿度状况，减小融沉值，还可兼做防冻垫层；(3)砂砾垫层的导热系数较其他结构层材料的导热系数小，具有隔温性能，有利于保护冻土路基。

结构 1 是目前常用的沥青路面结构组合，从行车荷载角度而言，可以满足要求，但受多年冻土地区特殊气候条件和路基不均匀融沉变形影响较大，在采取措施保证施工质量的前提下，可以在一般公路使用。

结构 5 采用复合半刚性基层，可起到以下作用：(1)基层是路面结构的主要承重层，复合基层提高了路面整体承载能力，防止或减少面层裂缝出现；(2)冻土地区温度低，半刚性基层材料的强度形成困难、难以形成板体、收缩变形较大，设置结合料剂量较低(如水泥用量为 3%～4%的水泥稳定粒料)的半刚性下基层为结合料剂量较高(如水泥用量为 5%的水泥稳定粒料)的半刚性上基层提供了更为稳定的基础，使基层易于形成板体，降低基层开裂几率，从而减少反射裂缝；(3)结合料剂量较低的半刚性下基层的刚度较小，可以吸收并扩散一部分由于路基的不均匀变形而产生的附加能量，减小基层底面的附加应力。结构 5 可用于多年冻土地区高速公路、一级公路和重载交通道路。

结构2和结构3在沥青面层与半刚性基层之间设置了沥青碎石联结层，它有以下作用：(1)沥青碎石具有一定的空隙率，能将进入路面结构的水及时排出，避免水对半刚性基层的浸泡和冲刷，减少半刚性基层由于湿度变化而产生的干缩应力；(2)冻土地区昼夜温差大，残留在路面中的水由于冻融循环会对路面造成破坏，沥青碎石过渡层的设置有利于提高路面结构的稳定性；(3)沥青碎石联结层的导热性能比沥青混凝土面层低，可减弱路表热流对基层温度的影响，起到一定隔热作用，使半刚性基层的温缩减小，也一定程度上保护了路面结构下的冻土层。这种结构组合发挥半刚性材料强度高的特点，为柔性材料提供良好基础；利用柔性材料改善路面结构的受力特性和半刚性基层的水温状况，减缓反射裂缝，减轻冻土地区沥青路面在低温与频繁冻融循环下的水损害，在冻土地区应用具有明显合理性，可用于高速公路、一级公路和重载交通道路。

结构4是针对多年冻土地区沥青路面吸热作用负面影响提出的主动改善措施，在沥青面层与半刚性基层之间设置级配碎石层，利用级配碎石空隙率大、导热系数小、应力应变非线性等特点，起到隔热、防裂、承重的作用，主动减小沥青路面吸热对冻土影响，有利于冻土保护。

第五节　冻土地区路面基层材料要求

冻土地区沥青路面破损状况调查研究表明，许多路面病害与基层直接相关。路面基层作为路面结构中的主要承重层，其强弱和好坏明显影响着路面结构的整体强度、使用性能和使用寿命。冻土地区路面基层材料应满足特殊使用条件提出的技术要求。

1. 足够的强度和刚度

基层必须能够承受由路面面层传递下来的竖向荷载的反复作用，即在预定设计标准轴载反复作用下，基层不应产生过多的残余变形，更不应产生剪切破坏(无结合料的粒料基层)或疲劳弯拉破坏(各种结合料处治基层)。这就要求基层材料具有足够的强度；同时基层的刚度(回弹模量)必须与面层相匹配，如果面层与基层模量相差悬殊，则面层会由于过大的拉应力或拉应变而过早开裂破坏。重交通道路上要求基层材料具有较高的抗疲劳能力。

基层材料的强度主要包括两个方面：一是石料颗粒本身的强度，可用岩石的抗压强度与集料压碎值表示；另一是结构层即材料整体(混合料)的强度和刚度，如抗压强度、抗剪强度、抗弯拉强度、劈裂强度、弹性(回弹)模量、承载比等。各种基层材料中，贫混凝土等刚性材料的强度和刚度高，无机结合料稳定粒料类、沥青碎石及沥青贯入碎石的强度和刚度较大，无机结合料稳定细粒土、级配碎石、填隙碎石较次，级配砾石、天然砂砾的强度和刚度低。同类材料由于原材料和级配组成等的不同，其强度和刚度有所差异。如水泥稳定粒料和石灰粉煤灰粒料的强度和刚度大致相同，但它们的强度却明显高于石灰稳定碎石和石灰砂砾土。同样是石灰粉煤灰粒料，石灰粉煤灰矿渣的强度大于石灰粉煤灰碎石，而后者的强度又大于石灰粉煤灰砂砾。就各种材料的抗疲劳破坏能力而言，由强到弱的排序为：沥青混凝土、沥青碎石、石灰粉煤灰粒料（矿渣、碎石、砾石）、水泥粒料（碎石、砾石、砂砾土）以及石灰土粒料或石灰粒料土。

目前，我国沥青路面基层以半刚性基层为主，沥青混合料面层厚度一般较薄，整个路面的承载能力主要依靠半刚性基层的较高强度和较大刚度来满足。但在冻土地区特殊的温度和湿度条件下，按照现行规范方法设计的半刚性材料的实际强度低、难以形成板体，导致基层强度或刚度明显不足，在车轮荷载和自然因素的反复作用下产生弯拉疲劳和收缩开裂，使路面出现网裂、龟裂、沉陷等损坏。青藏公路沥青路面调查中对路面结构层进行了钻芯取样（图 3-17），发现大多数芯样面层较为完整，基层多呈松散状态，说明半刚性基层基本未形成板体。其中两次调查中共取 54 个芯样，未形成板体的有 41 个，松散率为 75.9%。分析原因，水泥稳定类基层的级配普遍偏细，细集料含量偏多，集料的均匀性较差且含有较多的片状颗粒，个别砂砾粒径过大。

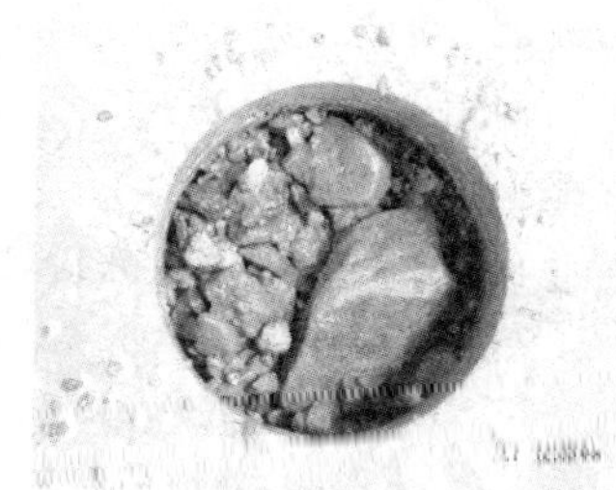

图 3-17　路面钻取芯样

因此，冻土地区沥青路面基层材料设计中应考虑其实际的成型条件和使用条件，控制其实际形成的强度和刚度满足承载能力的要求。

2. 足够的水稳定性和冰冻稳定性

沥青路面使用过程中，路面表面积水可能通过沥青面层、路面裂缝、两侧路肩或路面与路肩的结合处以及中央分隔带缘石与路面的结合处进入路面结构。在地下水位高的路段，路基填土不高时，地下水可能通过毛细作用进入路面；冰冻时，由于水分聚流作用，路基上路床和路面底基层都可能处于潮湿或过湿状态。沥青面层虽不完全不透水，却能阻碍路面结构层和路基中的水分蒸发。研究表明，水分从沥青面层中蒸发出来比渗透进去困难得多，慢得多。进入路面结构的水使含土较多、土的塑性指数较大的基层的含水率增大，强度降低，从而导致沥青路面结构强度降低甚至过早破坏。因此，路面基层材料应具有良好的水稳定性和冰冻稳定性，不至于受水影响时强度降低过多过快，造成路面损坏。

就目前常用的各种基层材料而言，刚性材料、半刚性材料、沥青碎石的水稳定性较好，其中半刚性材料中水泥稳定粒料的水稳定性好，石灰粉煤灰稳定粒料次之；细土含量多且塑性指数大的级配碎石和级配砾石的水稳定性较差。

在冰冻地区，特别是重冰冻地区和多年冻土地区，基层材料还应具有足够的冰冻稳定性。当地下水位高或路基两侧有长期积水，路基填土高度不大时，路基土体冻结时会发生水分重分布而形成聚冰，路基中形成聚冰带，春融化冻时土基含水率增大，土基承载能力降低，在毛细水作用下，可能使与路基较近的结构层含水率增大，由此导致基层变形破坏。

在冰冻地区的潮湿路段，路面基层可能产生聚冰带时，应该采用冰冻稳定性好的材料。刚性基层和柔性基层材料的水稳定性和冰冻稳定性均好，半刚性基层材料稍差，其中水泥稳定碎石较好，含土多的半刚性材料稳定性较差，在冰冻地区潮湿路段不宜使用，必须使用时要采取隔离措施，使水分不进入该结构层。冰冻地区基层材料强度确定时，应考虑冻融导致的材料强度降低。

3. 收缩性小

目前广泛使用的半刚性基层易产生收缩开裂，当沥青面层较薄时，易形成沥青路面反射裂缝，进而严重影响路面的使用性能。因此，作为沥青路面基层的半刚性材料应具有较小的收缩性。半刚性材料的收缩主要包括，由于水分减少而产生的干缩，以及由于温度降低而产生的温缩。

半刚性基层铺筑后，若不及时养生或养生结束后未及时铺筑封层或沥青面层，基层因曝晒可能产生干缩裂缝，曝晒时间越长，干缩裂缝越严重。对于干缩大的半刚性材料，如果沥青面层较薄而又处于较干旱地区，即使基层在铺筑沥青面层时尚未开裂，在路面使用过程中基层仍可能失水而产生干缩裂缝。当半刚性材料施工碾压时的含水率偏大时，即使已铺筑一层或两层沥青面层，基层在旱季也可能产生干缩裂缝。采用干缩性小的半刚性材料，如果施工含水率合适，且在面层铺筑前未开裂，则在沥青面层铺筑后，基层混合料水分散失有限，一般情况下不会出现干缩裂缝。就半刚性材料的干缩性而言，稳定土的干缩系数大于稳定粒料。在稳定土中，稳定塑性指数大的黏性土混合料的干缩系数大于稳定塑性指数小的粉性土或砂性土混合料的干缩系数。此外，石灰粉煤灰土的干缩系数小于石灰和水泥土的干缩系数，稳定含土粒料的干缩系数大于稳定不含土的干缩系数，且土的含量越多，混合料的干缩系数越大。

半刚性基层因温差和温度梯度会产生温度应力，与行车荷载应力共同作用，会使基层开裂。当半刚性基层顶面铺筑沥青面层后，沥青面层可以起到隔温保护作用，使半刚性基层的温度变化幅度明显减小，温度应力降低；且温度变化速率也相应减小，有利于基层温度应力松弛。因此，为了延缓半刚性基层的温缩开裂,应尽量避免半刚性基层的长时间暴露,及时铺筑沥青面层。半刚性基层的温缩开裂还与温度条件有关,温差越大,降温速率越快,基层温缩开裂越严重,温度骤降的秋末冬初是温缩裂缝发育的主要时间段。不同半刚性材料的温缩特性与其干缩特性相类似。

冻土地区的持续低温、温差大、蒸发率大等条件,使半刚性基层的湿度和温度变化大,加之反复冻融作用,基层混合料的性能劣化,强度降低,容易收缩开裂。相比而言,柔性基层材料,尤其是沥青稳定材料不存在干缩问题;从温度收缩来看,也是半刚性材料大于沥青稳定材料。在冰冻地区,特别是重冰冻地区和多年冻土地区,温缩大的半刚性基层上为沥青混凝土面层时,由于基层的温缩系数明显大于面层的温缩系数,冬季剧烈温降,使基层内产生温度收缩裂缝,并可能将其上的沥青面层拉裂形成反射裂缝。而沥青稳定碎石、级配碎石等柔性基层,其温缩系数与面层相近,温度收缩引起的变形较为协调一致。国内外的实践表明,柔性基层沥青路面面层裂缝大大少于半刚性基层,而且是沥青面层自身原因产生的裂缝。

4. 足够的抗冲刷能力

如前所述,从不同途径进入路面结构的水,如果不能及时排出,对于半刚性基层沥青路面会滞留在面层与基层的交界面处,使基层局部浸湿,基层已开裂时,水还会充满基层裂缝。在行车荷载作用下,这些自由水将成为有压水,此动水压力作用于半刚性基层,冲刷基层材料中的细料,反复多次冲刷形成细料浆,同时,面层因基层湿软甚至脱空而产生裂缝破坏,细料浆被逐渐挤压挤出裂缝,即所谓唧浆。国内外调查结果均表明,含土基层材料的动水冲刷及由此产生的唧浆现象是经常发生的。

基层的冲刷程度与进入路面结构的水量、行车荷载、基层材料抗冲刷能力等有关。进入路面结构的自由水越多,冲刷程度越大,因此唧浆一般在雨后发生,且在多雨潮湿地区比在干旱地区更为常见。行车荷载作用越大,路面结构层内自由水产生的动水压力越大,冲刷越严重,因此,重交通道路上更容易发生唧浆现象。对于未处治的级配集料,小于 0.075mm 的粉粒与黏粒越多,冲刷越严重。对于半刚性基层材料,稳定土的冲刷严重,稳定粒料的冲刷程度随小于0.075mm颗粒含量而变,含量越多,冲刷越严重。其中水泥稳定粒料,其冲刷程度又随水泥用量的增加而减小。以往我国高速公路沥青路面几乎全部采用水泥稳定粒料或石灰粉煤灰稳定粒料做基层,冲刷唧浆是路面早期损坏的主要类型之一。半刚性基层的冲刷现象是多个因素综合作用的结果,如果路面结构设计合理,沥青面层混合料空隙小,有足够厚度,以及半刚性基层组成设计合适,施工质量好,强度形成好,气候较干燥等,也不一定产生明显的唧浆。沥青稳定碎石与级配碎石具有良好的水稳定性和透水性,使渗入的水难以集聚和滞留,行车荷载也难以产生动水压力,因而冲刷作用极小,加之这类材料具有良好的抗冲刷能力,可从根本上避免沥青路面唧浆的发生。

第四章 水泥稳定粒料特性与组成设计

半刚性基层以其强度高、板体性好、承载能力高、可有效利用当地工程材料等优点被广泛应用于我国公路路面基层。在冻土地区，包括多年冻土地区，公路路面也以半刚性基层为主，多年冻土地区的青藏公路、214 国道等公路路面均采用水泥稳定类半刚性基层。但冻土地区，尤其是多年冻土地区的一些特殊条件，使目前广泛使用的水泥稳定基层出现强度低、难以形成板体、横向开裂严重等问题，造成路面整体承载能力和抗变形能力下降，影响沥青路面的使用性能。本章重点介绍冻土地区水泥稳定基层强度形成、收缩性、耐久性、混合料设计方法等内容。

第一节 水泥稳定粒料强度形成机理

半刚性基层沥青路面结构中，面层主要起功能作用(抗磨耗、防水、抗滑等)，基层是路面结构的主要承重层，其强度特性直接决定路面结构的承载能力，因此，作为基层的水泥稳定粒料必须具有足够的强度。

一、强度形成过程

利用无机结合料稳定粒料形成具有一定强度和水稳性的整体性材料，其间必然经历化学作用、物理化学作用以及物理力学作用等变化过程。化学作用过程包括矿物质结合料的水解与硬化反应、水化物的聚合与缩聚反应、结合料与粒料(主要是细颗粒)相互作用生成新的不溶于水的化合物等。物理化学过程主要指结合料中某些成分与颗粒表面吸附的阳离子的交换过程。物理力学过程主要包括拌和及压实混合料的过程。

伴随着各种反应的进行，松散的粒料将通过结合料自身及结合料与颗粒之间的联结，逐渐形成一定的强度。另一部分强度来源于颗粒间的内摩阻力。混合料通过粗细颗粒的良好嵌挤，使之在压实时获得最大密实度，从而增大内摩阻力。同时，密实的混合料也为各种反应提供了良好的空间环境，如增强早期具有黏结力的凝聚结构的形成等。通常情况下，粒料本身的强度高于由结合料产生的联结强度。由此而制约着混合料的破裂形式，即破裂总是在粗颗粒表面或沿着通过空隙的面发生。这意味着结合力虽然引起颗粒表面的吸附，但是不能引起颗粒本身之间的黏结。这种黏附吸引力决定了稳定粒料的强度。

用水泥稳定粒料时，胶结作用类似混凝土，只是水泥并没有填满粒料颗粒间的孔隙，而仅在接触点处胶结，即胶结作用主要靠硅酸钙和铝酸钙与矿质颗粒表面的结合，将分散的粒料集聚起来，形成有一定强度和稳定性的整体材料。显然，粒料级配越好，空隙越小，颗粒间的接触点越多，胶结作用也就越强。

因此，对于水泥稳定粒料混合料的强度形成机理着重分析胶结作用的形成。

水泥熟料中的主要成分有：

硅酸三钙($3CaO \cdot SiO_2$)，它在水泥中的含量最高，约占40%，是决定强度的主要因素；

硅酸二钙($2CaO \cdot SiO_2$)，它在水泥中的含量约占35%，主要产生后期强度；

铝酸三钙($3CaO \cdot Al_2O_3$)，它在水泥中的含量约占6%。它水化速度最快，促进早凝；

铁铝酸四钙($4CaO \cdot Al_2O_3 \cdot Fe_2O_3$)，它在水泥中的含量约占10%，能促进早期强度；

硫酸钙($CaSO_4$)，它在水泥中的含量只占4%。

水泥加入粒料中并加水拌和后，水泥中的各个成分与混合料中的水分发生强烈的水解和水化反应，同时，从溶液中分解出氢氧化钙，并形成其他水化物，其各自反应过程如下：

$$2(3CaO \cdot SiO_2)+6H_2O \longrightarrow 3CaO \cdot 2SiO_2 \cdot 3H_2O+3Ca(OH)_2$$

$$2(2CaO \cdot SiO_2)+4H_2O \longrightarrow 3CaO \cdot 2SiO_2 \cdot 3H_2O+Ca(OH)_2$$

$$3CaO \cdot Al_2O_3+6H_2O \longrightarrow 3CaO \cdot Al_2O_3 \cdot 6H_2O$$

$$4CaO \cdot Al_2O_3 \cdot Fe_2O_3+2Ca(OH)_2+10H_2O \longrightarrow 3CaO \cdot Al_2O_3 \cdot 6H_2O+3CaO \cdot Fe_2O_3 \cdot 6H_2O$$

$$3CaSO_4+3CaO \cdot Al_2O_3+32H_2O \longrightarrow 3CaO \cdot Al_2O_3 \cdot 3CaSO_4 \cdot 32H_2O$$

持续的反应使溶液很快饱和，于是有固相生成物从饱和溶液中析出并沉淀为胶体颗粒，胶粒具有很大的表面能，能强烈地互相黏结。由于混合料中水泥掺量很少，经拌和后，水泥浆体几乎都包覆在各个粒料的表面，所以，当混合料被压实时，便在粒料间的连接处出现了最初的黏结，逐渐形成三维的凝聚网状结构。随着水化作用的进行，当微晶体之间依靠较强的化学键结合，直接连生形成三维的结晶网状结构时，就使得颗粒间的联结更加坚固。至此，水泥石骨架便已形成。

水化反应所分解出的大量$Ca(OH)_2$，其中的一部分参与上述反应过程，成为水泥石骨架的组成部分。另一部分将在后期参与其他反应，形成附加胶结物，进一步增强粒料间的胶结作用。这里首先是离子交换作用。由于溶液中出现了大量的由$Ca(OH)_2$电离出的Ca^{++}，混合料中少量表面带有一价阳离子(Na^+、K^+)的黏粒便将其低价离子与Ca^{++}进行当量的吸附交换，使粒料中分散的土颗粒形成较大的土团。它们又与具有强烈吸附活性的$Ca(OH)_2$胶粒进一步结合，形成水泥土的链条状结构，并封闭土团间的孔隙，使之稳定。如果混合料中黏粒含量很少，这种作用对混合料强度的贡献则很小；而含量较多，则是水泥稳定粒料形成强度的重要原因。其次是碳化作用，是指在有水的条件下，混合料中的 $Ca(OH)_2$ 与空气中的 CO_2 反应生成晶态 $CaCO_3$（方解石）的过程，即：

$$Ca(OH)_2+CO_2 \longrightarrow CaCO_3\downarrow+H_2O$$

固相的 $CaCO_3$ 体积大于 $Ca(OH)_2$，因而混合料将产生附加挤密，其强度与稳定性得到一定程度的提高。当众多 $CaCO_3$ 晶体连生而形成空间结晶结构时，混合料强度将大大提高。混合料整体的碳化作用进行得十分缓慢，因为其内部 $Ca(OH)_2$ 不易得到充足的 CO_2 气体，这种结晶结构是混合料后期强度形成的主要原因之一。最后是硬凝反应，指矿料中活性成分 SiO_2、Al_2O_3 等，在强碱介质中被溶解生成含水硅（铝）酸钙 CSH（CAH），其反应式为：

$$xCa(OH)_2+SiO_2+nH_2O \longrightarrow xCaO\cdot SiO_2\cdot(n+x)H_2O$$

$$xCa(OH)_2+Al_2O_3+nH_2O \longrightarrow xCaO\cdot Al_2O_3\cdot(n+x)H_2O$$

这些黏附在矿物表面的新生物呈胶凝状，且有巨大的比表面积，带有极性基，因而具有黏附作用，于是在其周围形成被极化的结合水。随着水化反应的不断进行，当极化水发展到相互连接时，范德华力将使水化物之间在超分子的聚集体水平上接触，产生凝结。随后进一步形成不溶于水的稳定的结晶结构。

综上所述，水泥稳定粒料的强度，主要来源于水泥的水化物。由于它们逐渐硬化，使混合料强度不断提高。水化反应后溶液中存在大量 $Ca(OH)_2$，使离子交换作用、碳化反应和硬凝反应得以发生，由此产生的各种附加胶结物质，必然会提高混合料的后期强度。

二、影响水泥凝结和硬化的因素

由上可知，水泥稳定粒料的强度主要来源于水泥的水化物，即水泥与水作用的凝结和硬化过程对水泥稳定粒料的强度形成有直接的决定作用。

水泥加水拌和后，开始时是具有一定流动性和塑性的浆体，接着很快变稠失去可塑性，但尚不具有机械强度。这个过程称为水泥的凝结。随后产生明显的强度并逐渐发展而成为坚硬的石状物——水泥石。这一过程称为水泥的硬化。凝结和硬化是一个连续而复杂的物理化学变化过程，按熟料反应速率和水泥浆体的结构特性可以分为初始反应期、潜伏期、凝结期和硬化期 4 个阶段，各个阶段不是截然分开的，而是交错进行的。水泥强度是随硬化龄期而逐渐增长的，早期增长很快、往后逐渐减缓。硅酸盐水泥和普通硅酸盐水泥在加水后，起初 3～7d 强度发展很快，大约 4 周后便逐渐缓慢。但水泥硬化可以持续很长时间，在适当温度和湿度养护下，几个月、几年，甚至几十年后水泥强度还会继续增长。

影响水泥凝结和硬化的因素很多，除矿物成分外，还有水泥的细度、拌和时的用水量、养护温度和外加剂等。

水泥粉磨得越细，即颗粒表面积越大，与水的接触面积也就越大，水化作用既快又充分，因而凝结硬化的速度快，早期强度也高。拌和时的用水量较少，水泥浆就较稠，凝聚—结晶网状结构易于形成。反之，则凝结速度较慢。水泥在高温下(如热水或蒸汽内)的凝结与硬化速度显著加快，低温时显著减慢。温度对不同成分的水泥的影响程度也不同，强度越低的水泥对温度的敏感性越强。用蒸汽养护或其他措施来提高养护温度，是加速凝结与硬化的方法之一。在水泥中掺加外加剂，可以改变水泥的凝结硬化速度。如掺入少量石膏可起缓凝作用，加入氯化钠及氯化钙可起促凝快硬作用。

三、强度影响因素

用水泥稳定粒料时，发生的各种作用过程是非常复杂和多种多样的，而且大多数情况下，这些过程是同时发生的，相互补充，相互配合，处在连续的相互联系的状态。因此，影响水泥稳定粒料强度的因素很多，其中主要的因素有：粒料的化学成分，粒料的颗粒组成，水泥的类型和剂量，混合料的含水率，混合料的拌和及压实，外加剂等。

1. 粒料的化学成分

粒料的矿物成分对水泥稳定粒料的性质有重要影响。就粒料和水泥的化学作用而言，可以将粒料的成分分成以下三种：

惰性的——碎砾石、砂和粉粒；

有害的——有机质，硫酸盐；

有益的——碳酸钙，氧化铁和氧化铝。

粒料中含有有机质会干扰硅酸盐水泥的水化作用，延缓水泥的结硬，对水泥稳定是很有害的。为此，有些国家规定，在用水泥稳定粒料做底基层时，其有机质含量不可超过 2%，做基层时，有机质的含量不得超过 0.5%。我国《公路路面基层施工技术规范》(JTJ 034—2000)中规定，有机质含量超过 2%时，不应单独采用水泥稳定。

由于硫酸盐能与结硬水泥中的铝酸三钙结合而产生硫酸铝酸钙。这一新物质能膨胀，使原来的体积增大，从而破坏水泥稳定材料的胶结。因此，我国规范规定，硫酸盐含量超过0.25%的粒料，不应采用水泥稳定。

从物理组成的观点，粒料中含的黏粒成分超过 5%，对水泥稳定是有害的，但从化学作用的观点，由于黏粒有灰结作用，水泥水化过程中，释放出的 $Ca(OH)_2$ 与粒料结合产生额外的胶结物质，有利于长期强度，因此粒料中含有少量黏粒成分对水泥稳定是有利的。

2. 粒料的颗粒组成

粒料的颗粒组成以及其中黏粒成分的含量是影响水泥稳定材料物理性质的主要因素。实践证明，用同一剂量的水泥稳定级配良好的集料，其强度和耐久性比稳定级配不好的集料要高得多。同时，改善集料的级配以减少水泥用量是减轻水泥稳定基层裂缝的重要措施之一。因此，我国对水泥稳定粒料的集料级配和质量严格要求，而且限制了水泥的剂量不超过6%。

粒料中0.075mm以下颗粒的含量对水泥稳定混合料的强度、模量等有明显影响。通常是0.075mm以下颗粒的含量愈多，水泥稳定混合料的强度和弹性模量愈小。如果级配粒料中的细料没有塑性，则粒料中有少部分0.075mm以下的粉料，反而可以增加混合料的强度。

3. 水泥的类型和剂量

水泥的类型和剂量对水泥稳定材料的强度有重要影响。实践证明，对于同一种粒料，水泥矿物成分是决定水泥稳定粒料性质的主导因素。一般情况下，硅酸盐水泥的稳定效果较好，而铝酸盐水泥较差。

当水泥的矿物成分相同时，混合料强度随着水泥比表面和活性的增大而提高。在硬化条件相似的情况下，当水泥的矿物成分相同时，随着水泥分散度的增大，其化学活性和硬化能力也有所增长。

水泥稳定混合料的强度随水泥剂量的增加而增大，但考虑到抗温缩和抗干缩以及经济性，应有一个合理的水泥用量范围。水泥用量在满足强度等要求的基础上，一般以偏小为宜。

4. 混合料的含水率和干密度

含水率对水泥稳定材料的强度有重大影响。水泥水化和压实都必须有适量的水。当混合料中含水率不足时，水泥就要与粒料争水，若粒料对水有较大的亲和力，就不能保证水泥完成水化和水解作用。为此，水泥稳定材料需要湿法养生，以满足水泥水化的需要。

对于一定的压实功能，存在一个达到最大干密度的最佳含水率。但必须注意，相应于最大干密度的最佳含水率不一定就是强度最高的含水率，相应于最高强度的最佳含水率随试件养生期的长短和养生方式而变。

混合料的强度与其干密度有良好相关关系，格里默的研究表明，在普通直角坐标轴上，无侧限抗压强度与干密度之间是曲线关系；而在对数坐标轴上，两者之间是直线关系。水泥剂量大、养生温度高时，混合料强度增长速率大。混合料强度随龄期的增长而增长，二者之间大致呈指数关系。

5. 施工因素

要使水泥在混合料中发挥最大的效果，必须首先使水泥在混合料中均匀分布。拌和不均匀会明显影响其强度，水泥含量低的地方强度不能满足设计要求，而水泥含量高的地方则裂缝增加。因此，合理选择拌和方法和拌和机械非常重要。实践证明，采用中心站集中拌和的方法有利于保证混合料的强度。

水泥遇到水就要开始水化作用。因此，水一旦加入水泥稳定混合料中，就应该尽快完成拌和，尽快将混合料摊平并整成路拱形，立即开始碾压。如果不及时进行碾压或湿拌的时间过长，水泥就会产生部分胶结作用。碾压时，为了破坏已经形成的水泥的这种胶结作用，要花费额外的压实功能，从而影响压实度。所有这两种因素都会导致混合料强度的损失。因此，在实际施工中，应该使用拌和效率高的机械，并使拌和、整平、碾压几道工序紧紧相接，尽可能缩短从加水拌和到压实的间隔时间，同时选择终凝时间长的水泥。这点对路拌法施工是非常重要的。同时，在施工中应尽可能采用机械摊铺，这对保证强度非常有利。

混合料施工碾压的密实度对强度有直接影响。因此，应严格控制混合料碾压时的含水率，保证在最佳含水率时碾压，使混合料充分密实，提高强度。

水泥稳定混合料的施工温度和养生温度对强度有很明显的影响。通常，保湿养生温度越高，强度也越高。

6. 外加剂

对水泥硬化过程的研究表明，当用水泥稳定时，使用少量的活性化学剂，可最有效地利用水泥的结合性，达到最高的强度和水稳性。掺入少量易溶于水的表面活性物质或电解质，可对粒料的微粒部分起作用，使其较憎水，从而促进水化和硬结，提高强度且强度增长较快。

另外，一般来说，冰冻作用会降低混合料的强度。有关试验表明，重复冻融试验循环后的强度比通常得到的强度值降低 20%～40%。然而，这种降低是随水泥用量增加而减少的。

第二节　低温条件下的强度形成

温度是影响水泥稳定粒料强度形成的主要因素之一，系统分析水泥稳定粒料在低温下的强度形成规律，为现场施工提供混合料强度保证措施，以解决低温难以形成板体及强度低等难题。为此，进行模拟低温条件的水泥稳定粒料强度形成的试验研究。

一、模拟温度条件的强度试验

目前工程应用中的水泥稳定粒料的标准无侧限抗压强度试验是，将按最佳含水率和工地压实度计算得出的干密度制备的圆柱型试件，立即放到密封湿气箱（相对湿度 90%以上）和恒温室（北方地区 20±2℃，南方地区 25±2℃）内进行保湿养生 7d，养生期最后一天将试件浸泡饱水，达到龄期后进行无侧限抗压强度试验。对于冻土地区而言，水泥稳定粒料的施工成型温度与试件标准养生温度的差异较大，混合料实际强度形成过程有所不同。为了分析水泥稳定粒料在冻土地区实际温度条件下的强度形成，以青藏公路多年冻土区的水泥稳定砂砾基层为例，设计了模拟温度条件的强度试验。

试验采用32.5级普通硅酸盐水泥，粒料为青藏公路沿线的天然砂砾和碎石，试验级配组成如表4-1所示。

室内试验砂砾级配组成　　表4-1

筛孔尺寸(mm)		30	20	9.5	4.75	2.36	1.18	0.6	0.3	0.15	0.075
级配1	通过率(%)	100	95.3	75.8	37.6	28.2	22.4	18.2	9.1	1.8	1.7
级配2		100	95	68.8	48.2	28.4	18.6	11.6	5.5	1.3	0.2
级配3		100	95	68.2	35.0	20.0	12.9	8.0	3.8	1.0	0.2

根据重型击实试验和标准养生条件下的无侧限抗压强度试验结果，级配1根据规范7d无侧限饱水抗压强度要求低值2.0MPa，可以得到符合强度要求的最低水泥含量为5.38%，相应的最佳含水率为5.83%，最大干密度为2.28g/cm^3；对于冻土地区的使用条件，级配2和级配3将7d无侧限饱水抗压强度要求取高值3.0MPa，则根据强度试验结果，可以得到符合强度要求的最低水泥含量：级配2为4.9%，级配3为5.1%。根据击实试验结果，可以得出：级配2水泥用量为4.9%时的最佳含水率为5.61%，最大干密度为2.24g/cm^3；级配3水泥用量为5.1%时的最佳含水率为6.10%，最大干密度为2.27g/cm^3。

模拟温度条件的抗压强度试样采用150mm(d)×150mm(h)圆柱体，按重型击实试验得出的最佳含水率和工地压实度计算得的干密度静压成型，同组平行试样9个。

模拟试验养生温度根据工程所在地日气温变化的多年观测值统计确定。图4-1为青藏公路沿线五道梁的近20年气温观测资料统计得出的日气温变化规律。

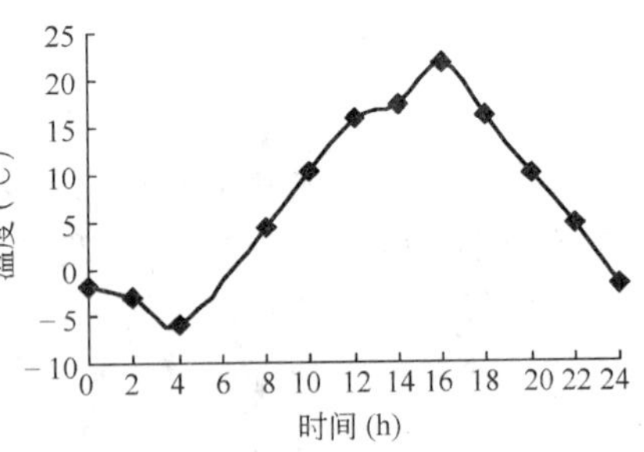

图4-1　实际日温度变化规律

养生温度的模拟利用环境箱或养生室的温度控制装置实现，根据统计得出的野外实际日温度变化规律，设定温度控制装置的温度时变曲线。为了剔除湿度的影响，养生过程中采用塑料袋密闭包裹试样。青藏公路水泥稳定砂砾试验研究中，试样采用环境箱分别模拟野外实际日温度变化规律(图4-1)和单一恒温(0℃、5℃、10℃、20℃)保湿养生；对比标准试样在保温20℃、保湿90%的标准养生室养生。

单一恒温下试样的养生龄期为 1d、2d 和 3d;模拟野外实际温度和标准养生试样的最长养生龄期为 28d。养生至规定龄期,对试样进行饱水无侧限抗压强度试验,结果见表 4-2。

抗压强度试验结果(MPa)　　表 4-2

龄期(d)	级配 1		级配 2		级配 3					
	标准	模拟野外	标准	模拟野外	标准	模拟野外	0℃	5℃	10℃	20℃
1	—	—	1.14	0.37	1.09	0.82	0.16	0.43	0.62	0.96
2	—	—	—	—	—	—	0.46	1.17	1.42	1.53
3	0.95	0.67	1.95	1.50	1.84	1.52	0.66	1.56	1.75	1.89
7	2.00	1.71	3.00	2.74	3.00	2.67	—	—	—	—
14	2.26	1.72	4.26	3.70	4.56	3.86	—	—	—	—
21	2.47	1.75	—	—	—	—	—	—	—	—
28	3.00	2.06	5.00	4.25	5.95	4.59	—	—	—	—

二、模拟野外温度条件的抗压强度形成

水泥稳定砂砾模拟野外实际条件和标准条件养生的强度随龄期的变化如图 4-2 所示。由图可知,相同级配模拟实际温度养生抗压强度低于标准养生,且随龄期的延长降低越明显,混合料设计强度越低降幅越大。7d 以后抗压强度降低幅度越来越大,导致后期强度增长更加缓慢。但在 7d 以前的早期强度形成过程中,降低有所不同,养生时间越短,降低幅度越大。级配 1 在龄期 3d、7d 时分别降低 29.5%、14.5%,级配 3 在龄期 1d、3d、7d 时分别降低 67.5%、23.1%、8.7%。

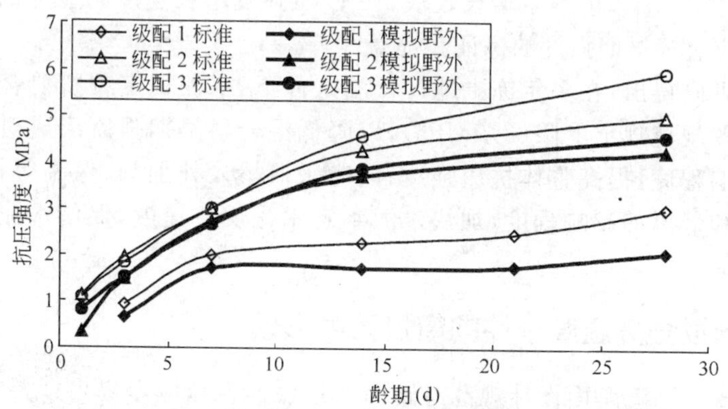

图 4-2　模拟野外温度条件抗压强度形成

利用水泥稳定粒料强度形成机理可以解释这种现象。水泥与粒料加水拌和成型试样后,水泥的水解和水化反应先发生,生成水化物,之后水化物从饱和溶

液中结晶析出，进一步凝结、硬化，形成具有强度的水泥石骨架。在模拟养生的初期，实际温度中的负温使混合料中的部分自由水冻结，参与水解和水化反应的水分减少，影响了水化物的初期生成，也进一步延缓了水化物结晶析出过程；同时，低温又降低了结晶水化物的凝结、硬化速度，使强度形成缓慢，降低明显。随着龄期的延长和高低温的交替变化，水泥石骨架不断形成，溶液浓度不断提高，负温下自由水的冻结现象逐渐减少以至于消失，而且水泥水解和水化反应逐渐减弱，对强度形成的影响越来越弱，也使负温和低温同时作用而延缓强度增长，逐渐转变为以低温影响为主，因此强度降低幅度逐渐减小。养生龄期达到 7d 以后，混合料后期强度形成主要依赖于水化物的不断硬化、离子交换作用、碳化反应和硬凝反应而产生各种附加胶结物质，低温环境将降低硬化速度和附加胶结物的生成，不断累积导致降低幅度逐渐增大。

对混合料不同养生条件的抗压强度增长趋势而言，模拟养生抗压强度随龄期延长的增长趋势与标准养生相近，但模拟养生抗压强度低于同龄期标准养生，表明养生过程中的高低温交替变化并不会限制混合料抗压强度的形成，仅是延缓强度的增长速度。以混合料 28d 抗压强度为基准，分析不同养生条件下混合料抗压强度的形成。对 3d 初期强度而言，三种级配两种养生均达到同条件 28d 强度的 30%以上。7d 强度差异相对较大：级配 1 标准养生达到 67%，模拟养生达到 83%；级配 2 标准养生达到 60%，模拟养生达到 64%；级配 3 标准养生达到 50%，模拟养生达到 58%。表明模拟养生下混合料早期强度形成对整体强度形成的影响程度比标准养生更大；而且混合料设计强度越低，这种影响差异越明显，如级配 1 设计强度为 2MPa，两种条件下的差异达到 16%。三种级配 14d 强度均达到相同条件 28d 强度的 75%以上。由此可见，水泥稳定混合料在工地实际温度条件下，7d 以前强度增长较快，7d 以后强度增长速度明显降低，因此，施工过程中应重视早期强度的保证和提高。

由此可以得出，在多年冻土地区低温条件下，水泥稳定粒料混合料设计抗压强度选取规范规定上限(3.0MPa)，以降低混合料早期强度形成对整体强度形成的影响程度，提高整体抗压强度；同时采取掺入外加剂、保温等技术措施，降低负温和低温的影响程度，加快水泥水解水化反应速度，促使水泥石骨架快速形成。

三、模拟野外温度条件的弯拉强度形成

我国现行沥青路面设计规范对路面基层底面弯拉应力提出了要求，为此对级配 2 和级配 3 在模拟野外实际温度养生和标准条件养生下的弯拉强度进行了对比测试，分别在模拟野外实际温度和标准条件养生 3d、7d 和 28d，测试弯拉强度，结果见表 4-3 和图 4-3。

弯拉强度试验结果(MPa)　　表 4-3

龄期(d) \ 级配	级配 2		级配 3	
	标准养生	模拟养生	标准养生	模拟养生
3	0.41	0.31	0.45	0.30
7	0.98	0.64	0.95	0.66
28	1.16	0.93	1.32	1.10

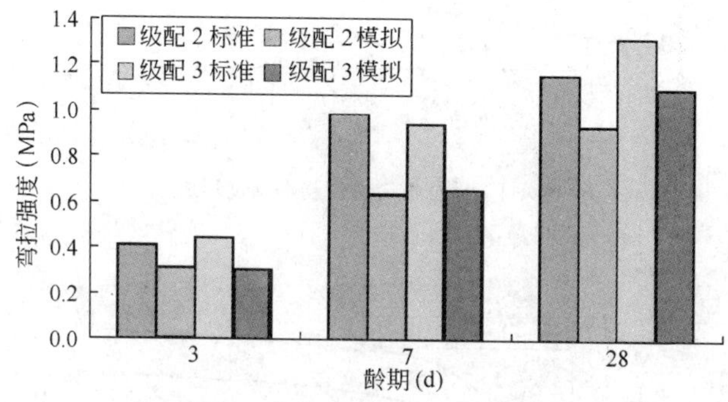

图 4-3　不同养生条件弯拉强度形成

由试验结果可见，模拟野外实际温度条件下水泥稳定砂砾弯拉强度明显降低，早期(7d 以前)降低约 25%～35%，后期有所减缓，降低约 16%～20%。模拟实际温度条件下混合料 7d 弯拉强度占 28d 弯拉强度的 60%～68%，而标准条件下约占 72%～85%。由此可见，多年冻土地区的温度条件对水泥稳定砂砾早期弯拉强度的形成影响明显，基层开放交通时(7d)混合料现场形成的弯拉强度比室内设计弯拉强度低约 30%，承载能力大幅度下降，开放交通初期容易受行车荷载作用而产生弯拉破坏，或形成基层初期损伤。因此，对于冻土地区施工条件而言，水泥稳定粒料施工必须采取有效措施进行封闭施工，在混合料弯拉强度达到基本承载要求之前，严禁包括施工车辆在内的行车荷载作用。

四、模拟单一恒温的初期强度形成

对级配 3 在不同恒温下进行塑料袋包裹保湿养生，测试 1d、2d 和 3d 抗压强度，结果如图 4-4 和图 4-5 所示。

由图 4-4 可见，不同养生温度下水泥稳定砂砾混合料抗压强度均随龄期的延长而逐渐形成，但养生温度不同，形成规律有所差异。0℃养生时抗压强度明显降低，且随龄期呈线性缓慢增长；1d 抗压强度仅有 0.16MPa，2d 抗压强度与 5℃养生 1d 基本持平，而 3d 养生仅达到 10℃养生 1d 的强度水平。5℃、10℃和 20℃养生时抗压强度随龄期增长趋势基本接近，呈曲线增长，1d 到 2d 之间强度增长迅速，2d 到 3d 之间有所减缓。这种现象仍然是低温延缓水泥水化和水化物凝结及硬化作用所致。

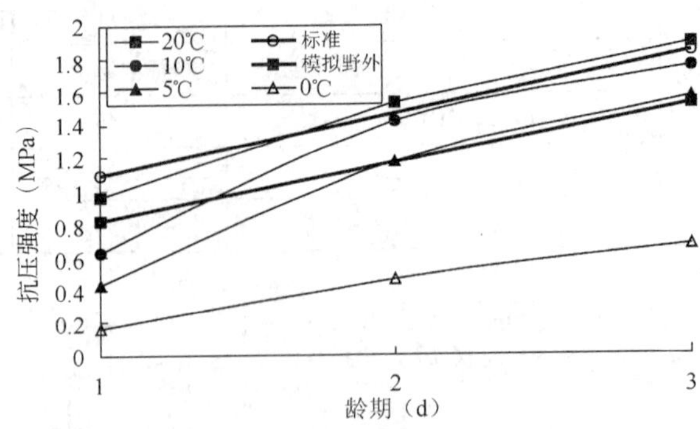

图 4-4　模拟恒定温度初期强度形成

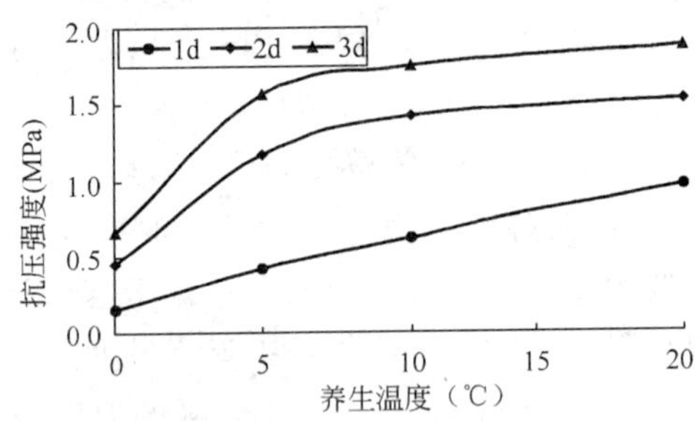

图 4-5　抗压强度与养生温度关系

将 20℃恒温养生和标准养生对比可见，1d 时标准养生下抗压强度比恒温 20℃约高 14.5%，而养生 3d 后基本持平。由于两种养生的温度均为 20℃，出现差异主要是因为恒温养生时采用塑料袋密封试样保湿，强度形成过程中没有外界水分补充，而标准养生时试样放置在湿度为 90%的养生室，混合料可以获取额外水分，使初期水泥水解水化作用更加剧烈，加快水化物的生成，初期强度则高。随着三维网状结晶结构的不断形成，水泥水化反应对强度增长影响逐渐减弱，温度影响更加明显，从而使两种相同温度养生的效果基本持平。因此，工程实际中要采取适当技术措施，为混合料初期水泥水化反应提供充足水分，使混合料初期强度快速形成。

将模拟野外实际温度变化养生与恒温养生对比，两种养生均采用塑料袋密封保湿，但模拟野外温度养生时温度在－6～22℃之间交替变化，每日负温(0℃以下)约有 7h，5℃以上温度约占 14h，10℃以上约有 10h。模拟野外养生 1d 抗压强度达到 0.82MPa，介于 10℃和 20℃恒温养生之间，经过第二个循环后逐渐与 5℃恒温养生相近。这再次表明，负温对水化反应影响明显，负温和低温使水化物凝结与硬化速度降低，但并不能破坏高温时已形成的强度，仅是延缓了强度增长。

从图 4-5 可以得出，养生 1d 时抗压强度随养生温度呈线性增长，养生温度每提高 1℃，抗压强度增加约 0.05MPa。养生龄期达到 2d 后，抗压强度随养生温度明显呈曲线增长，养生温度超过一定值后对强度形成的影响明显减弱。养生温度由 0℃升高到 5℃，抗压强度提高非常明显，如 2d 时提高 1.5 倍，3d 时提高 1.4 倍。而温度升高到 5℃以上，抗压强度提高幅度减小，如温度从 5℃升到 10℃，2d 时强度提高了 21%，3d 时提高了 12%；温度从 10℃升到 20℃，2d 时强度提高了 7.8%，3d 时提高了 8.0%。养生温度对强度形成影响的临界温度约为 7℃。水泥稳定粒料混合料拌和成型的第一天，主要是发生水泥水解和水化反应，生成水化物，而上述分析表明温度对水化物生成的影响非常明显，因此，施工过程中应采取有效保温措施，尽量提高第一天养生温度；第二天后，只要采取措施保证养生温度在 7℃以上，对强度形成不会造成明显影响。也可以理解为：养生温度已经达到 7℃以上后，只通过提高养生温度来提高强度或加快强度增长的效果并不明显。这一结论应用于工程实际，可以指导工程技术人员不需耗费过多人力、物力等资源来一味提高养生温度，从而减少技术保证措施中需考虑的因素，简化技术措施，节约工程费用，也有利于集中力量进行保湿等措施的实施，提高工程质量。

五、混合料级配组成影响

由前面分析可见，温度对基层混合料强度特性的影响规律与混合料级配组成相关，将具有相同设计抗压强度(3.0MPa)的级配 2 和级配 3 混合料，现分别在模拟野外温度和标准条件下的抗压强度形成对比分析(图 4-6)。

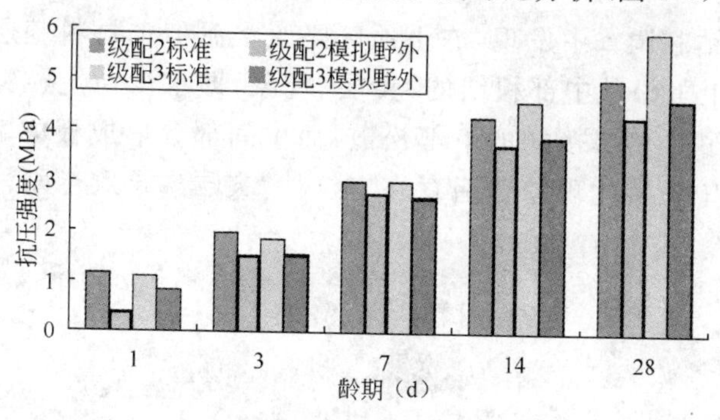

图 4-6　级配对强度形成影响

标准养生时，级配 2 的 3d 初期强度略高于级配 3，主要是级配 2 细集料(<4.75mm)含量多，初期水化物生成速度快、生成量大，使强度形成较快。模

拟野外温度养生时混合料强度与标准养生相比，两种级配混合料均明显降低，且初期(3d)强度降低明显，尤其是级配2在初期降低幅度较大，1d强度由标准条件下的1.14MPa降低到0.37MPa，降低了67.5%。可见，细集料含量多对混合料初期强度形成有利，但也同时对低温条件更敏感，低温下的强度损失更大。混合料不同养生条件下7d以后的后期强度形成而言，级配2均明显低于级配3；同时级配3在模拟条件下不同龄期强度降低约10%～25%之间，变化幅度不太大。由此可得，粗颗粒含量多对混合料后期强度形成有利，且低温影响较弱。

由模拟温度条件水泥稳定砂砾强度形成试验与分析可以得出，冻土地区的低温和负温条件将明显延缓混合料强度的形成速度，使混合料现场实际形成的整体抗压强度低于设计强度，因混合料的不同降低约9%～15%，混合料设计强度越小降低越明显；在实际温度条件下，混合料整体强度受7d以前的早期强度影响较大，且混合料设计强度越低影响越大；基层混合料养生7d后开放交通时实际形成的弯拉强度比室内设计弯拉强度降低约30%，承载能力大幅度降低，很容易产生初期损伤；养生温度对混合料强度形成的影响存在临界状态，当第二天养生温度达到研究得出的临界温度7℃后，只通过提高养生温度来提高强度或加快强度增长的效果并不明显；混合料级配组成对混合料强度形成有明显影响，细集料含量多虽对混合料早期强度形成有利，但也同时对低温条件更敏感，粗颗粒含量多对混合料后期强度形成有利，且低温影响较弱。

第三节 模拟湿度条件的强度形成

一、水泥稳定粒料基层“夹层”现象

多次现场钻芯调查中发现，冻土地区路面水泥稳定粒料基层取芯试样存在图4-7所示上下松散中部板结的“夹层”现象，即水泥稳定粒料基层靠近面层的上部和与砂砾垫层接触的下部松散，而中间部分形成板体。在对施工和管理人员咨询中证实此现象普遍存在。这种“夹层”导致半刚性基层有效厚

a)

b)

图4-7 冻土地区水泥稳定粒料基层“夹层”

度减薄，因而降低了路面结构的整体强度和承载能力，极易引起路面龟裂、松散等病害。

从水泥稳定粒料强度形成机理与影响因素定性分析这种“夹层”现象的产生原因。这种“夹层”现象在一般地区少见，原材料与混合料级配组成不满足要求，仅可能使混合料强度降低，整体性不足，而不会形成这种夹层现象。若混合料的设计级配不良或施工控制不严，施工出现离析而粗细料分层，粗集料集中部位的颗粒间没有足够黏结力而松散，仅可能出现上下分层，不至于出现明显夹层。据此分析，这种“夹层”现象产生的原因可能与冻土地区条件有关。冻土地区水泥稳定粒料混合料强度形成的主要影响因素是温度条件和湿度条件。关于温度对混合料强度形成的影响，前面进行的模拟试验分析表明，低温和负温会延缓强度的形成，致使最终强度较低。对于20cm厚的基层而言，由于结构层内温度分布不均匀，上层温度受气温影响较大，而下层相对较小，基层混合料强度形成也表现出沿厚度的不均匀性，会出现分层现象，但出现“夹层”的概率很小，如图4-7a)中所示的上部松散而下部完整的情况可能与温度条件有关。因此，湿度条件可能是引起“夹层”现象的主要原因。

水泥稳定粒料作为一种水泥稳定类复合材料，其强度和稳定性主要依赖于结合料自身及结合料与颗粒之间的联结力和颗粒间的内摩阻力。粒料本身的强度一般高于由结合料产生的联结强度，因此，混合料的破裂总是在粗颗粒表面或沿着通过空隙的面发生，即联结力决定着混合料的强度。由强度形成机理可知，混合料强度形成过程中必然要经历化学作用、物理化学作用以及物理力学作用等变化过程，强度主要来源于水泥的水化物，即水泥与水作用的凝结和硬化过程对水泥稳定粒料的强度形成起决定作用。因此，水泥稳定粒料混合料强度形成中水起着重要作用，若无足够的水分，以满足水泥水化的需要，就不能保证水泥完成水化和水解作用，影响水化物的生成速度和生成量，最终影响强度的形成。

当冻土地区气候干燥、风大、蒸发率高时，水泥稳定粒料基层碾压成型后，如不及时覆盖养生，表面混合料水分将很快散失，使参与强度形成的自由水减少；同时，基层施工往往在垫层或下基层等下承层施工结束后间隔一段时间进行，造成已成型的下承层表面含水率较低，新铺筑的基层混合料与下承层接触面之间形成含水率差，产生湿度梯度，基层混合料水分便在湿度梯度和重力共同作用下下承层迁移，使基层下部混合料中参与强度形成的自由水减少。由前面温度影响分析中20℃恒温养生和标准养生对比可知，水分影响混合料早期强度形成，而这两方面混合料水分的减少，将导致基层上部和下部混合料联结力减小，可能出现松散。由此可知，冻土地区水泥稳定粒料基层出现“夹层”现象的主要原因是其湿度条件。

二、模拟湿度条件的强度试验

为了深入分析环境湿度条件对半刚性材料强度形成的影响，以青藏公路水泥稳定砂砾为例，对混合料成型试件模拟湿度养生，进行无侧限抗压强度试验，并定量分析湿度与混合料强度形成的关系，进一步探讨"夹层"现象的产生原因，为解决这一问题提供依据。

模拟试验初期，考虑定性分析结果，计划同时模拟表面水分蒸发和下部水分散失的两种情况，但尝试试验发现表面蒸发量与温度、风速等有关，且实际蒸发量变化范围较大，室内模拟效果较差，不易与实际条件接近；同时考虑只要在施工中加强养生控制，基层成型后及时保湿养生，可以减少表面蒸发量。因此，简化模拟试验条件，选择只模拟下部水分迁移渗透情况。根据实际施工中基层下承层的可能湿度状况，确定养生下垫层的含水率，模拟基层与下承层之间的湿度梯度。以青藏公路为例，水泥稳定砂砾基层的下承层为砂砾垫层。调查得到沿线天然砂砾风干含水率约为 3%～5%，故取 4%模拟垫层处于风干状态；沿线满足级配要求的砂砾垫层最佳含水率最大在 10%左右，故取 10%模拟垫层处于最佳含水率状态；试验路施工中，基层施工前用洒水车对垫层表面进行洒水湿润，垫层表层 5～10cm 平均含水率比较容易达到 20%，洒水进一步增多后，施工车辆作用下垫层表面易松散，故取 20%模拟基层施工前对垫层表面进行充分洒水湿润状态。

因此，模拟试验中采用图 4-8 所示方法，将试样制作成型后马上放置在含水率 4%、10%和 20%的下垫土层上，用塑料薄膜覆盖，在恒温室(恒温 20℃)中进行养生，使混合料水分向下迁移。图 4-8b)所示试验过程中试样下垫土层逐渐湿润，验证了水分损失的存在，说明采用控制养生下垫土层含水率可以模拟基层下部水分的损失，模拟试验方法可行。

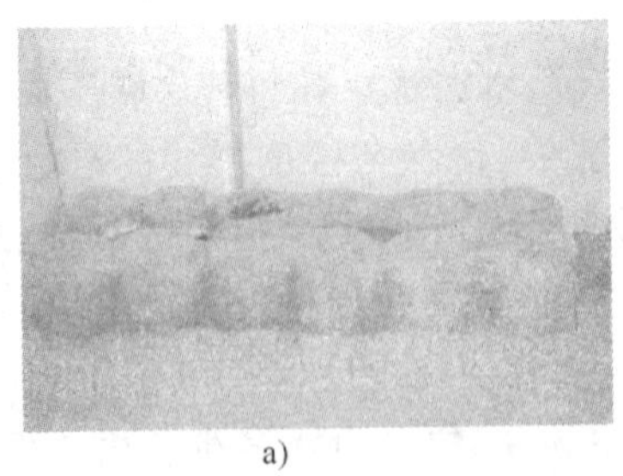
a)

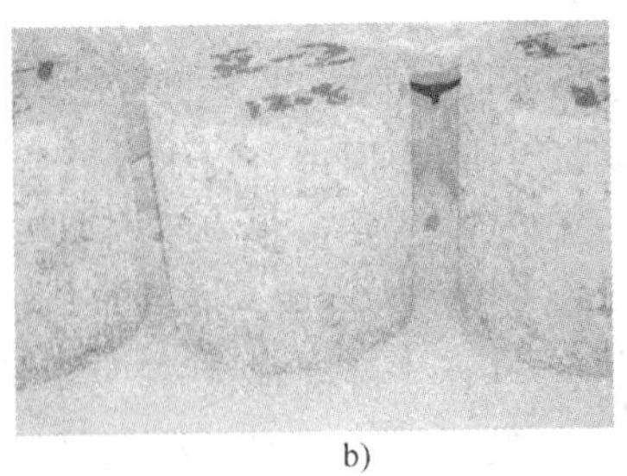
b)

图 4-8　模拟湿度养生试件

试样在模拟湿度条件下养生至规定龄期后，进行无侧限抗压强度试验。水泥稳定砂砾的抗压强度试验结果见表 4-4。

抗压强度试验结果(MPa)　　表 4-4

级配种类		级配 2				级配 3			
龄期(d)		3	7	14	28	3	7	14	28
模拟湿度养生	4%	1.09	2.69	3.63	3.70	0.80	2.16	3.74	4.37
	10%	1.08	2.74	3.78	3.85	0.95	2.66	3.94	4.73
	20%	1.11	2.82	4.13	5.06	0.93	3.03	4.35	5.84
标准养生		1.95	3.00	4.26	5.00	1.84	3.00	4.56	5.95

三、下承层含水率的影响

图 4-9 为混合料在不同下承层含水率下模拟养生后的抗压强度变化。由图可知，混合料抗压强度随下承层含水率的增大而提高，提高幅度与龄期、混合料级配组成有关。龄期越长，下承层含水率影响越明显。如级配 2 混合料 3d 和 7d 龄期，下垫土层含水率从 4%增大到 20%，混合料抗压强度仅提高 1.3%和 4.9%，影响较小；但龄期超过 14d 后，随着下垫土层含水率的增大，混合料强度明显提高。

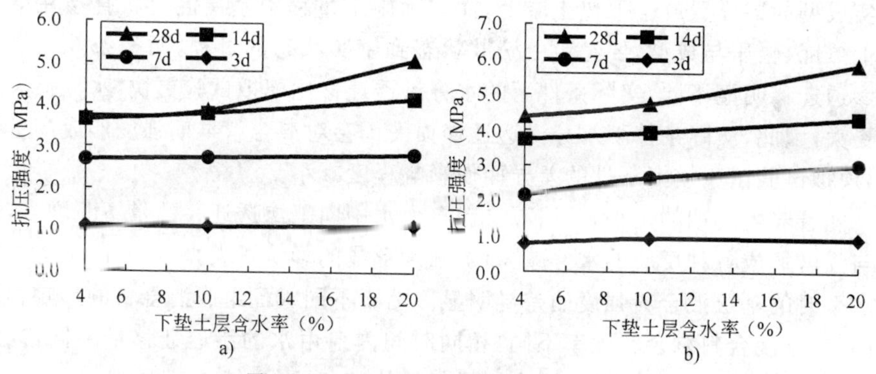

图 4-9　下承层含水率对混合料强度的影响

a)级配 2；b)级配 3

下垫土层含水率从 4%增大到 10%，再从 10%增大到 20%，两个阶段对混合料强度的影响有所不同。对龄期超过 14d 的后期强度而言，下垫土层含水率大于 10%后对混合料强度的提高作用明显加强；而对于 7d 以前的早期强度而言，含水率影响程度又明显与混合料级配组成有关，级配 2 混合料强度变化不大，但含水率大于 10%后的提高幅度略大，级配 3 混合料则相反，含水率从 4%增大到 10%时强度明显提高，而含水率大于 10%后强度提高幅度降低。如级配 3 混合料 3d 和 7d 龄期，下承层含水率从 4%增大到 10%时，混合料强度分别提高 18.2%和 23.0%；而从 10%增大到 20%时，强度却分别提高−1.8%和 13.8%。

下承层含水率对基层混合料强度形成的影响，可以从基层混合料自由水的渗透迁移损失及其对强度形成的影响加以分析解释。压实基层混合料与下承层之间含水率存在差异而形成湿度梯度作用，当下承层含水率小于基层混合料含水率时，下承层混合料对自由水的吸附作用强于基层混合料，下承层混合料将与基层混合料“争水”，在下承层顶面与基层底面之间形成湿度梯度，下承层含水率越小，湿度梯度作用越大。基层混合料中的自由水在湿度梯度和重力综合作用下，向下渗透迁移而被下承层吸收，导致基层混合料自由水减少。随着下承层含水率的增大，湿度梯度作用减小，基层混合料中的自由水被下承层吸附的量减少，即基层混合料自由水损失量减少，对混合料强度形成的影响降低，也就是下承层含水率越大，基层的强度越高。压实后基层混合料中自由水迁移量受迁移通道和迁移时间影响，其中迁移通道与混合料剩余空隙率有关，空隙率越大，渗透迁移越快，渗透迁移量越大；迁移时间越长，渗透迁移量越大。

在强度形成早期，自由水渗透迁移时间短、迁移量少，对混合料强度形成的水泥水化、水解等反应影响较小，因此，不同下垫土层含水率下混合料强度差异不大。但应注意的是，试验模拟方法与实际条件存在一定差异，模拟试验是将已压实成型的试样置放于下垫土层上，而实际施工过程中基层混合料直接在下承层上摊铺、碾压与成型，要经历由松散状态到密实状态的过程，两种条件下的水分渗透迁移明显不同，实际条件下的水分渗透迁移比模拟试验更快，水分损失量也更大，因此，实际条件下水分渗透迁移损失仍会对混合料早期强度形成产生影响，模拟试验由于模拟条件的差异而使影响程度减小。

随着养生龄期的延长，基层混合料自由水中向下渗透迁移的量不断增多，使参与强度形成各种反应的水分减少，对强度形成的影响越大，致使不同下垫土层含水率时的基层混合料强度的差异明显。至于不同级配组成混合料的影响程度不同，在于混合料剩余空隙率不同，相同时间内自由水的渗透迁移量不同，同时可能也与级配组成结构有关，混合料骨架结构越好，影响越小。

四、龄期的影响

图 4-10 和图 4-11 分别为级配 2 和级配 3 水泥稳定砂砾的抗压强度随养生龄期的变化。由图可知，模拟湿度养生混合料强度形成过程与标准养生的相近，抗压强度随养生龄期的延长而呈曲线增长，早期强度形成速度较快，后期逐渐减缓；模拟养生混合料强度表现得更加明显，尤其是下垫土层含水率为 4%和 10%的情况，14d 以前强度增长迅速，14d 后强度增长缓慢。模拟养生 3d 时，混合料抗压强度比较接近，但明显低于标准养生，级配 2 和级配 3 分别减小 44%和 51%。龄期为 7d 时，模拟湿度养生抗压强度与标准养生的差值

有所减小，级配2混合料在不同下垫土层含水率时的抗压强度接近，均低于标准养生；而级配3混合料对不同下垫土层含水率的强度出现明显差异，4%和10%明显较低，20%与标准条件基本相同，这可能是混合料级配组成的差异引起水分损失量的不同。14d后，4%和10%垫层含水率养生混合料强度形成明显减缓，20%下垫土层含水率养生混合料强度形成与标准条件基本相同，但略低于标准条件。

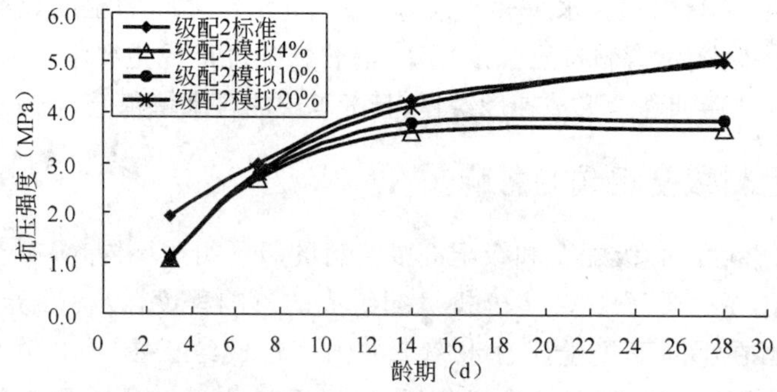

图 4-10 混合料强度随龄期变化(级配 2)

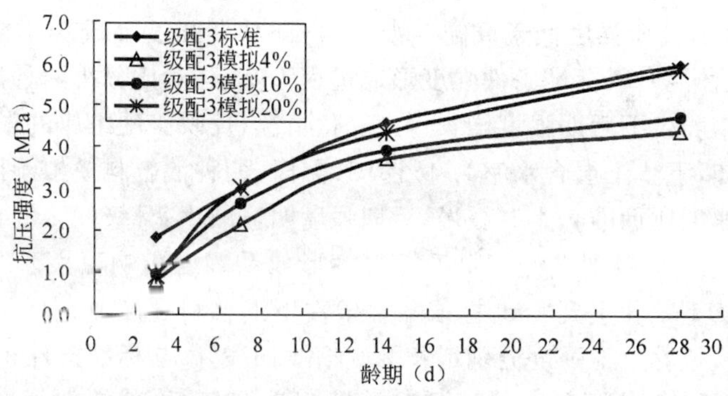

图 4-11 混合料强度随龄期变化(级配 3)

由水泥稳定粒料强度形成机理可知，混合料早期强度主要在于水泥的水解和水化反应产生的水化生成物，而后期主要依赖离子交换、碳化作用和凝聚作用产生的附加胶结物。模拟养生过程中，混合料中的自由水将在湿度梯度和重力作用下渗透迁移而损失，养生时间越长，水分损失越多。养生3d时，水分损失量较小，不同下垫土层含水率条件的水分损失差异不大，抗压强度比较接近，但明显低于标准养生同龄期强度，其原因主要在于标准养生中有外界水分的不断补充，水化反应速度加快，水化物生成量大。随着养生时间的延长，水分损失量逐渐累积增多，不同下垫土层含水率下的湿度梯度作用不同，使水分损失累积量差异逐渐明显，同龄期强度出现差异。4%和10%下垫土层含水率时，湿度梯度作用较强，水分损失速度快，同龄期下的水分损失量相应增大，对强度形成的影响也明显；而20%含水率时的湿度差很小，湿度梯度作用下水分的渗透迁移较少，对强度形成的影响则不明显。模拟湿度养生在14d前强度形成速度快于标准养生，而14d后明显减缓，可能是模拟湿度条件下水分的损失使混合料中参与反应的溶液浓度大于同龄期标准养生条件，使附加胶结物的生成提前，同时，水分的减少限制了后期的进一步反应。

由此可见，下承层的含水率较小时，基层与下承层之间的湿度梯度使基层混合料自由水分损失，混合料抗压强度减小，混合料强度形成主要集中在14d以前，与标准条件相比后期强度形成速度缓慢，且下承层的含水率越低，表现越明显。

五、混合料级配组成的影响

由前面分析可知，级配2和级配3混合料的级配组成不同，湿度对混合料强度形成影响有所不同，为进一步分析级配组成的影响程度，以标准养生为参照，将两种混合料在不同下垫土层含水率下的强度形成绘于图4-12分析。14d以前混合料强度形成变化前面已进行分析，这里重点分析14d后两种混合料强度增长情况。两种混合料7d设计无侧限抗压强度均为3.0MPa，标准条件下级配2混合料14d后抗压强度低于级配3混合料，即后期强度形成缓于级配3混合料，因此以两种混合料标准条件强度形成过程为基准，对比分析两种混合料在不同垫层含水率养生下后期强度增长速度变化情况，反映级配组成的影响程度。

由图可知，下垫土层含水率为4%和10%时，两种混合料模拟湿度养生的后期强度形成速度比标准养生时缓慢，后期强度明显减小，且级配2混合料比级配3混合料更明显，即级配2混合料后期强度形成受湿度影响更大。级配2和级配3混合料从14d养生到28d，标准养生条件下混合料强度分别增长17.4%和30.3%；4%模拟养生下强度分别增长2.0%和16.8%，与标准条件相比，强度增长率分别降低15.4%和13.5%；10%模拟养生下强度分别增长1.7%和20.1%，与标准条件相比，强度增长率分别降低15.7%和10.2%。对于垫层含水率为20%，与前述分析类似，模拟条件下混合料强度形成过程基本与标准条件相同，即影响很小。

级配2和级配3两种混合料级配组成中9.5mm以上颗粒和0.075mm以下颗粒含量均相同，差异主要在于：级配2混合料的级配曲线基本属于连续密实平顺曲线，而级配3混合料减小了4.75mm以下颗粒含量，级配曲线呈“S”形，属骨架结构。由水泥稳定粒料混合料强度形成机理可知，级配2混合料的强度主要由颗粒之间的联结力提供，骨架作用较小；而级配3混合料中骨架作用对混合料整体强度的贡献较大。同时，级配2混合料的最佳含水率为5.6%，而级配3混合料为6.1%，在垫层含水率相同时，级配2混合料湿度梯度作用大于级配3

混合料。从骨架作用和含水率两方面可以解释级配组成对模拟湿度条件下后期强度形成的影响。

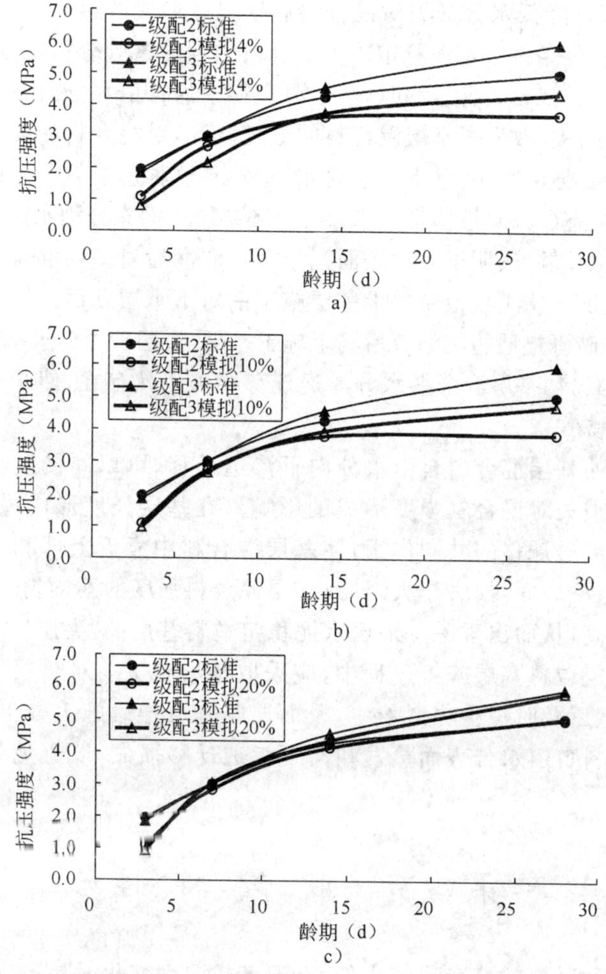

图 4-12 混合料级配组成对模拟湿度强度形成影响

a)下垫土层含水率 4%；b)下垫土层含水率 10%；c)下垫土层含水率 20%

级配 2 混合料与级配 3 混合料相比，细料含量较多，密实状态下自由水迁移通道连通性好，湿度梯度和重力作用下自由水迁移渗透速度加快，相同时间的水分损失增多，对水化物和附加胶结物生成的影响加大，导致后期强度形成更为缓慢；同时，级配 3 混合料中粗颗粒形成的骨架不受水分损失影响，骨架对混合料强度的贡献不会改变，再加上水分损失较少，后期附加胶结物仍在不断形成，因而对后期强度增长速度影响较小。另一方面，在相同模拟湿度条件养生过程中，由于级配 2 混合料受到的湿度梯度作用比级配 3 混合料略大，混合料中自由水分的损失速度也略快，使长时间水分损失累积量增大，导致后期强度形成缓慢。

由此可得，水泥稳定粒料混合料配合比设计中，调整粗细粒料比例，形成骨架密实结构，可以降低水分损失对混合料后期强度形成的影响。

通过模拟湿度条件下水泥稳定砂砾混合料的强度试验分析可以得出，当下承层含水率低于基层混合料含水率时，基层混合料中的自由水分向下渗透迁移到下承层，导致水分损失，改变了基层混合料的湿度状况，对混合料的强度形成有显著影响，混合料 28d 强度减小，且下承层含水率越小，这种影响越大。试验研究中对天然砂砾风干状态(4%)、最佳含水率(10%)和垫层表面充分洒水湿润(20%)三种情况进行了模拟试验，表明下承层表面充分洒水湿润后对基层混合料强度形成基本没有影响，验证了施工规范中要求基层施工前对下承层顶面进行洒水湿润的重要性；即使是在砂砾垫层施工结束后马上施工基层，垫层砂砾含水率最有利情况是其最佳含水率 10%，基层混合料水分渗透迁移损失仍然存在，使基层混合料后期整体强度明显减小。

模拟试验的基层混合料自由水分向下渗透迁移，可以间接反映基层混合料表面蒸发水分损失对混合料强度形成的影响。在基层强度形成过程中，水分表面蒸发和向下渗透迁移的共同作用，使基层混合料中靠近上部和下部的自由水损失，越靠近上下表面，损失越大，导致基层混合料强度的不均匀性，上下部强度低而中部强度高，从而出现冻土地区水泥稳定粒料基层的“夹层”现象。因此，冻土地区水泥稳定粒料基层施工过程中，应采取基层施工前对垫层表面充分洒水湿润，基层成型后及时覆盖保湿养生，及面层与基层连续施工等工程技术措施，减轻基层混合料自由水分表面蒸发和向下渗透迁移损失，以避免“夹层”现象的出现。

第四节　收缩特性

半刚性基层材料的抗变形能力低，在温度或湿度变化时易产生开裂，当沥青面层较薄时，易形成反射裂缝，进而影响路面的使用性能，冻土地区路面基层收缩特性更加重要。了解半刚性基层材料的收缩规律，有利于科学地进行路面基层的选型、材料配合比设计和施工，从而把裂缝减少到最低程度。

半刚性基层材料的收缩分为温缩与干缩两种。半刚性基层的收缩开裂，对于含土较多的材料以干缩为主，对于含集料较多的材料以温缩为主。半刚性基层的干缩主要发生在竣工初期阶段，当基层上铺筑沥青面层以后，基层的含水率一般变化不大，此时半刚性基层的收缩转化为以温缩为主。半刚性基层材料的抗裂性能可以温缩抗裂系数与干缩抗裂系数来评价。抗裂系数愈大，表明材料的抗裂性能愈强，在同样的条件下，能承受较大的温度或湿度变化。

一、水泥稳定粒料的收缩机理

水泥稳定粒料的宏观体积收缩包括因含水率减小而引起的干燥收缩和因温度降低而引起的温度收缩两种。通常干缩和温缩综合作用导致半刚性基层开裂破坏，引起路面非荷载型裂缝的产生。因此，分析水泥稳定粒料的干缩和温缩机理，对工程实际中路面抗裂设计具有重要意义。

1. 水泥稳定粒料的干缩机理

水泥与各种粒料和水经拌和、压实后，因水分蒸发和混合料内部发生水化作用，混合料的水分会不断减少。由于水的减少而发生的毛细管作用、吸附水及分子间力作用、材料矿物晶体或凝胶体层间水的作用和碳化收缩作用等会引起半刚性材料产生体积收缩。水分减少得愈多和愈快，产生的干缩应力愈大。水分减少得慢，干缩变形缓慢产生，干缩应力逐渐增长。当干缩应力超过抗拉强度或干缩变形超过容许变形时，便产生干缩开裂。

半刚性材料基层内部毛细管中水的弯液面存在着内外压力差(即毛细管张力)，以压力形式作用于毛细管壁，其大小与毛细管的半径成反比。当弯液面上的蒸气压低于饱和蒸气压时，毛细孔中水分开始蒸发，毛细管水面下降，弯液面的曲率半径变小，致使作用于毛细管壁的毛细管压力增大，从而混合料体积产生收缩。由于水分的损失首先是从毛细水蒸发开始的，因而这种毛细管张力作用产生初期体积收缩。当环境中的湿度进一步变小或温度上升时，半刚性基层材料中固相物质表面的吸附水或表面结合水开始蒸发，使颗粒表面水膜变薄，颗粒间距离变小，分子引力增大，导致整体材料宏观体积的进一步收缩。这一阶段的收缩量要比毛细管作用的影响大得多。所含颗粒的比表面越大，表面吸附水越多，颗粒接触面也越多，则这部分作用产生的干缩更加剧烈。水泥稳定粒料中的水化硅酸钙(C—S—H)类凝胶的比表面为 $200m^2/g$ 左右，而粒料的存在又降低了整体材料的比表面。因此，水泥稳定粒料在这一阶段主要是 C—S—H 类凝胶影响干缩。当吸附水膜减薄到一定程度，颗粒间斥力增加，阻止颗粒的进一步靠近，收缩量逐渐减小，直到该过程收缩终止。半刚性基层材料中含有大量层状结构的晶体和非晶体，其间夹有大量的层间水和水化离子。随着相对湿度的进一步下降，层间水蒸发，致使晶胞层间距离减小，从而引起整体材料的体积收缩，这种过程即为层间水作用过程。水泥稳定粒料中的各类水化物凝胶及结晶均为层状体结构，其晶格间距的缩小，引起较大的收缩，具有较强的层间水作用。另外，随着碳化反应的进行，$Ca(OH)_2$ 晶体分解并形成 $CaCO_3$ 结晶物，也将引起混合料整体体积收缩。

半刚性材料随含水率减小而发生干燥收缩的过程，正是由于随着含水率的减小，半刚性材料依次经受了上述几种作用力的综合影响。高含水率下主要是毛细管张力在管壁间的压力作用而引起的半刚性材料的收缩。毛细管张力随含水率的变小，逐渐变大，而吸附水和分子间力作用随含水率变化为“上凸抛物线”变化，当半刚性材料及土中吸附水蒸发到一定小的程度，层间水作用开始产生，其作用曲线为由大到小逐渐趋于零的曲线。在含水率大于半风干含水率(1/2最佳含水率)以前，主要是毛细管张力起作用，虽然毛细管张力随含水率减小而增大，但干缩系数与材料刚度成反比，由于含水率下降材料强度增加，抵消了部分毛细管张力作用效应，所以含水率在饱水和半风干状态时，干缩系数很小，其变化率也很小。当含水率小于半风干状态，吸附水和分子间力作用，还有部分毛细管张力作用，两者共同对半刚性材料产生“压力”作用，并随颗粒之间距离的逐渐变小和含水率逐步变小，干缩系数开始逐渐增大，其变化率也开始渐增。含水率的进一步减小，材料的强度和刚度越来越大，颗粒间近程斥力开始增加，层间水和分子间力的作用又逐渐减小，双重原因使半刚性材料的干燥收缩系数以很大的变化率趋近于零。在此过程中出现干缩系数极值。

水泥稳定粒料的干缩性主要受粒料中土的含量和塑性指数、水泥剂量及含水率等因素的影响。研究表明，混合料中细粒土含量越高，塑性越大，其干缩应变越大；施工碾压时混合料的含水率增大，干缩应变也增大；对同一种集料，水泥剂量愈大，干缩应力也愈大。其他有关试验表明，对于不含土的砂砾，用5%水泥稳定后，其平均干缩系数与龄期无明显关系；水泥稳定粒料基层的干缩应变和平均干缩系数随暴露时间增长而增加，而且在初期和后期增加缓慢，在暴露中期增加很快；水泥稳定砂砾的平均干缩系数与失水量有明显的关系。

2. 水泥稳定粒料的温缩机理

水泥稳定粒料混合料的宏观温度胀缩性是其中固、液、气三相热学性质相互作用综合效应的外观表现。组成水泥稳定粒料整体结构的原材料各矿物，一般具有较小的胀缩系数，而新生胶结物则具有较大的温度胀缩系数。由于组成水泥稳定粒料混合料的各矿物有不同的温度胀缩性，但又胶结为整体性材料，所以，其温度胀缩性是各组成单元体间相互作用的“综合效应”。

水泥稳定粒料混合料内部广泛分布有孔隙，其中存在有自由水、毛细水、表面结合水、层间水、结构水和结晶水等水分。水有相当大的热胀缩系数，比固相部分的热胀缩系数大4～7倍，对混合料的温度收缩影响极大。温度升高时，水的扩张压力使颗粒间距增大而产生膨胀；反之则产生收缩。温度下降时，毛细管中水的表面张力增大，从而增大了整体材料的收缩系数，但是在材料过干或过湿时，毛细管张力消失。当各孔隙中的水在其冰点温度以下冻结时，体积增大9%，从而引起材料膨胀，使整体材料的温缩系数减小。

影响水泥稳定粒料的温缩性质的主要因素有混合料中粒料和土的含量、结合料的种类和剂量、混合料的龄期和含水率等。混合料中细料(小于0.075mm)

含量越多，其温度收缩越大。粗大粒料含量增加，温缩系数下降。

随着龄期的增长，水泥稳定粒料中具有较大温缩系数的胶结物生成量越来越多，为此温缩系数随龄期逐步增加。在初期主要以物理及物理化学作用为主，各胶结物结晶体及凝胶生成量很少，温缩系数的增加并不十分明显；当大于 7d 后，各化学作用过程逐步进行，胶结物开始大量生成，温缩系数明显增加；90d 以后，各化学作用过程逐渐缓慢，温缩系数的增长也随之变小。由于具有较大收缩系数的胶结物的生成，伴随着水泥稳定粒料整体力学强度的提高。较高强度的胶结物对材料颗粒的约束、牵制作用大，在一定程度上又使整体材料的温度收缩系数变小。又由于胶结晶体或凝胶的生成量很有限，仅占总体混合料的很小部分，故此，固相半刚性材料的温度收缩系数随龄期增长不断增大，但增加幅度很小。初期水泥稳定粒料的温度收缩系数较小的另一个可能原因与它们结构的不紧密性有关。结构松散，材料颗粒间的可伸缩空间大而且连接力弱，所以，即使材料内部含有较大收缩系数的矿物颗粒，但整体宏观温度收缩系数仍然比较小。

有关研究也表明，半刚性材料的温度收缩系数在干燥状态下，随温度的下降逐渐变小，但幅度较小，温度收缩系数与温度的关系曲线呈下凹抛物线形变化趋势；在含水状态下，呈一上凸抛物线形变化趋势；且一般在 0～－10℃温度区间段，温度收缩系数具有极值。

水泥含量的增加使水泥稳定粒料整体强度和刚度增加，对各组成材料颗粒的约束和牵制作用力增大，使材料整体温度收缩值变小，此即为结构性影响作用过程。随着水泥含量的增加，水泥稳定粒料中水泥水化物不断增加，而水化硅酸钙、水化铝酸钙等凝胶和结晶胶结物有较大的热胀缩性，随着水泥含量的增加，当其提高温度收缩系数的幅度大于结构强度的约束作用对温度收缩系数的降低作用程度时，收缩系数又逐渐增加。这种结构性和材料比例的影响的综合效应，使得水泥稳定粒料的温度收缩系数随水泥含量的增大而逐渐减小，达到最小值后，又逐渐增大，存在一个临界水泥含量。

半刚性材料中的水通过扩张作用、毛细张力作用及冰冻作用对其温度收缩系数产生极大的影响，而且其作用的效果在低温区间（－10～－20℃）产生相当大的效应，高温区间作用效应较小。温度收缩最不利的情况是：在约最佳含水率状态下，在 0～－10℃温度区间的温度收缩。

二、干缩特性

强度特性研究表明，在低温和温差大的环境下强度形成缓慢，早期强度低，混合料容易产生干燥收缩。半刚性基层的干缩主要发生在基层竣工之后沥青面层铺筑之前的阶段。通过模拟实际条件养生试样的干缩特性试验分析，可以为提高冻土地区水泥稳定粒料抗干缩特性提供依据。

采用表 4-1 中级配 1 混合料，按静压法在水泥稳定粒料的最佳含水率和预定干密度(压实度为 97%)下制成 10cm×10cm×40cm 的小梁试件。静压成型试件在环境箱中用塑料袋封闭保湿模拟实际温度养生 1d，测试初期干缩特性；模拟养生 7d，测试早期干缩特性。

1. 初期试件干缩特性

将每个干缩应变累积值除以最大干缩应变 ε_{max}，每个失水率累积值除以最大失水率 w_{max}，相对失水率与相对干缩应变的关系如图 4-13 所示。

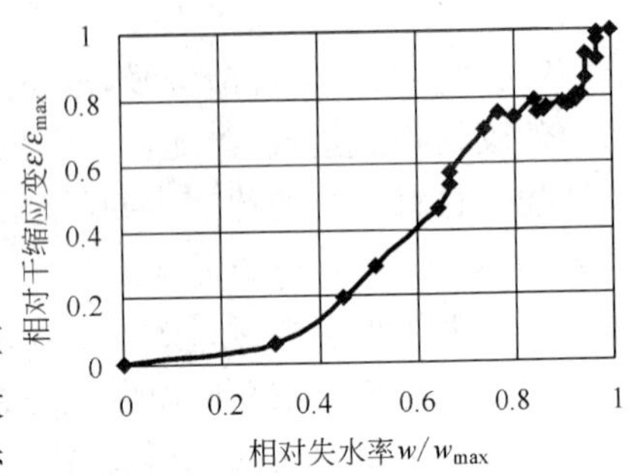

图 4-13 初期干缩应变与失水率关系

由图可以看出，在试验初期(失水率在 0～20‰之间)，混合料收缩较小，经过一段时间(失水率达 20‰以后)，干燥收缩应变值和干缩应变变化率明显增大。原因可能在于混合料干缩过程中，首先发生大孔隙中水和毛细管水的蒸发，大孔隙中重力水蒸发时，几乎很少引起混合料整体宏观体积的变化，但当相对湿度继续下降时，毛细管内水开始蒸发，毛细管弯液面曲率半径逐渐变小，在表面张力作用下，形成的液面内外压力差 Δp 逐渐增大，压缩混合料内部弯液面的管壁，使混合料产生初期收缩。根据厚壁球壳的弹性理论可以得出毛细管张力作用产生的干燥收缩应变值 ε_d 为：

$$\varepsilon_d=\frac{3(1-\mu)}{2E}\cdot w_e\cdot\frac{Rt}{M}\ln\frac{p}{p_0} \tag{4-1}$$

式中：ε_d——混合料干燥收缩应变值($\mu\varepsilon$)；

w_e——混合料含水率(%)；

E——混合料弹性模量(MPa)；

μ——混合料的泊松比；

R——气体常数；

t——温度(℃)；

p——弯液面饱和蒸气压(MPa)；

p_0——平面时水的饱和蒸气压(MPa)；

M——水的分子量(1 802g/mol)。

由式(4-1)可知，毛细管张力产生的收缩与混合料的含水率和温度成正比，而与其弹性模量及相对湿度成反比。因此，随着毛细管水的蒸发，干燥收缩应变逐渐增大，但随含水率的减小和混合料强度的增加，毛细管张力引起的干燥收缩应变有逐渐变小的趋势。当毛细管水蒸发快结束时，混合料内部固相物质表面的吸附水或表面结合水开始逐渐解附蒸发，颗粒表面水膜变薄，颗粒间距变小，分子引力增加，促使进一步干燥收缩；而且大量层状结构的晶体层间水也开始蒸发，晶胞层间距离变小，引起混合料整体宏观体积收缩。

在干缩初期，失水率迅速增加，当混合料失水率达到 50% w_{max} 时，干缩应变仅完成了最大应变的 30%左右；当失水率超过 65% w_{max} 时，干缩应变增加较快，在失水率达到 80% w_{max} 时，干缩应变也能达到 80% ε_{max} 左右，这个阶段产生的干缩应变基本上代表了试件的整体收缩；在干缩末期，显然水分蒸发已经比较困难，在实际工程中，这一阶段失水率产生的干缩应变也小。所以干缩试验中试件产生应变最大的阶段相对失水率在 65% w_{max}～80% w_{max} 之间，即累积失水率在 35‰～45‰之间，将此阶段作为试件干缩应变的最不利阶段。

水泥稳定粒料的干缩系数可用下式计算：

$$\alpha_d = \frac{\varepsilon_d}{w} \tag{4-2}$$

式中：α_d——混合料的干缩系数（$\mu\varepsilon$/‰）；

ε_d——混合料的干缩应变（$\mu\varepsilon$）；

w——混合料的失水率（‰）。

根据式（4-2）计算得出的干缩系数 α_d 与失水率 w 的关系见图 4-14。

由图可以看出，在干缩初期，失水率较大，但干缩系数变化并不大，在最初的 20h 内，干缩系数增长相当缓慢；当失水率达到一定程度（失水率达 20‰）以后，α_d 迅速增大；当失水率达到 40‰以后，α_d 变小，呈缓慢增长趋势；超过 50‰后，α_d 骤增，并达最大值。

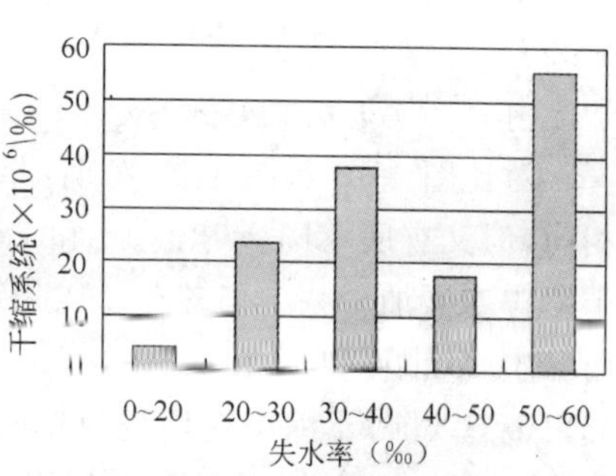

图 4-14　养生 1d 干缩系统与失水率关系

干缩系数 α_d 随失水率的增大而变化的过程是由前述的毛细管张力作用、吸附水和分子间力作用及层间水作用等三种作用的综合影响。初期失水主要以大孔隙重力水和表层毛细水为主，重力水几乎不产生干缩应变，因此 α_d 值很小；当毛细管张力 Δp 作用时，随着失水率 w 的增大，Δp 逐渐增大，α_d 也逐渐增大，当失水率达到一定程度以后（通常认为混合料含水率小于最佳含水率的一半时），毛细管作用、吸附水和分子间力作用共同对混合料产生“压力”作用，并随失水率的增大和颗粒间距离的缩小，α_d 值逐渐增大，又由于水化硅酸钙等具有较强收缩性的胶结物的存在，α_d 的变化率也迅速增大。由式（4-1）可得：

$$\alpha_d = \frac{\varepsilon_d}{w} = \frac{3(1-\mu)}{2E} \cdot w_e \cdot \frac{Rt}{M} \cdot \ln\frac{p}{p_0} \cdot \frac{1}{w} \tag{4-3}$$

由式(4-3)可知：α_d 与混合料模量 E 成反比，随着失水率的增大，混合料强度不断增加，抵消了一部分 Δp 的作用力效应，而且吸附水和分子间力作用逐渐变小，颗粒间近程斥力开始增加，使 α_d 值逐渐变小。当毛细管水蒸发接近结束，且吸附水和分子间作用小到一定程度后，层状结构的层间水开始蒸发，使 α_d 急骤增大，并随着层间斥力增加，材料强度增大，α_d 达到最大值；之后由于综合作用的减弱与部分作用趋近于零，α_d 将逐渐减小。

2. 早期干缩特性

早期(7d)干缩试验结果见图 4-15 和图 4-16。

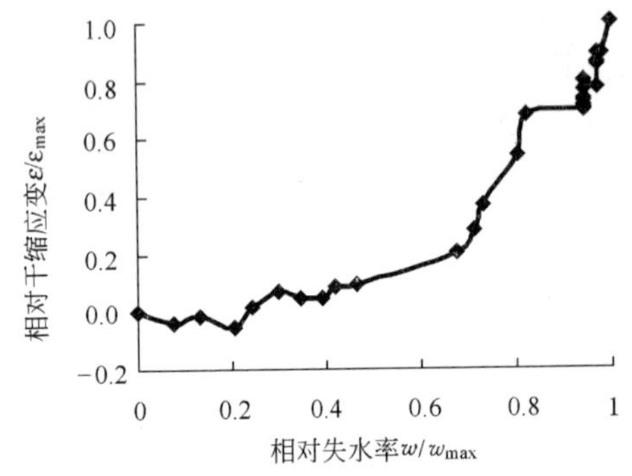

图 4-15 养生 7d 干缩应变与失水率关系

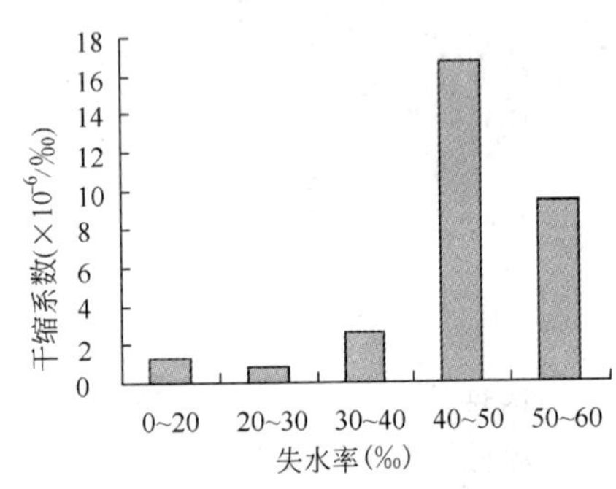

图 4-16 养生 7d 干缩系数与失水率关系

对比图 4-13 和图 4-15 发现，相对干缩应变随相对失水率的变化趋势基本相同，但又有所不同。养生 1d 和 7d 试样均在失水率为 $65\% w_{max} \sim 80\% w_{max}$ 时，干缩应变增加较快。但养生 7d 试样失水率为 $67\% w_{max}$ 时干缩应变为 $20\% \varepsilon_{max}$，而养生 1d 试样则较大，$64\% w_{max}$ 时达到 $45\% \varepsilon_{max}$；养生 1d 试样在失水率达到 $65\% w_{max}$ 以前，干缩应变增长速率明显大于养生 7d 试样，而养生 7d 试样在失水率为 $25\% w_{max}$ 以前，甚至产生膨胀。这种现象的出现原因在于养生 7d 后，水泥稳定砂砾混合料试样初期因重力水和毛细水产生的体积收缩很小，同时，已生成的大量水化物凝胶和晶体随温度上升将产生体积膨胀，抵消部分或全部收缩，使试验初期收缩非常缓慢，甚至出现膨胀。

对比图 4-14 和图 4-16，两种试样干缩系数随失水率变化趋势明显不同。首先，养生 7d 试样干缩系数明显小于养生 1d 试样，降低约 70%。其次，养生 7d 试样在失水率达到 40‰以前干缩系数很小且变化缓慢，在 40‰～50‰之间达到最大；而养生 1d 试样在失水率达到 40‰之前干缩系数随失水率增大不断增大，在 40‰～50‰时降低。主要原因可能与早期强度形成后毛细水含量低有关，毛细管作用对混合料干燥体积收缩影响很小，则失水初期干缩系数很小；后期吸附水及分子间力作用、材料矿物晶体或凝胶体层间水的作用和碳化收缩作用等引起较大体积收缩，使干缩系数增大；水分蒸发越来越困难甚至基本结束后，凝胶和晶体膨胀又会抵消部分干燥体积收缩，使干缩系数减小。

综合分析可得：冻土地区水泥稳定粒料干燥收缩主要发生于强度形成初期，虽然初期和早期失水情况接近，但早期强度形成后混合料因失水干燥引起的体积收缩较小。水泥稳定粒料干燥收缩的最不利阶段是失水率在 65% w_{max}～80% w_{max}之间。大孔隙重力水和毛细水对初期干燥收缩影响明显，且随着早期强度的形成，影响逐渐减弱。早期强度形成后，水泥稳定粒料混合料干缩应变和干缩系数大幅度降低，即抗开裂能力明显提高。因此，提高水泥稳定粒料的初期(1～3d)强度对提高其抗干缩开裂性能十分重要。

三、温缩特性

冻土地区路面水泥稳定粒料基层抗温度收缩特性成为主要路用性能之一，直接影响着路面裂缝的产生与发展。对不同级配在标准条件和模拟野外温度条件养生试样进行了温度收缩试验，分析混合料早期强度形成后的温缩变形规律。

对表 4-1 中的三种级配混合料按静压法在最佳含水率和预定干密度(压实度为 97%)下制成 10cm×10cm×40cm 的小梁试件，分别在标准条件(20℃恒温、相对湿度 90%)养生 7d、在环境箱中用塑料袋封闭保湿模拟实际温度养生 14d，测试温缩特性。

温缩应变采用精度较高的振弦传感器测定，试验在高低温试验环境箱中进行，试验温度从 30℃开始，每次降温 10℃，恒温 4h 采集数据，依次降温至－40℃结束。

图 4-17 为级配 1 混合料试件分别在模拟实际温度保湿和标准条件下养生 7d 的温缩试验结果，比较两种结果可知，模拟养生试件的温缩应变变化速率比标准养生大得多，而且随着温度的降低，模拟养生试件温缩应变值与标准养生试件的差值越来越大，至最低试验温度－40℃时，应变值相差约 300$\mu\varepsilon$。由模拟实际环境下水泥稳定粒料的强度形成机理可知，在低温度、温差大的环境下，混合料内部的物理化学反应速度缓慢，结晶物和凝胶体的生成量较少，混合料颗粒之间的联结力较弱，颗粒之间的吸引能也较小，导致混合料整体初期强度较低，孔隙率较大。而由水泥稳定粒料混合料的温缩机理可知，混合料的整体热胀缩性是组成基本体的固、液、气相不同热胀缩性的综合作用效应。一般气相由于大部分空隙贯通，在综合效应中影响极小，可忽略不计。砂砾的胀缩系数较小，一般为(5～13)×10^{-6}/℃；而各种水化生成物(如结晶体、凝胶体等)具有较大的胀缩性；孔隙中的水则通过扩张作用、毛细管张力作用和冰冻作用对混合料的整体胀缩性有很大的影响。在模拟实际环境下，由于初期强度低，颗粒之间联结力弱，在一定温度差下，相比标准养生而言，颗粒的热振幅较大，降温时产生的收缩应变也较大；同时因孔隙率较大，水又具有比固相材料更大的收缩性，在三种力作

用下产生了更大的收缩应变。

从图 4-18 两种养生条件下各温度区间的温缩系数变化情况可以明显看出，

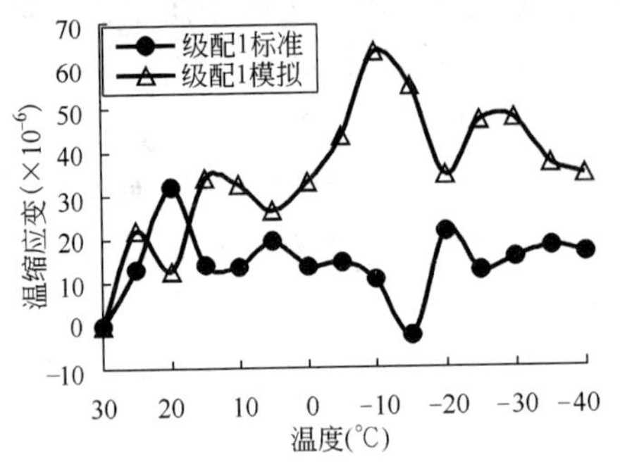

图 4-17　不同养生条件下温缩应变变化

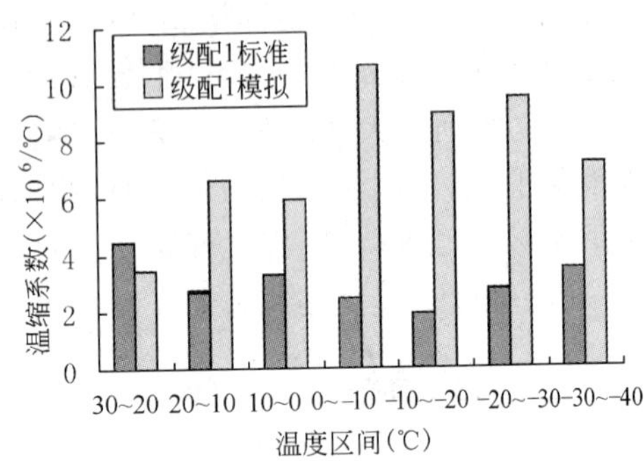

图 4-18　不同养生条件下区间温缩系数

各温度区段内，模拟养生下的温缩系数约为标准养生的 1.5～5 倍；变化趋势存在差异，分别在－10～－20℃和 0～－10℃内达到最大值。出现上述变化情况可能是：水泥稳定粒料混合料在模拟实际环境条件养生时，初期凝胶和结晶胶结物生成量较少，颗粒之间连接力弱，强度低，孔隙率较大；同时，在温度改变过程中混合料的胶结物和水分对混合料的胀缩性有不同的影响，其中水分是主要影响因素。混合料中的水分主要有自由水、表面结合水和内部结合水；自由水包括重力水和毛细水，表面结合水为表面物理吸附水，内部结合水有结构水、结晶水、层间水。由于混合料中毛细水实质是水溶液，而且毛细管内的水呈弯液面，使水承受了一个与毛细管半径成反比的外压力 Δp，压力的变化引起平衡温度的变化，因此毛细管中水的冰点低于大空隙中和普通状况下的水。重力水在 0℃时结冰；毛细水稍低于 0℃，且毛细管直径越小，冰点越低；结合水的冰点随受到的引力增加而降低，越靠近颗粒表面其冰点越低，弱结合水在－0.5℃开始结冰，约在－20～－30℃时全部冻结，而强结合水冰点约在－73～－78℃。孔隙中的水冻结时其体积增大 9%，而且收缩系数也在变化；同时，水是极性分子，液体之间由范德华力相连，故有相当大的热胀缩性，常温下比固相颗粒的热胀缩性大 4～7 倍。

前期研究观测资料，应变变化最大的温度段也是在 0～－20℃之间，所以，0～－20℃是一个危险的温度段，面层较薄的基层会因气温骤降引起过大的温度应力而导致开裂。因此，将此温度段作为冻土地区水泥稳定粒料基层温度收缩特性的最不利温度段。

由图 4-19 所示级配 2 和级配 3 混合料标准养生 7d 后的温缩试验结果可见，两种级配水泥稳定砂砾温度收缩应变随温度变化规律基本相同，大致呈上凸抛物线趋势变化，0℃时达到最大值，进一步降温则应变迅速减小，在－10℃左右出现膨胀现象，之后随温度降低应变缓慢增大。在 10～－10℃之间两种级配收缩应变差异较大，级配2收缩应变值和应变变化速率明显大于级配3，级配2在0℃时收缩应变值比级配3增大约60%。与级配3相比，级配2混合料中细集料含量较多，整体偏细，混合料总比表面积大，毛细管张力大，吸附水膜薄，颗粒间分子引力大，混合料在降温过程中收缩明显；0～－20℃时混合料中的孔隙水、毛细水和吸附水冻结膨胀，使混合料总收缩应变减小，甚至出现负收缩；后期主要集中于胶结物收缩，加之仍有部分吸附水冻结，使收缩应变增长缓慢。

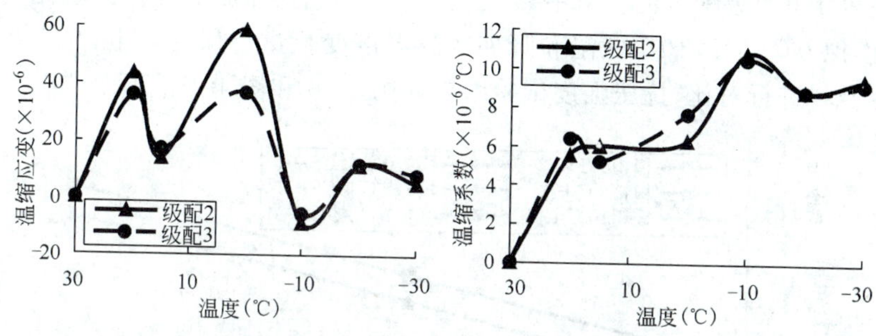

图4-19　不同级配混合料温缩应变与温缩系数

对于温度收缩系数而言，两种级配混合料温缩系数均随温度降低而不断增大，在－10℃左右达到最大值，之后缓慢减小；级配2在0～－10℃之间温缩系数增长速率大于级配3。综合应变分析结果可得，细集料含量较多，对混合料温度收缩不利，因此，混合料组成设计中应尽量降低细集料(<4.75mm)含量，以提高抗温度收缩开裂能力。

第五节　CS—1型水泥复合外加剂

由模拟温度条件基层混合料强度特性试验研究得出，冻土地区低温和负温条件明显延缓混合料强度的形成，使整体强度减小，不易形成板体。为了改善这种状况，可以通过掺入适宜外加剂，减小温度对强度特性的不利影响。水泥化学外加剂可以调节水泥的水化过程、水泥的凝结和硬化时间，并与水泥共同对土进行综合作用，以满足不同条件下对混合料的工程要求。在冻土地区环境条件下，为满足基层的使用要求，选择外加剂时，既要考虑加速水泥水化和硬化过程，提高强度，同时应考虑增强混合料的抗缩裂能力和抗冰冻能力，且方便施工。

笔者曾在冻土地区水泥稳定砂砾混合料中掺加了具有早强和抗冻作用的亚硝酸钠($NaNO_2$)溶剂，明显改善了混合料的强度，掺入外加剂的混合料模拟养生下的7d抗压强度可比未掺外加剂混合料标准养生时约提高20%，比未掺外加剂混合料模拟养生时提高40%。在总结已有经验的基础上，综合考虑早强、抗冻、微膨胀、延迟时间、方便施工等因素，研制了专供冻土地区水泥稳定类材料使用的CS—1型水泥复合外加剂。该外加剂为淡黄色粉末，其主要矿物成分为硅酸钙、硫铝酸钙、铝酸钙，以及部分单晶体。

一、强度特性

在表4-1的级配3混合料中掺入CS—1外加剂，外加剂掺量为水泥用量的16%，模拟0℃、5℃、10℃低温和野外实际温度变化进行保湿养生，与不掺外加剂的混合料进行对比，抗压强度试验结果如图4-20和图4-21所示。

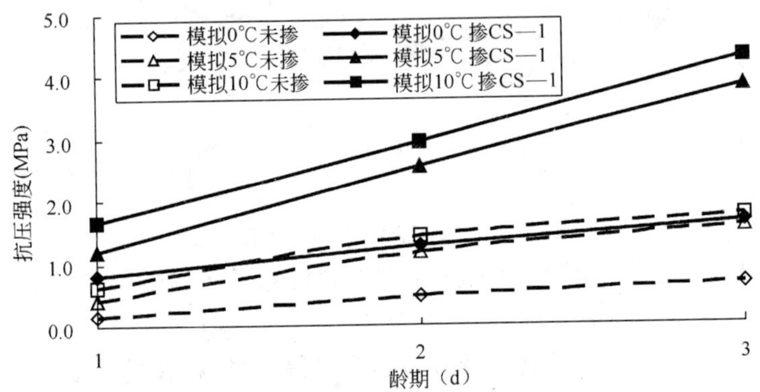

图4-20　外加剂对模拟低温强度形成影响

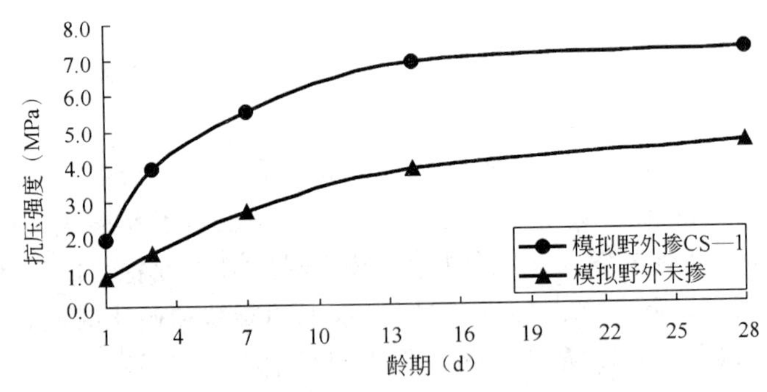

图4-21　外加剂对模拟野外温度强度形成影响

由图可知，模拟恒定低温养生下，掺入CS—1外加剂后混合料的抗压强度大幅度提高。与未掺外加剂混合料相比，模拟0℃保湿养生1d时强度提高3.95倍，比未掺3d强度还高23%；养生2d和3d时强度分别提高1.77倍和1.50倍，可见外加剂对提高低温下的初期强度的效果非常明显。同时，掺入CS—1后混合料低温初期强度形成过程明显加快，未掺外加剂混合料 0℃养生期由 1d 延长到 2d，抗压强度提高 0.29MPa，而掺入 CS—1 后提高了0.46MPa。

掺入 CS—1 后在不同温度养生不同龄期的抗压强度提高幅度比较可知，龄期越短，温度越低，强度提高幅度越大。如 0℃养生 1d 时提高 3.95 倍，明显高于 5℃和 10℃的 1.78 倍与 1.70 倍；0℃养生 2d 时强度提高幅度减小为 1.77 倍，但仍高于 5℃和 10℃的 1.18 倍与 1.07 倍；养生 3d 时不同温度的强度提高幅度基本相同，0℃、5℃和 10℃分别为 1.50 倍、1.46 倍与 1.47 倍。总体而言，5℃与 10℃养生相同龄期的强度提高幅度基本接近，而 0℃养生明显高于前两者，只有在 3d 时强度提高幅度逐渐减小，才与 5℃、10℃接近，可见 CS—1 外加剂对低温下的初期强度(3d)形成非常有利。

由图 4-21 可知，掺入 CS—1 外加剂混合料模拟野外实际温度变化养生 1d 的强度达到1.90MPa，3d 达到 3.92MPa，强度形成很快；与不掺外加剂相比，1d 时提高了 1.3 倍，3d 时提高了 1.6 倍，强度提高效果十分明显。主要在于 CS—1 外加剂降低了自由水冰点，减小了负温对初期水泥水化反应的影响，同时，活化剂加速了水化物的生成、结晶与凝结过程，使水泥石骨架快速形成。养生 7d 后，强度提高幅度逐渐降低，如 7d 时提高了 1.1 倍，而持续到 14d、28d 时分别提高 77.6%和 57.1%。同样可以得出，CS—1 外加剂显著加速了初期强度(3d)的形成，而对后期强度形成仅有一定促进作用。

综合分析可知，掺入 CS—1 外加剂可以使混合料在低温下快速形成强度，达到设计要求。掺入外加剂的混合料在 5℃、10℃和模拟野外温度下保湿养生 3d，抗压强度分别达到3.83MPa、4.31MPa 和 3.92MPa，远大于规范 7d 设计抗压强度 3.0MPa 的要求。据此可以针对冻土地区水泥稳定基层施工条件，缩短养生龄期要求为 3d，大大节约养生费用，降低工程施工成本。同时，掺入 CS—1 外加剂后，模拟野外温度养生 1d 抗压强度达到 1.90MPa，模拟 5℃、10℃养生 2d 强度达到 2.57MPa 和 2.94MPa，可见掺入 CS—1 养生 2d 后强度满足面层施工车辆行驶要求，为连续施工提供了强度保证，对减轻沥青路面横向裂缝也有重要意义。

图 4-22 为掺外加剂混合料模拟野外实际温度养生的弯拉强度变化。由此可以看出，掺入 CS—1 外加剂可以大幅度提高水泥稳定砂砾在实际温度条件下的弯拉强度，尤其是初期弯拉强度提高明显。与未掺外加剂混合料相比，掺入 CS—1 后混合料的 3d、7d 和 28d 弯拉强度分别提高 121%、76% 和 40%，且弯拉强度形成速度加快，3d 已达到了未掺混合料 7d 的强度，7d 达到了未掺混合料 28d 的强度。结合抗压强度分析结果可以得出，掺入 CS—1 外加剂可以缩短冻土地区水泥稳定砂砾养生时间，提前开放交通和进行连续施工。

二、收缩特性

作为冻土地区半刚性基层混合料的外加剂，希望在提高混合料早期强度的同时，又能提高抗收缩能力。冻土地区水泥稳定基层使用过程中受温差大和低温的影响，收缩以温度收缩为主。为此，掺与不掺外加剂的级配 3 混合料模拟实际温度保湿养生 14d 后进行温度收缩试验，结果如图 4-23 和图 4-24 所示。

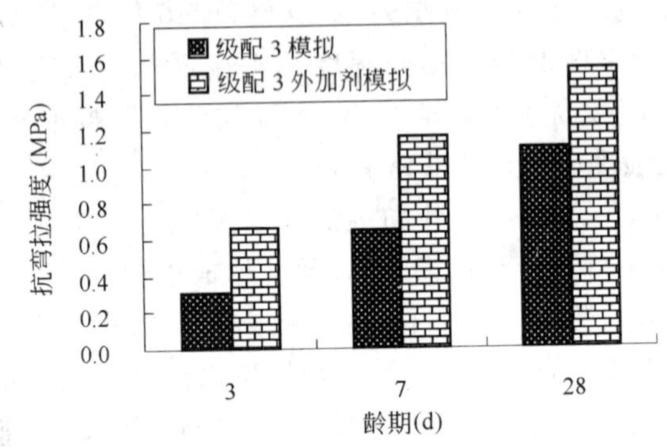

图 4-22　外加剂对模拟温度弯拉强度影响

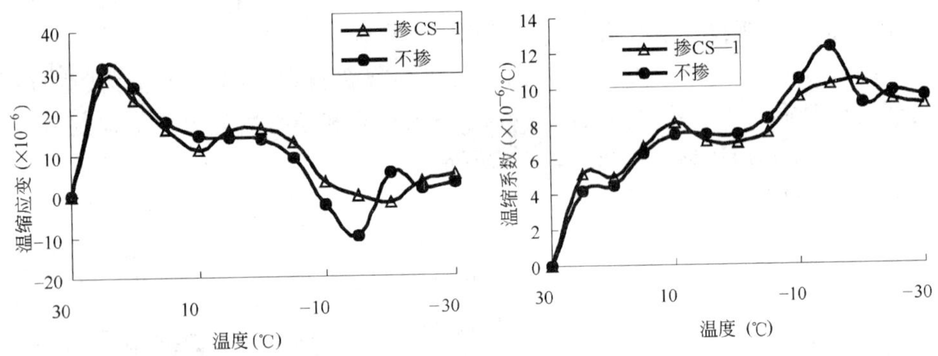

图 4-23　外加剂对混合料温缩应变的影响　　　图 4-24　外加剂对混合料温缩系数的影响

图 4-23 所示混合料的温缩应变变化表明，CS—1 外加剂对混合料低温区(0～—20℃)的收缩应变变化速率影响较大。温度低于 0℃后，掺与不掺外加剂混合料的收缩应变均减小，但未掺外加剂混合料减小较快，在—10℃左右开始膨胀，—15℃时达到最大膨胀值；而掺入 CS—1 外加剂后混合料在—15℃左右才开始膨胀，—20℃时达到最大膨胀值，最大膨胀值约为未掺外加剂混合料的1/5。由强度特性试验分析可知，掺入 CS—1 外加剂可以明显提高混合料的强度，使颗粒之间的连接力增强，热振幅降低，温缩应变减小，同时由于水化物和凝胶物生成量大，又导致收缩增加，两者相互抵消使混合料整体收缩变化相对未掺外加

剂混合料变化不大。掺入 CS—1 外加剂后混合料中水分的冰点降低，使由水分冻结导致的混合料膨胀滞后于未掺外加剂的混合料，提高了低温区收缩特性。

由图 4-24 可知，掺 CS—1 外加剂后温缩系数变化趋势基本没有改变，仍为一上凸抛物线。明显的不同在于：在 30～10℃之间，掺外加剂混合料的温缩系数较未掺外加剂混合料略有提高，提高约 5%～20%，温度降低到 10℃后温缩系数减小；未掺外加剂混合料在约－15℃时温缩系数达到最大值，而掺入 CS—1 后在－20℃左右达到峰值，滞后约 5℃，且温缩系数最大值降低约 15%。由不掺外加剂模拟养生温缩试验结果和工地观测可知，多年冻土地区水泥稳定砂砾温缩不利温度段为 0～－20℃，而掺入 CS—1 外加剂使混合料温缩不利温度段向后推移 5℃，且温缩系数降低，提高了混合料在低温区的抗温缩开裂能力。掺入 CS—1 外加剂使混合料温度低于 10℃时的温缩系数提高，可能是外加剂加快了水化、凝结作用，使具有较大胀缩性的凝胶和结晶胶结物生成量增多所致。同时，较高强度的胶结物对颗粒的约束、牵制作用增大，使混合料低温区的温度收缩系数有所减小。温缩系数峰值滞后和降低与外加剂提高强度、降低水分冰点有关。

三、抗冻性

图 4-25 为掺与未掺外加剂的级配 3 混合料标准养生 180d 后的耐冻系数变化。试验结果表明，掺入 CS—1 外加剂可以明显改善水泥稳定砂砾混合料的抗冻耐久性能，提高水泥稳定砂砾基层的承载能力和延长使用寿命。如相同湿度条件(养生室)下，未掺外加剂级配 3 混合料 3 次循环的耐冻系数为 83.9%，而掺入 CS—1 后为 86.0%，提高 2.6%，5 次循环时提高 10.1%，8 次循环后提高幅度明显增大并基本趋于稳定，约 14%～17%。

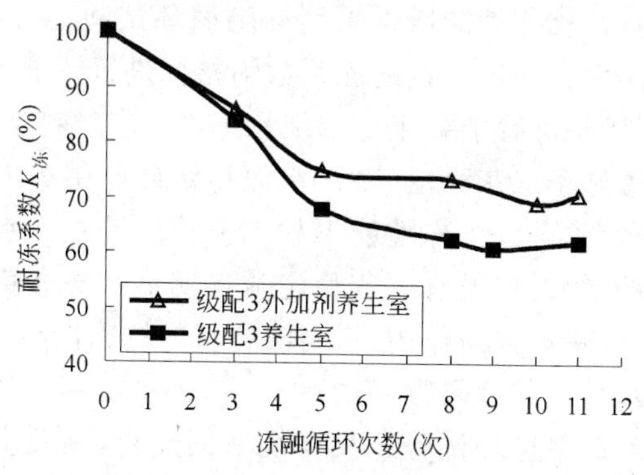

图 4-25　水泥稳定砂砾耐冻系数变化

外加剂对混合料抗冻耐久性的改善在于两个方面，一是外加剂的掺入提高了混合料颗粒之间的联结强度，增强了孔隙壁的约束作用，从而使相同湿度相同孔隙条件下冻融产生的膨胀压力和渗透压力对混合料的损伤减小，强度损失相应降低，耐冻系数提高；二是外加剂降低了混合料内部自由水的冰点，且减水剂成分减少了自由水含量，从使冻结过程相对滞后，冻结水分的迁移补充有所减弱，再加之孔隙自由水相对减少，使冻结条件下孔隙内膨胀压力和渗透压力减弱。

第六节 耐 久 性

一、抗冻性能

1. 冻融循环损伤

在冻融循环反复作用下，半刚性材料内部会形成损伤，使其强度逐渐下降，承载能力不断减弱，每次产生的微小损伤积累，在行车荷载作用下将产生松散、开裂等破坏，影响路面整体使用性能。

冻融循环作用下半刚性材料产生损伤破坏主要由液体膨胀压力和渗透压力作用引起。半刚性材料是多孔性材料，经受冻融循环作用时，其内部水分结冰过程中体积膨胀，即形成冻胀，由此产生的附加膨胀压力将重复对混合料的空隙壁造成挤压破坏作用，形成损伤，这种膨胀压力的大小与孔隙的含水率、水的流动距离、冻结速度及孔隙的大小、形状有关。由于毛细管中的水不是纯水，而是含有可溶盐的溶液，在混合料内部孔隙中的溶液浓度通常因孔隙大小和与颗粒表面的距离不同而不同，从而在孔隙间形成浓度梯度；同时，溶液浓度越大，冰点越低，在冻结过程中混合料孔隙中的未冻水将向冻结冰迁移渗透，引起渗透压力，当压力足够大时也会使混合料产生损伤。

检验半刚性材料的抗冻性能通常采用冻融循环试验，测定材料冻融前后的强度特性（抗压强度、弯拉强度），以耐冻系数为指标进行评价。根据已有研究成果，稳定粒料类材料的抗冻性能好于稳定细粒土。稳定粒料类材料中，水泥稳定碎石及水泥稳定砂砾好于二灰稳定碎石，水泥稳定砂砾中掺入碎石后抗冻性能会有所提高，二灰稳定砂砾的抗冻性能不如二灰稳定碎石。水泥稳定粒料的耐冻系数随龄期延长的增长，但没有二灰稳定粒料明显。提高稳定粒料类材料中的集料含量，可以增强集料嵌挤作用，提高混合料的抗冻性能。

2. 模拟实际湿度状况的冻融循环试验

目前半刚性材料冻融循环试验还没有统一的规程，主要借鉴水泥混凝土冻融循环试验方法，对成型试件进行饱水冻融。但水泥稳定砂砾的饱水快速冻融试验发现，混合料强度随冻融循环次数的增加而不断降低，10～15 次循环后混合料会松散而失去承载能力，这种试验情况与混合料实际使用状况明显不符。

分析表明，主要原因在于试验湿度条件，即试验过程中得到外界水分的不断补充。一方面，水泥稳定砂砾等多孔性材料的空隙率远远大于水泥混凝土，连通孔隙所占比例也高得多，在饱水条件下水泥稳定砂砾的大量连通孔隙均被水分填充，而水泥混凝土仅有少量表面或浅层连通孔隙被水分填充，冻结条件下水泥稳定砂砾混合料内部的膨胀压力和渗透压力远大于水泥混凝土，由此引起的混合料损伤也更大；足够的水分补充为孔隙的不断扩张提供了条件，孔隙尺寸的增大又提高了膨胀压力，加之混合料损伤累积，容易导致混合料松散破坏；因此用水泥混凝土饱水冻融试验方法进行水泥稳定砂砾等多孔性材料抗冻试验显得条件过于苛刻。另一方面，水泥稳定砂砾等多孔性材料作为基层在实际使用过程中，会因路面表面渗水和底面毛细水上升而含有一定孔隙自由水，但由于孔隙较大和连通孔隙较多，自由水会向下或两侧迁移渗透，孔隙不会一直处于饱水状态；而且周围介质含水率也不会处于饱水状态，混合料冻结可补充水分也处于有限水平，在压密状态下冻结迁移实现补充的水分更有限；水泥稳定砂砾混合料实际应用中可能最不利湿度状况与饱水试验条件差异悬殊，使试验无法表征材料真实使用性能。

针对冻土地区冻融循环频繁的特点，提出改变试件湿度状况，尽量模拟基层混合料实际可能湿度状况，以期合理地评价孔隙性材料抗冻特性。考虑到沥青路面的半刚性基层使用过程中处于弯拉状态，且沥青路面设计中也对基层弯拉强度提出要求，故选择混合料冻融循环后弯拉强度 S_D 与冻前弯拉强度 S_C 之比，称作耐冻系数 K_D，作为抗冻性的评价指标，即：

$$K_D = \frac{S_D}{S_C} \tag{4-4}$$

冻融循环试验采用标准养生 180d 的 10cm×10cm×40cm 梁形试件，在快速冻融循环试验机中经受冻融循环，试槽中的用水量根据基层处于潮湿状态时的含水率计算确定。循环温度范围为－20～20℃，温度控制于试件中心埋设的温度传感器，一次循环降温 3h、升温 5h。达到循环次数后进行强度试验，计算耐冻系数。

采用表 4-1 中的级配 3 混合料，分别在试件风干加水模拟基层混合料周围介质处于潮湿状态和试件在养生室 90％湿度环境下混合料孔隙充分吸水两种条件进行冻融试验，试验中无外界水分补充，风干加水后试件含水率低于养生室试件。标准养生 180d 的 10cm×10cm×40cm 梁形试件分为两组，其中一组到达龄期取出后，置于室外风干 1d，对风干试样称重后置放于快速冻融试验机试槽中，按模拟冻土地区基层处于潮湿状态的含水率 6.6％计算用水量，吸水 1d 后进行冻融试验；另一组从养生室取出直接放入试槽进行冻融试验。试验结果见表 4-5 与图 4-26。

冻融循环强度试验结果 表 4-5

混合料	湿度状况	循环次数(次)	弯拉强度 S(MPa)	耐冻系数 K_D(%)
级配 3	风干加水	0	1.81	100.0
		3	1.69	93.3
		5	1.67	92.1
		8	1.49	82.3
		9	1.47	81.2
		11	1.47	81.3
级配 3	养生室	0	1.81	100.0
		3	1.52	83.9
		5	1.23	68.0
		8	1.13	62.5
		9	1.10	60.9
		11	1.12	62.0

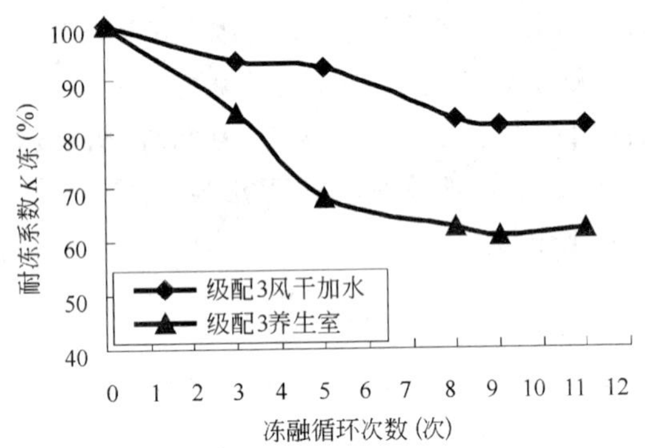

图 4-26 水泥稳定砂砾耐冻系数变化

3. 湿度状况影响

由图 4-26 可以明显得出，水泥稳定砂砾在不同湿度状况下耐冻系数随冻融循环次数的变化趋势基本相同，随冻融循环次数的增加而不断减小，即混合料弯拉强度不断降低。最初几次冻融循环时，混合料耐冻系数的减小比较明显，约 8 次循环后降低幅度逐渐减小，基本处于稳定状态。如混合料风干加水状况下，3 次和 5 次冻融循环时耐冻系数变化不大，相差约1.2%；而 8 次循环耐冻系数大幅减小为82.3%，与 5 次循环相比降低约 10.7%；8 次循环后耐冻系数变化很小。混合料养生室湿度状况时也有类似规律。

根据冻融损伤机理可以分析解释这种现象，对于水泥稳定砂砾这种多孔性材料而言，成型混合料中连通孔隙较多，一定湿度状况下孔隙中存在自由水，当温度降低到冰点以下空隙中的自由水开始冻结，周边未冻水不断吸附聚集，对孔隙通道产生渗透压力，会对混合料形成损伤；当冻结冰膨胀填满区域内孔隙后，进一步的冻结膨胀会对孔隙壁产生膨胀压力，挤压损伤混合料；在渗透压力和膨胀压力作用下，混合料冻结区域孔隙会因损伤而扩大，融化过程中冻结水向周边缓慢扩散，孔隙虽会因压力释放而有所恢复，但难以恢复到原尺寸，每次循环孔隙扩大量较小，但不断累积，使混合料损伤不断积累，强度不断降低，耐冻系数不断减小。由于试验过程中没有外界水的补充，自由水数量有限，当经过有限次冻融循环后，孔隙扩张基本停止，孔隙尺寸基本维持在恒定水平，使进一步冻融循环引起的混合料损伤很小，强度和耐冻系数变化不大，基本稳定在一定水平。

由耐冻系数与冻融循环次数关系可以得出，对于多孔性的水泥稳定砂砾材料控制试件含水率进行冻融循环试验，8 次循环后耐冻系数基本稳定，考虑到试验的变异性，推荐采用 10 次冻融循环耐冻系数评价其抗冻性或抗冻耐久性。

同一种水泥稳定砂砾混合料在不同湿度状况下的耐冻系数差异明显，即混合料湿度状况对多孔性材料耐冻系数影响明显；相同次数冻融循环下，试件越湿，耐冻系数越小，即强度损失越大。如 3 次循环风干加水试件耐冻系数为 93.3%，而养生室试件耐冻系数为 83.9%，降低约 10%；5 次循环降低更明显，降低达 26.2%；8 次循环后差异基本稳定，降低约 25%。

这一规律可以指导冻土地区半刚性基层设计、施工、使用和试验评定。根据多孔性材料自身组成特性和实际使用湿度条件，不宜直接采用水泥混凝土冻融试验的湿度条件评价抗冻耐久性，而以模拟混合料使用最不利湿度状况进行冻融试验，更加符合实际，评价更加合理。

二、抗冲刷特性

半刚性基层材料的冲刷及由之而产生的唧浆现象时有发生，且随着交通量和汽车轴载的增加，这种破坏现象呈加剧的趋势。微弱、无唧浆的基层冲刷，对路面的破坏较小，对路面近期使用性能无明显影响，但影响路面使用寿命；剧烈、伴随唧浆的基层冲刷，则对路面的破坏作用较大，造成路面早期破坏，随着冲刷唧浆的周而复始，沥青面层下的基层逐渐被动压水淘空，使沥青面层下陷而使沥青面层产生裂缝，形成局部低洼直至坑槽，导致沥青路面早期破坏。对于水泥混凝土路面，基层冲刷唧浆将导致面板断裂、错台，严重者面板破损及沉陷。为此，近年来国内外对半刚性基层材料的抗冲刷性引起了极大关注。分析半刚性材料的抗冲刷特性，对合理选择半刚性材料类型，改善半刚性材料级配组成，提高其水稳定性，减轻路面水损害，具有重要意义。

半刚性材料使用过程中，不仅经受静态水的作用，还要经受压力水和流动水的作用。当路面表面水通过不同途径进入沥青路面或水泥混凝土路面结构层时，如果进入的水未能及时排出，而是滞留在面层与基层之间，就会导致基层局部潮湿甚至饱水；在行车荷载作用下，路面结构层内或基层材料中的自由水会产生相当大的动水压力，这种有压力的水会冲刷基层材料的细料，一次冲刷的量虽不大，但在行车荷载的反复作用下，经过多次冲刷，就会积少成多，从而在路面裂缝中形成细料浆，久而久之，在行车荷载作用下，细料浆被逐渐压挤出裂缝，从而形成唧浆现象，这种现象在沥青路面和水泥混凝土路面中均有发生。显然，路面结构层内自由水的水压力随行车荷载的增加而增大，同时冲刷量随着行车的反复作用而增加。基层的冲刷程度与进入路面结构层的水量大小有关，进入的水愈多，冲刷程度愈大。冲刷程度还与基层混合料组成有关，材料中含有的细料越多，冲刷越严重。另外，结合料的剂量、基层的压实程度、养生好坏、交通量的大小等因素都会对基层的冲刷程度造成影响。

关于半刚性材料抗冲刷特性的评价试验方法和指标的研究在国际上还在进行，目前主要利用旋转刷或振动台等进行试验。研究表明，对于稳定土类，不同类型材料均是随时间延长冲刷量逐渐增大，而且增大速率基本一致；对于稳定粒料类，不同类型材料虽然随时间增长冲刷量增加，但在冲刷初期 5min 内增加较快，而后逐渐减弱，这主要是因为稳定粒料类中表面含有一层细粒浆，当冲刷到一定程度时，粗集料起支承作用，从而使冲刷减弱。半刚性材料按抗冲刷能力从大到小排序为：稳定粒料类＞稳定粒料土＞稳定细粒土。对于稳定土类，水泥土的抗冲刷性最好，其次为石灰土，二灰土相对较差。对于稳定粒料类，水泥粉煤灰类普遍优于石灰粉煤灰类，但不同的配比对抗冲刷性影响也较大。

对于同一类型水泥稳定类材料，其抗冲刷能力随着水泥剂量的减少而减弱，但当到达临界水泥含量（一般为 4%左右）以下时，抗冲刷能力将急剧降低。因此，水泥稳定类材料，水泥含量不宜低于 4%。从减少冲刷作用角度出发，半刚性基层应采用抗冲刷能力较强的水泥稳定粒料，而不宜采用抗冲刷能力较弱的石灰、石灰粉煤灰稳定粒料。

第七节　混合料组成设计

通过水泥稳定粒料强度、收缩等特性试验分析可知，使用条件影响着水泥稳定粒料强度的形成，同时由此对强度提出要求；但强度高的混合料，其收缩性不一定好。现行混合料设计方法忽视了混合料的收缩特性，仅强调其力学强度。因此，针对冻土地区施工和使用条件，从混合料配合比设计标准、设计参数和组成设计等方面，综合考虑强度与收缩特性，提出冻土地区水泥稳定粒料基层多指标配合比设计方法。

一、设计参数及其确定

1. 抗压强度 R_y

现行规范中对不同等级路面基层混合料的 7d 无侧限抗压强度作了具体规定，结合模拟冻土地区条件下水泥稳定砂砾强度形成规律研究成果，对冻土地区水泥稳定砂砾基层混合料设计 7d 无侧限抗压强度取规范规定值高限，即高速、一级公路基层取 4.0MPa，二级及二级以下公路基层取 3.0MPa。对于冻土地区应模拟实际条件进行养生测试混合料实际抗压强度；若按规范规定进行室内标准条件抗压强度试验时应对试验结果适当折减（如 20%），预测实际强度形成。

2. 温缩抗裂性指数 I_t

根据以往的研究成果确定温缩和干缩设计指标。定义温缩抗裂指数如下：

$$I_{\mathrm{t}} = \frac{\Delta t_{\mathrm{m}}}{[T]} \tag{4-5}$$

式中：Δt_{m}——基层材料在最不利情况下的最大温度变化范围（℃）；

$[T]$——温缩抗裂系数（℃），其意义为：

$$[T] = \frac{\varepsilon_{\mathrm{m}}}{\bar{\alpha}_{\mathrm{t}}} \tag{4-6}$$

式中：ε_{m}——材料的极限拉应变（$\mu\varepsilon$）；

$\bar{\alpha}_{\mathrm{t}}$——最不利情况下对应于 Δt_m 的平均温缩系数（$\mu\varepsilon$/℃）。

对于半刚性基层，若 $I_{\mathrm{t}}>1$，则基层因抗拉不足而开裂；$I_{\mathrm{t}}=1$，基层处于抗拉极限平衡状态；$I_{\mathrm{t}}<1$，基层能抵抗温缩而不开裂。

冻土地区水泥稳定砂砾温缩特性研究得出，0～－20℃温度区间是水泥稳定粒料基层温度收缩的最不利温度段；同时得出设计 7d 抗压强度为 3.0MPa 的级配 2 和级配 3 混合料标准条件和模拟条件下对应于最不利温度范围的平均温缩系数如表 4-6 所示，其中掺入 CS—1 外加剂后最不利温度降低 5℃。

多年冻土地区水泥稳定砂砾最不利温度范围和平均温缩系数　　表 4-6

混合料类型	养生条件	龄期(d)	最不利温度范围(℃)	平均温缩系数 $\bar{\alpha}_t$($\mu\varepsilon$/℃)
级配 2	标准	7	0～－20	9.843
级配 3	标准	7	0～－20	9.926
级配 3	模拟	14	0～－20	9.683
级配 3 掺 CS—1	模拟	14	0～－20	9.360
级配 3 掺 CS—1	模拟	14	－5～－25	9.852

材料的极限拉应变 ε_{m} 通过材料的轴向拉伸试验获得。如无条件，可以采用由材料的抗弯拉强度和抗弯拉回弹模量计算得出的材料极限拉应变代替。

3. 干缩抗裂指数 I_d

定义干缩抗裂指数如下：

$$I_d = \frac{\Delta w_m}{[W]} \tag{4-7}$$

式中：Δw_m——基层材料在最不利情况下含水率的最大变化幅度(%)；

[W]——干缩抗裂系数(%)，可表示为：

$$[W] = \frac{\varepsilon_m}{\bar{\alpha}_d} \tag{4-8}$$

式中：ε_m——材料的极限拉应变(με)；

$\bar{\alpha}_d$——最不利情况下对应于 Δw_m 的平均干缩系数(με/%)。

对于半刚性基层，若 $I_d>1$，基层因抗拉不足而开裂；$I_d=1$，基层处于抗拉极限平衡状态；$I_d<1$，基层能抵抗干缩而不开裂。

通过水泥稳定砂砾模拟实际温度养生的干缩试验分析表明，冻土地区水泥稳定砂砾干燥收缩主要发生于初期(1～3d)，干燥收缩最不利阶段是混合料初期相对失水率在 $65\%w_{max}$～$80\%w_{max}$之间，即累积失水率在 35‰～45‰之间。

二、材料组成优化设计方法

1. 设计方法

针对冻土地区水泥稳定粒料基层，根据以上三个设计指标，综合考虑力学强度和抗收缩开裂，从技术和经济两方面合理确定混合料集料级配组成和结合料最佳剂量，具体方法是：在保证强度满足规定要求的前提下，根据该地区干燥收缩和温度收缩最不利的情况，确定各种拟定配合比混合料的抗裂指数 I_t 和 I_d，综合优化确定强度和收缩特性俱佳的配合比。

根据模拟实际环境条件下水泥稳定粒料收缩特性研究分析可知：干燥收缩主要发生在成型初期，最不利阶段是失水率在 $65\%w_{max}$～$80\%w_{max}$之间，对该阶段混合料含水率而言，大约在最佳含水率到半风干含水率之间。因此，$\Delta w_m = w_{半风干} - w_0$；相应 $\bar{\alpha}_d$ 取最佳含水率到半风干含水率之间的平均干缩系数，或取相应于失水率在 $65\%w_{max}$～$80\%w_{max}$之间的平均干缩系数。对温度收缩而言，最不利情况是混合料失水较少(基本在最佳含水率附近)、温度在 0～−20℃之间时。因此，选取 $\Delta t_m = -20$℃；$\bar{\alpha}_t$ 取 0～−20℃之间的平均温缩系数。

2. 设计步骤

冻土地区水泥稳定粒料基层的材料组成设计步骤如图 4-27 所示。

(1)确定配合比范围

根据技术要求，选择适宜的水泥、粒料等原材料。水泥宜选用硅酸盐水泥、普通硅酸盐、道路硅酸盐水泥及矿渣硅酸盐或火山灰质硅酸盐水泥。对于重冰冻及多年冻土地区，宜选择标号较高、凝结较快的水泥。粒料根据当地材料分布情况，选择压碎值、有机质含量、硫酸盐含量、粒径组成等满足要求的天然砂砾、碎砾石、碎石。外加剂按照既能提高早期强度又能改善抗收缩性能，以及施工方便且经济的原则，根据功能需求进行选择。对各种原材料的选取代表性样品进行室内试验，验证各项技术指标。

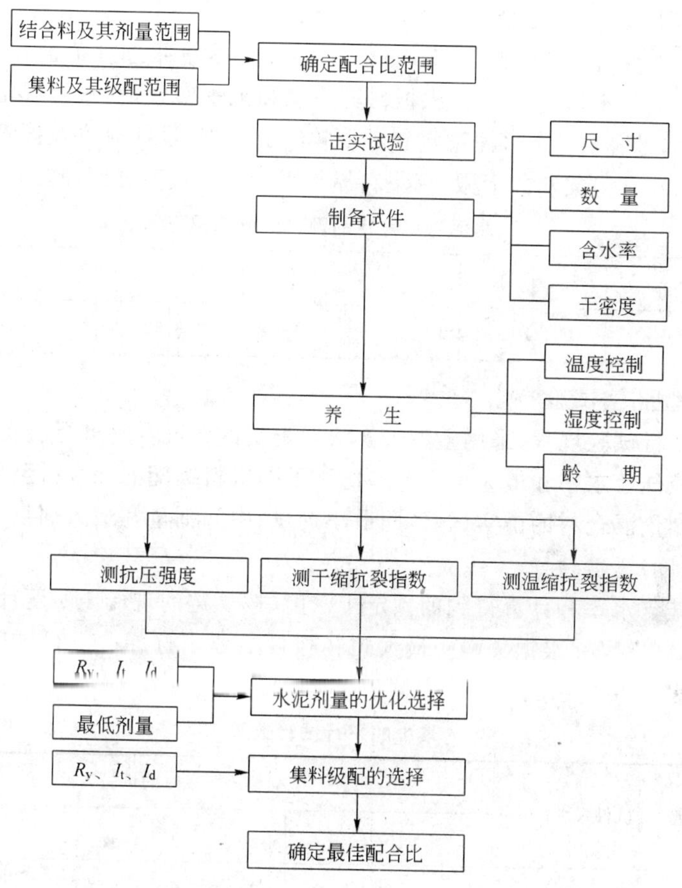

图4-27　材料组成优化设计框图

用不同剂量的水泥和不同级配的粒料制备多种不同配合比的混合料，混合料配合比的选择应尽可能符合规范要求。

水泥稳定砂砾作基层时，水泥剂量可选为3%、4%、5%、6%，尽量控制不超过6%。在预知合适剂量的情况下，可将剂量数减少，以减轻工作量。根据冻土地区水泥稳定砂砾混合料室内研究和工程实践，考虑施工试验条件限制，建议初选水泥剂量为4%、5%和6%。当采用外加剂时，水泥剂量的选择应考虑外加剂对强度的影响。

室内强度试验和收缩试验表明，小于 4.75mm 细集料含量对混合料路用性能影响明显，而规范推荐级配在此区域的选择范围较大，故应重点控制小于 4.75mm细集料含量，通过掺入适当比例碎石(5～10mm)调整粗细集料比例。但考虑到充分利用天然砂砾、降低工程造价和方便施工，不宜一味强调级配而使碎石掺配比例太高，控制掺量不超过 30%～40%。根据冻土地区水泥稳定砂砾室内研究和工程实践，综合考虑强度和收缩特性，建议 4.75mm 筛孔通过率尽量控制在 50%以下，且小于 4.75mm 细集料含量尽量靠近规范推荐级配下限，碎石掺配量控制不超过 40%。根据研究成果和工程实践，在规范规定粒径组成范围基础上，推荐表 4-7 水泥稳定砂砾颗粒组成范围，设计时可在推荐级配范围曲线中选取几种粗集料靠上限、细集料靠下限的平顺反弯曲线，作为初选级配。

水泥稳定粒料的颗粒组成范围 表 4-7

筛孔(mm)	37.5	31.5	19	9.5	4.75	2.36	1.18	0.6	0.3	0.075
通过百分率(%)	100	100～90	89～72	67～47	49～30	35～18	30～10	25～8	20～3	7～0

(2)重型击实试验

按照现行试验规程，采用重型击实法对选定的各混合料进行击实试验，确定混合料的最佳含水率和最大干密度。每种不同集料级配的混合料至少做三组不同结合料剂量混合料的击实试验，即最小剂量、中间剂量和最大剂量。

(3)强度试验

按最佳含水率和计算得到的预定干密度(按规定的现场压实度计算)制备圆柱型试件，试模尺寸根据集料中最大粒径按规范要求选择。平行试验的试件数量应符合表 4-8 的要求。

最少的平行试验数量 表 4-8

稳定土类型	试件尺寸(mm)	下列偏差系数时的试验数量		
		<10%	<15%	<20%
细粒土	ϕ50×50	6	—	—
中粒土	ϕ100×100	6	9	—
粗粒土	ϕ150×150	—	9	13

试件制作好后，放入环境模拟养生箱，养生条件尽量做到与实际环境接近。在模拟环境中养生 6d，然后饱水 1d，对试件进行无侧限抗压强度试验，得到每种配合比的试件的强度平均值。

(4)收缩试验

按最佳含水率和计算得到的预定干密度(按规定的现场压实度计算)静压成

型小梁(10cm×10cm×40cm)或中梁(15cm×15cm×40cm)试件,然后放入环境箱中模拟养生。干缩试验的试件应尽可能缩短养生期,待试件初期强度形成(1～3d)后,将试件饱水1d,然后测其干缩应变。用于温缩试验的试件可养生7d或更长时间,然后测其温缩应变。利用试验数据计算出每种配合比的试件的温缩抗裂指数和干缩抗裂指数。

(5)综合比较,优化选择

利用处理后的试验数据,分析水泥剂量、级配组成与混合料强度、收缩特性的关系,与各种参考指标进行综合比较,选择出既经济可行,又符合强度指标和收缩指标要求的最佳配合比。

第五章　水泥稳定粒料基层施工

冻土地区公路的施工条件不同于一般地区。我国现行规范规定水泥稳定类基层的施工期的日最低气温应在5℃以上，在有冰冻的地区，并应在第1次重冰冻（－3～－5℃）到来之前半个月到一个月完成。但在冻土地区即使在最好的施工季节（7～9月），夜间也可能出现负温和重冰冻现象。因此，冻土地区的水泥稳定基层施工，应采取有效措施保障质量。

第一节　施工准备

一、混合料组成设计

1. 原材料要求

（1）水泥

硅酸盐水泥、普通硅酸盐、矿渣硅酸盐和火山灰质硅酸盐水泥均可用于水泥稳定粒料，禁止使用快硬水泥、早强水泥以及受外界影响而变质的水泥。

水泥等级为32.5级或42.5级。考虑到重冰冻地区、多年冻土地区气候的特点，及其对强度形成的影响，应在保证施工需要的前提下，宜选择标号较高、凝结较快的水泥，以提高早期强度。

（2）粒料

水泥稳定粒料用做高速公路和一级公路路面基层时，最大粒径不应超过31.5mm，用做底基层时不应超过53mm；用做二级及二级以下公路路面基层时，最大粒径不应超过37.5mm；用做底基层时不应超过53mm。

粒料（碎石或砾石）的抗压碎能力应满足：高速公路和一级公路的压碎值不大于30%，二级及其以下公路的压碎值不大于35%。

严格控制有机质含量不超过2%和硫酸盐含量不超过0.25%。

根据冻土地区水泥稳定粒料基层室内试验研究和工程实践，推荐粒料级配组成见表4-7。为充分利用天然砂砾、降低工程造价和方便施工，通过掺入适当比例碎石（5～10mm）调整粗细集料比例，掺量控制不超过40%；建议4.75mm筛孔通过率尽量控制在50%以下，且小于4.75mm细集料含量尽量靠近推荐级配下限；在级配范围曲线中宜选取粗集料靠上限、细集料靠下限的平顺反弯曲线。

(3)外加剂

针对多年冻土地区的特点，应掺入 CS—1 复合外加剂等适宜的外加剂。外加剂的选择以既能提高早期强度又能改善抗收缩性能，以及施工方便且经济为原则。

(4)水

凡人或牲畜的饮用水均可用于水泥稳定粒料施工。可疑水源应进行试验鉴定。

对原材料需进行的试验项目包括：

①含水率——确定材料含水率；

②颗粒分析——测定级配是否符合要求；

③液限与塑限——确定塑性指数是否符合规定；

④密度与吸水率——评定粒料质量；

⑤压碎值——评定石料的抗压碎能力是否符合要求；

⑥有机质和硫酸盐含量——确定是否适宜用水泥稳定；

⑦水泥级别和终凝时间——确定水泥质量是否适宜应用。

2.混合料配合比设计

(1)设计原则

冻土地区水泥稳定粒料组成设计的目标是，在冻土地区特殊的环境条件下，混合料组成满足强度要求，并使抗收缩性能达到最优，且便于施工。设计原则是，综合考虑强度指标和抗收缩指标，确定最佳水泥用量和最优混合料级配，选择适宜的外加剂种类和剂量，以达到技术先进、经济合理的目的。

为减少基层裂缝，施工配合比应做到三个限制：在满足设计强度的基础上限制水泥用量；在减少含泥量的同时，限制细集料、粉料用量；根据施工时气候条件限制含水率。建议水泥剂量不大于 5.5%，集料级配中 0.075mm 以下颗粒含量不宜大于 7.0%(最好控制在 5%以内)，含水率不宜超过最佳含水率的 1%。

根据以上设计目标和设计原则，在混合料配合比设计中，应进行以下混合料试验：

①重型击实试验　确定混合料的最佳含水率和最大干密度，为施工碾压控制和制备室内试验试件提供依据。

②无侧限抗压强度试验　为配合比设计提供强度指标，为工地提供质量评定标准。

③轴向拉伸试验　为配合比设计提供混合料的极限拉应变，需进行轴向拉伸试验；也可以采用测定抗弯拉强度和抗弯拉回弹模量，反算极限拉应变。

④承载比试验　用以确定混合料是否适宜用作基层。

⑤干缩、温缩试验　采用模拟实际环境条件测定混合料在最不利情况下的

干缩平均系数和温缩平均系数。

(2)配合比设计方法

冻土地区水泥稳定粒料基层混合料的具体组成设计方法见第四章。

二、施工机械选型与组合

针对冻土地区的气温变化特点,为保证水泥稳定粒料基层成型快,具有良好的性能,宜采用混合料厂拌和摊铺机摊铺的机械化施工方法。施工机械的可靠性和组合的合理性对施工质量起决定作用,因此,在施工中应充分重视选择和配套施工机械。

1. 机械选择原则

选择施工机械的目的在于挑选技术上先进、经济上合理和使用上安全可靠的优良装备,以形成专业的综合的机械化施工队伍,保证工程任务的完成。合理选择施工机械的依据是工程量、施工进度计划、施工条件、现有机械的技术状况和新机械的供应情况等。选择机械时应遵循以下原则:

(1)机械应适合工作的性质,适合施工对象的特点、规模、场地大小和运输远近及有关施工条件,能充分发挥机械的效率。所选机械的生产能力,应满足施工作业强度的要求,施工质量应满足设计的要求。

(2)机械应在技术上先进,即结构先进、生产率高、性能可靠、易于检修、驾驶安全、环保性好等,并具有很好的机动性。

(3)机械应能在高海拔条件下正常使用,工作能力满足要求。

(4)机械的购置和转运费用要少,能源消耗要低。

(5)选择机械时,应在容易获得的通用机械与专用机械之间进行比较,在施工工程量很大、工期紧、施工质量非一般通用机械所能达到时,考虑选用或研制专用机械。

(6)同类机械大型与小型之间选择,当工程量很大,施工强度高,施工条件又适合用大型机械时,宜选用大型机械。

(7)选择和购置新的机械设备时,应考虑到企业中陈旧设备的利用和报废问题。只要生产安全和使用可靠,而且能耗不大、较为经济的旧设备,都应加以修理使用。此外,还应考虑租赁机械,在施工高峰期内,可分出一部分任务由协作单位派出的租赁机械去完成,因而可减少购置数量。

(8)选用能使操作人员舒适和安全工作的机械。

(9)应优先选用批量生产的国产机械,以利促进国内工程机械的发展,而且可节省大量外汇。选用进口机械应是技术先进,适合我国施工技术水平,且零部件供应也较易解决。

2. 机械组合原则

合理组合机械是发挥机械设备效能的重要因素。在机械化施工中，施工单位很少选用单台机械独立施工，多组合两种以上机械进行一项作业。所以机械的组合是关系到能否发挥机械效率的重要问题。

机械的组合原则是：

(1)组合应考虑冻土地区有效施工时间，作业机械之间衔接紧密，连续快速作业，尽量缩短作业时间。

(2)尽量减少机械的组合数，机械的组合数越多，作业效率越低。

(3)在整个作业线上使用组合机械作业时，应对组合的各种机械能力进行平衡。

(4)组织机械化施工时，要注意分成几个系列的机械组合，同时并列进行施工，避免组合中某一台机械发生故障而造成全面停工。

(5)组合机械时，力求选用的机型统一，以便于维修和管理。

3. 常用施工机械

冻土地区水泥稳定粒料基层采用厂拌法机械摊铺施工时，其施工主导机械是拌和设备和摊铺设备，辅助机械包括压实、运输、洒水等机械设备。当采用厂拌平地机或人工摊铺施工时，主导机械是拌和设备，辅助机械有平地机及压实、运输、洒水等机械设备。

稳定土厂拌设备是将土、碎石、砾石或碎砾石、水泥、石灰粉煤灰、水等材料按施工配合比在固定地点拌和均匀的专用生产设备。厂拌设备一般由供料系统(包括各种料斗)、拌和系统、控制系统(包括各种计量器和操纵系统)、输送系统和成品储存系统五大部分组成。各种料斗均装有限制不合格料进入的筛子，料斗下部装有带式送料机，后者的速度和送料门大小可调整，以控制送料量。拌和设备还装有流量计控制供水量。叶轮供料器也是一种机械式供料器，以转速来控制供料量。拌和筒为封闭的筒式制件，厂拌设备采用卧式拌和筒，有单轴和双轴之分。轴上装有桨式螺旋拌和器，可将料拌和均匀并强制送出拌和筒。输送系统的输送机以皮带式输送机为主，也有螺旋式输送机，靠螺旋将料强制自筒内选出。操纵控制系统有控制柜或控制室，一般多采用控制室，这种控制系统的操作人员工作环境好，有利于安全生产和操作人员的健康。

稳定土厂拌设备在生产作业时，所用的无机结合料，通过皮带输送机、垂直提升机被输送到大仓中，再经螺旋输送器将其送入小仓中，此时，小仓中的无机结合料通过叶轮供料器被送到斜皮带输送机上。同时，备料斗中的其他物料经料门卸出并经皮带式输送机送至水平皮带输送机上，水平皮带输送机再将各种材料送至斜皮带输送机上，这样就通过斜皮带输送机将按设计要求配比的各种材料送入到拌和筒内，同时水箱中的水也被泵入拌和筒内。拌和筒中的螺旋搅拌器将各种料搅拌均匀后并强制送至储料仓，拌和好的成品料通过储料仓的溢料管送到堆料输送机上，或直接卸到运输车上。自卸运输车将成品送至施工现场。

拌和设备通常根据工程量和工期选择其生产能力和移动方式（固定式、半固定式和移动式）。而且，其生产能力应和摊铺能力相匹配，不应低于摊铺能力，最好高于摊铺能力5%左右。拌和设备各个组成部分之间的总体布置应紧凑、密切配合又互相不干扰。料斗口必须安装钢筋网盖，筛除超出粒径规格的集料及杂物。水泥钢制罐仓可视摊铺能力决定其容量，罐仓内应配有水泥破拱器，以免水泥起拱停流。

摊铺设备通常采用自行式摊铺机，应根据路面基层的宽度、厚度选用。进行梯队联合摊铺作业时宜选择型号相同的两台摊铺机。为了保证基层平整度，摊铺机应配备自动找平装置。摊铺机摊铺保证基层的表面平整度、混合料均匀度、厚度、密实度等；而且在冻土地区，采用机械摊铺，能缩短施工时间，减少水分蒸发，基层早期强度和抗收缩性能。如采用平地机和人工摊铺，则必须控制延迟时间和含水率。

压实设备通常采用20t以上钢轮振动压路机或20t以上胶轮压路机。压路机的吨位和台数必须与拌和机及摊铺机生产能力相匹配，使从拌和开始到碾压终了的时间不超过2h。应用振动式压路机时，应控制其激振力不宜过大，以免粒料破碎。

根据前述的机械选择和组合原则，结合工地具体施工条件和施工要求，选择各种设备类型和数量，使它们相互匹配，充分发挥各自的性能，组成一套有效的施工机械装备，以便保证基层质量和快速施工。

三、修筑试验路段

通过修筑试验路段，提出标准施工方法用以指导大面积施工，从而使整个工程施工质量高、进度快，经济效益好。对于冻土地区的施工条件，水泥稳定粒料基层施工前修筑试验路段更加重要。

根据水泥稳定粒料的特点选择配套机械设备，修筑试验路段，其主要任务是：

(1)检验拌和、运输、摊铺、碾压、养生等计划投入使用设备的可靠性；

(2)检验混合料的组成设计是否符合质量要求；

(3)确定各工序的质量保证措施；

(4)提出大面积施工时的松铺系数；

(5)确定每一作业段的合适长度和一次铺筑的合理厚度；

(6)确定控制结合料数量和拌和均匀性的方法；

(7)提出标准施工方法和工艺。

标准施工方法的主要内容包括：

(1)粒料与水泥用量的控制；

(2)摊铺方法；

(3)合适的拌和方法、拌和速度、拌和深度与拌和遍数；

(4)混合料最佳含水率的控制方法；

(5)整平和整型的合适机具与方法；

(6)压实机械的组合、压实的顺序、速度和遍数；

(7)拌和、运输、摊铺和碾压机械的协调和配合；

(8)压实度检查方法及每一作业段的最小检查数量。

对于冻土地区，通过试验路修筑应确定每天的施工作业时间和作业段长度，尽量使混合料在进入低温或负温时间以前具有一定的强度，减小低温的影响。冻土地区气温降温速率快于一般地区，且夜间温度较低，施工中应对施工现场的日气温变化状况进行实测，确定施工作业时间。施工开始时间的气温宜高于5℃，气温降低到7℃前1h应停止摊铺作业，掺外加剂后可延长作业时间，在气温降低到5℃时停止作业。

第二节　施　工　工　艺

水泥稳定粒料基层采用集中厂拌法施工的工艺流程如图5-1所示。

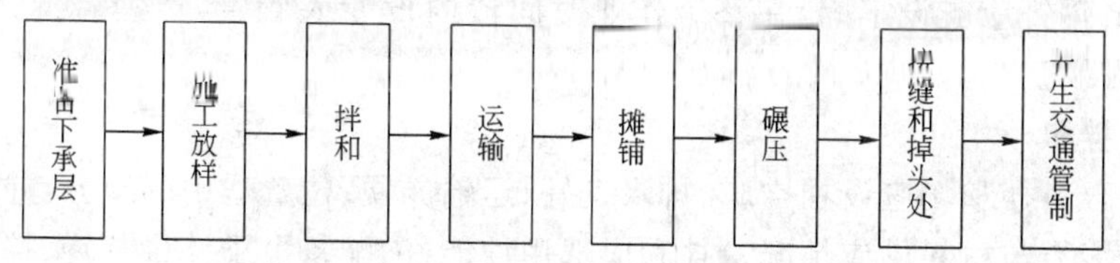

图5-1　水泥稳定粒料基层厂拌法施工工艺流程

1.准备下承层

下承层(底基层)表面应平整、坚实，具有规定的路拱，没有任何松散的材料和软弱处。下承层的平整度和压实度等应符合技术规范要求。

下承层为土基时，不论路堤或路堑，必须用12～15t三轮压路机或等效的碾压机械进行碾压3～4遍。碾压过程中，如发现土过干、表层松散，应适当洒水；如土过湿、发生“弹簧”现象，应采取挖开晾晒、换土、掺石灰或粒料等措施进行处理。

下承层为底基层时，应检查压实度，对于柔性底基层还应进行弯沉测定。对不符合设计要求的路段，必须根据具体情况，分别采用补充碾压、加厚底基层、换填好的材料、挖开晾晒等措施，使其达到标准。补强处理有增加底基层密实度、加厚底基层、换填质量好的材料等多种方法，应根据每个强度不足路段的具体情况确定。补强处理后，应该再次进行弯沉检查。

如果由于开放交通，底基层已出现坑槽、搓板等缺陷，则应该仔细校正。在填补坑槽前，应先将原坑槽上部5～8cm挖松并适当洒水，然后与新填补的材料一起压实。

对于表面出现的搓板，应采用平地机刮除。对于松散部位，应耙松、洒水并重新压实，达到规定密实度。

新完成的底基层或土基，必须按规范规定进行验收，凡验收不合格的路段，必须采取措施处理，达到标准后方能进行后续施工。

2. 施工放样

在下承层上恢复中线，直线段每15～20m设一桩，平曲线段每10～15m设一桩，并在两侧路肩外缘之外设指标示桩，在指示桩上用红漆标记基层的边缘设计标高及松铺厚度位置。

在下承层上设置钢丝基准线。基准线选用ϕ2～3mm的钢丝，每段基准线长度为300m左右，其中曲线上不超过100m为宜。在钢丝两端必须用紧线器同时张拉，张力1kN以上，以钢丝不产生挠度为准。固定钢丝基准线的钢钎采用刚度大的ϕ16～18mm光圆钢筋加工，并配固定架，固定架采用丝扣以便拆卸和调整标高，钢钎间距一般采用5～10m(直线上10m、曲线上5m)。钢钎固定在距离铺设宽度外30～40cm处。两侧均设置钢丝基准线，其标高误差为－2～＋5mm。钢钎应支设牢固，在整个作业时间段内设专人看管，严禁碰撞，发现问题，及时纠正。

3. 拌和

混合料拌和场应设在空旷、排水良好、运输方便、位置适中的地方，并综合考虑生产能力与材料供应情况。拌和应选用性能好、配备电子计量装置、拌和质量高的设备，施工前对设备进行调试，使配料计量满足配合比的误差要求。

混合料集中厂拌过程中，应注意以下几点：

(1)调试拌和设备，保证混合料按设计配合比拌和。对拌和设备进行调试的目的在于找出各料斗闸门的开启刻度(简称开度)，先要测定各种原材料的流量—开度曲线，然后按厂拌设备的实际生产率及各种原材料的设计重量比计算各自的要求流量，从流量—开度曲线上可查出各个闸门的刻度。按得出的刻度试拌一次，测定其级配、含水率及结合料剂量，如有误差则个别调整后再试拌。一般试拌一、二次即可达到要求。

(2)配料要准确，保证粒料的最大粒径和级配符合要求。配料准确性是保证混合料设计要求的基本前提，也是施工中最容易失控的环节。首先是集料级配的准确性，其次是水泥剂量和用水量。如果设计中要求掺入外加剂，外加剂掺量的准确性也是重要的。拌和机的上料斗之间应保证足够的间距，若斗间距不足，应加高挡板，避免串料而造成配料不准确。拌和过程中应勤检查、观看拌和料颜色，严防水泥下料口堵塞不流动或者流量不足，造成缺少水泥现象。

(3)拌和要充分均匀。拌和均匀的重要性是水泥在混合料中的作用所决定的。要使水泥在混合料中产生最大的效果，必须使水泥均匀地分散在混合料中。拌和不均匀会极大地影响混合料的强度，水泥含量少的地方混合料强度不能满足设计要求，而水泥用量多的地方则裂缝增多。

(4)拌和过程中，用水量应考虑高温、高蒸发率和大风条件下的水分损失，控制混合料的碾压含水率大于最佳含水率1%～2%。足够的水分对水泥稳定混合料是非常必要的，水泥水化和压实都必须有适量的水。混合料的含水率也不宜过大，半刚性基层在较大含水率下碾压成型后，较大湿度差异下水分损失过多会使混合料干缩开裂。混合料拌和前，应检测集料的含水率，作为拌和用水量的调整依据。

(5)保证拌和生产能力，使施工具有连续性。为了保持摊铺机的连续摊铺，拌和机与摊铺机的生产能力应互相匹配。

4. 运输

拌成的混合料应尽快运输到铺筑现场。如运输车辆中途出现故障，必须立即以最短时间排除，当有困难时，车内混合料不能在初凝时间内运到工地，或延迟时间超过2h时，必须予以废弃。

运输过程中应采取措施覆盖混合料，以防水分损失；选择适宜的运输道路和行车速度，以防离析现象发生。混合料的运输能力应与拌和生产能力、摊铺生产率相匹配。

5. 摊铺

混合料摊铺前应对下承层进行洒水湿润，减少基层混合料成型过程中的水分损失。

水泥稳定粒料混合料的摊铺等级高的公路应采用摊铺机施工；条件不具备的低等级公路可以采用自动平地机与人工相结合摊铺。前一种方法避免了后一种方法施工中反复找平、厚度难以控制等问题，基层的平整度、高程、路拱、纵坡和厚度容易得到保证，不仅能提高质量，而且加快工程进度。

采用摊铺机摊铺时，应与拌和设备的生产能力和运输能力相互协调，避免停机待料，保证施工的连续性。

摊铺机的螺旋布料器应有2/3高度埋入混合料中，以避免离析和大料沉底的现象发生。在摊铺过程中应设专人消除混合料的离析现象，特别是局部粗集料窝应该铲除，并用新拌混合料填补。

采用两台摊铺机梯队作业时，一前一后应保证摊铺速度、摊铺厚度、松铺系数、路拱坡度、摊铺平整度、振动频率等一致，两机摊铺接缝平整。

为了保证摊铺机摊铺的平整度，可以采取下列措施：

(1)保持整平板前混合料的高度不变；

(2)保持螺旋分料器有80%的时间处于工作状态；

(3)减少停机开机次数，避免运料车碰撞摊铺机；

(4)一次铺筑厚度不超过25cm，分层摊铺时，上层厚度取10cm；

(5)经常检验控制高程钢丝和调整传感器；

(6)保持摊铺机处于良好的工作状态。

采用平地机摊铺时，应根据试验路段确定的每车混合料的摊铺面积、堆放方法和松铺系数，将混合料均匀地摊铺在预定的宽度上，表面应力求平整，并有规定的路拱。同时，在摊铺过程中防止产生离析现象和含水率变化过大，尤其对日照较强、温度变化大的情况，更应控制含水率的变化。

6. 碾压

碾压是水泥稳定基层施工的关键工序。对摊铺成型的混合料，当含水率等于或略大于最佳含水率时，立即进行压实作业。碾压工作应根据试验路段确定的压实机械组合、压实顺序、速度和遍数在全宽范围内进行。

压实应遵循先轻后重、先慢后快的原则。摊铺后的混合料宜先用三轮或双钢轮压路机紧跟摊铺机后及时进行稳压，后用振动压路机、三轮压路机或轮胎压路机碾压密实。注意稳压要充分，振压不起浪、不推移。压路机碾压行驶速宜为：第1～2遍为1.5～1.7km/h，以后各遍宜为1.8～2.2km/h。直线段，由两侧路肩向路中心碾压，即先边后中；平曲线段，由内侧路肩向外侧路肩进行碾压。

压实中应严格控制压实厚度，保证整个结构层内的密实度满足要求。用12～15t压路机碾压时，每层的压实厚度不应超过15cm；用18～20t的压路机碾压时，每层的压实厚度不应超过20cm。对于稳定粒料，采用能量大的振动压路机时，每层的压实厚度根据试验确定，压实厚度超过上述规定时，应分层铺筑，每层的最小压实厚度为10cm。

对于基层边缘部位的压实应引起重视，可以采用小型机具进行边部补压，保证密实度要求。严禁压路机在已完成的或正在碾压的路段上"调头"和急刹车，保证基层表面不受破坏。另外，碾压中应严格控制延迟时间。

碾压过程中，应始终保持基层表面潮湿，但不能洒水过多。如有"弹簧"、松散、起皮等现象，应及时翻挖处理，使其达到质量要求。终压前，对局部高出部分刮除并扫出路外，对于低洼之处，不得进行薄层贴补，视具体情况进行处治。

冻土地区水泥稳定类基层施工中，控制碾压时间是保证基层快速成型的关键。通过碾压机械选择与组合，合理配置足够数量的压路设备，在摊铺后及时紧跟碾压，缩短与摊铺机之间的距离，减少水分损失，也可加快施工进度。

7. 接缝和“调头”处处理

采用摊铺机摊铺混合料时，中间不宜中断。如因故中断时间超过 2h，应设横向接缝。在混合料末端人工设置两根方木，用砂砾稳定横木后对混合料进行压实；重新摊铺前，清除方木和砂砾，并清扫下承层顶面；摊铺机从已压实层的末端重新开始摊铺。如未采用上述方法处理，则铲除未满足要求的混合料，在已碾压密实且高程和平整度等符合要求的末端挖成一横向垂直断面，然后重新摊铺。

采用平地机摊铺混合料时，对工作缝，同样采用上述方法设垂直横缝处理。

在基层施工中应避免纵向接缝，在必须分幅施工时，纵缝必须垂直相接，不应斜接。在前一幅施工时，在中央一侧用方木或钢模做支撑，在养生结束后，拆除支撑摊铺另一幅。

对“调头”部分，应采取保护措施。通常采用覆盖厚塑料布（或油毡纸），然后盖约 10cm 厚的一层土、砂或砂砾。

8. 养生及交通管制

养生也是冻土地区水泥稳定类基层施工的重要环节。水泥稳定粒料基层施工结束后，应立即进行保温保湿养生。养生中应尽可能采用能起一定保温作用的方法，如采用草袋、薄膜、厚砂等材料，也可以采用养生薄膜下铺设黑色或深色织物双层吸热保温，或单一采用黑色养生薄膜吸热保温，提高养生温度。尽量提高第一天的养生温度，第二天后的养生温度达到临界温度 7℃ 以上即可。养生期一般不少于 7d，养生结束后应尽快铺筑面层或做封层。对于掺外加剂混合料，养生期可以缩短，如掺入 CS—1 外加剂混合料的养生期可以缩短为 3d。

在养生期间应封闭交通。如不能封闭交通时，应限制重车通行，其他车辆的车速不应超过 30km/h。

第三节　冻土地区半刚性基层质量保障技术措施

根据室内试验研究成果和试验路修筑经验，从保证基层混合料强度形成、提高抗裂能力等方面，提出冻土地区路面水泥稳定粒料基层质量保障技术措施，为路面基层施工提供指导依据，进一步完善现行规范的相关要求。

一、半刚性基层强度形成保障技术措施

温度和湿度因素对半刚性基层强度形成影响的模拟试验研究可以得出，负温和低温条件并不会限制混合料强度的形成，但延缓强度的增长速度和降低达到的强度，表面蒸发和向下迁移渗透引起的基层混合料中自由水分的损失对混合料强度形成也有明显影响。为了保证半刚性基层在冻土地区具有良好性能，

根据试验研究得出的温度和湿度对半刚性基层强度形成的影响规律，以降低低温和负温影响程度、加快早期强度形成、减少混合料水分损失为主，提出冻土地区半刚性基层强度形成技术保障措施。

(1)保证半刚性基层混合料设计抗压强度要求，取规范规定上限(3.0MPa)

保证混合料抗压强度满足设计要求，尽量减小抗压强度变化幅度，使半刚性基层具有足够的承载能力。

(2)混合料中掺入适宜外加剂

在冻土地区条件下，外加剂既可以保证混合料强度快速形成，也可以缩短施工养生时间，明显加快施工进度，降低工程施工成本。

(3)采用吸热覆盖措施，提高第一天养生温度

采用养生薄膜下铺设黑色或深色织物双层吸热保温，或单一采用黑色养生薄膜吸热保温，加快高温时间混合料养生表面与空气的热交换，使混合料吸收更多热量，提高混合料高温时间段的温度，保证第二天后养生温度达到临界温度7℃以上，表面覆盖措施使散热速度变慢，混合料夜间温度较高，有利于强度形成。

(4)初期洒水、保湿养生

水泥稳定混合料成型后应适量洒水，进行薄膜覆盖保湿养生，初期根据水的散失情况补充水，为混合料初期水泥水化反应提供充足水分，以保证混合料早期强度的形成。

(5)采取有效措施封闭施工

进行封闭施工，禁止混合料弯拉强度尚未达到基本承载要求时包括施工车辆在内的车辆通行，降低行车作用造成的基层损伤。

(6)基层施工前对垫层充分洒水湿润

现行规范对基层施工前的垫层洒水湿润提出了要求，但没有明确的施工控制指标，仅凭经验确定，且仅在基层施工前短时间内洒水，水分未充分渗透一定深度，湿润效果不好。本研究推荐用10cm深度范围的垫层材料平均含水率作为垫层湿润效果的控制指标，含水率推荐指标值为20%，或根据实际测定的垫层材料最佳含水率提高5%～10%确定控制指标值。

二、冻土地区半刚性基层抗裂技术措施

冻土地区水泥稳定粒料干缩与温缩试验分析得出，基层成型后的初期，收缩以干缩为主，温缩为辅；而强度形成并铺筑面层后，收缩以温缩为主。由此，对于冻土地区水泥稳定类半刚性基层实际使用条件，提出以“提高初期强度、减少水分损失、控制级配组成”为主的半刚性基层抗裂技术措施。

(1)采用吸热覆盖、洒水保湿、掺入外加剂等措施

采取吸热覆盖、洒水保湿、掺入外加剂等方法，提高水泥稳定粒料混合料的初期(1～3d)强度，可以提高其抗干缩开裂能力。

(2)基层施工前对下承层洒水湿润

基层施工前对下承层进行充分洒水湿润，可以消除或减小基层施工后水泥稳定砂砾与下承层之间的湿度差，从而减少水泥稳定砂砾水分的渗透损失，既可以提高混合料强度，又可以提高抗干缩开裂能力，这一点在多年冻土地区特殊施工条件下非常重要。同时，重视初期覆盖保湿养生，减少混合料水分的表面蒸发损失，有条件时还可进行洒水养生，以补充损失水分，降低混合料干缩开裂几率。

(3)使用 CS—1 外加剂、亚硝酸钠等外加剂

针对多年冻土地区路面基层特殊的施工和使用条件，在水泥稳定砂砾中掺入具有早强、抗冻、微膨胀等性能的复合外加剂，可以提高初期和早期强度，降低干缩应变和干缩系数，提高低温区抗温缩开裂能力。

(4)沥青面层与基层连续施工

针对多年冻土地区水泥稳定基层施工条件苛刻、养生难度大的现实，建议掺入 CS—1 外加剂后缩短养生龄期为 3d，养生 3d 后立即进行沥青面层施工，即面层与基层连续施工，通过保温保湿提高抗裂能力。既可以封闭保护基层混合料，减轻表面水分的蒸发损失，又可以起到保温作用，促进强度形成，明显提高混合料抗缩裂能力。同时，缩短养生龄期，可以明显节约养生费用，降低工程施工成本，具有重要工程技术与经济意义。

(5)合理设计级配组成，严格控制施工级配

在水泥稳定砂砾混合料设计中应重点控制小于 4.75mm 的细集料、0.075mm筛孔和黏土含量，建议采用骨架密实结构，在保证填充的基础上尽量降低细集料含量；在施工拌和时应严格控制集料施工级配，尤其是采用天然砂砾时，应采用掺配碎石、过筛等方法，尽量使施工级配与设计级配接近。

第四节　施工质量控制指标

水泥稳定粒料基层的施工质量控制主要包括原材料与混合料质量控制、施工过程质量控制和外形尺寸管理与检查。现行规范提出的质量控制指标与标准是根据基层的功能要求和一般地区的条件而制定的，对于冻土地区而言，由于施工和使用条件的特殊性，施工质量控制难度较大，往往容易出现控制指标达不到现行规范控制标准要求的现象，因此，应根据冻土地区路面基层的施工和使用条件，综合确定合理的质量控制指标与标准。

在组织现场施工以前和在施工过程中，原材料或混合料发生变化时，必须对拟采用的材料进行规定的基本性质试验，评定材料质量和性能是否符合要求。

水泥稳定粒料基层施工过程中需要进行的试验项目与要求见表5-1。

质量控制试验项目与要求 表5-1

项　　目	频　　度	质 量 标 准	备　　注
水泥强度等级和终凝时间	做材料组成设计时测1个样品，料源或强度等级变化时重测	满足设计要求	水泥胶砂强度检验方法，水泥凝结时间检验方法
颗粒分析	使用前测2个样品，使用过程中每2 000m³测2个样品	符合混合料级配组成要求	粒料，筛分法
集料压碎值	使用前测2个样品，使用过程中每2 000m³测2个样品，种类变化重做2个样品	高速公路和一级公路，不大于30%；二级和二级以下公路，不大于35%	在料场和施工现场进行，集料压碎值试验
有机质和硫酸盐含量	对土有怀疑时做此试验	有机质含量不超过2%，硫酸盐含量不超过0.25%	有机质含量试验，易溶盐试验
级配	每2 000m²检查1次	在设计级配组成规定范围内	现场取样
水泥剂量	每2 000m²检查1次，至少6个样品	不小于设计值的-1.0%	在现场取样
含水率	据观察，异常时随时试验	最佳含水率1%～2%	拌和中，开始碾压时及碾压过程中检验
拌和均匀性	随时观察	无灰条、灰团、色泽均匀、无离析现象	
压实度	每一作业段或不超过2 000m²检查6次以上	高速公路和一级公路的代表值要求为98%，极值为94%；二级及二级以下公路的代表值要求为97%，极值为93%	以灌砂法为准或用标定的核子密度仪评价
抗压强度	每一作业段或每2 000m²检查6个或9个试件	二级及二级以下公路3.0MPa，高速公路和一级公路4.0MPa	现场取样
延迟时间	每个作业段1次	不超过2h	记录从拌和到完成碾压的时间

水泥稳定粒料基层的龄期为7～10d时，应取路面芯样钻件检验其整体性。如果路面钻机取不出完整钻件，则应找出不合格的界限，进行返工处理。

结构外形尺寸控制主要靠在施工过程中进行，外形尺寸的测定频度和质量标准列于表5-2。

外形管理的测定频度和质量标准　　表 5-2

项　　目		频　　度	质 量 标 准
纵断面高程(mm)		每 20 延米 1 个断面,每个断面 3～5 个点	高速和一级公路:+5,−10;二级及二级以下公路:+5,−15
厚度(mm)	代表值	每 1 500～2 000m^2 测 6 个点	高速和一级公路:−8;二级及二级以下公路:−10
	合格值		高速和一级公路:−15;二级及二级以下公路:−20
宽度(mm)		每 40 延米 1 处	+0 以上
横坡度(%)		每 100 延米 3 处	高速和一级公路:±0.3;二级及二级以下公路:±0.5
平整度(mm)	标准偏差	连续式平整度仪:全线每车道连续按每 100m 计算	3.0
	最大间隙	3m 直尺:每 200 延米 2 处,每处连续 10 尺	高速和一级公路:8;二级及二级以下公路:12

第六章　级配碎石材料特性与组成设计

无结合料处治粒料是国内外应用广泛的一种筑路材料，其中以级配碎（砾）石居多，主要作为路面的基层、底基层和低等级公路的面层，也以其松散性材料的非线性特性而被应用于半刚性基层沥青路面的防裂层。在高原冻土地区沥青路面结构中应用级配碎石层既能承受行车荷载作用，也能改善路面结构的导热性能，以及延缓反射裂缝的产生。本章重点讨论级配碎石的强度特性、抗变形能力、动态特性等路用性能，以及混合料组成设计方法。

第一节　强 度 特 性

一、强度构成与影响因素

粒料类基层按强度构成原理可分为嵌锁型与级配型。嵌锁型包括泥结碎石、泥灰结碎石、填隙碎石等；级配型包括级配碎石、级配砾石以及符合级配的天然砂砾与部分经轧制的砾石掺配而成的级配碎砾石等。

由各种大小不同粒级集料组成的混合料，当其级配符合技术规范的规定时，称其为级配型集料。级配碎石属于级配型粒料，指粗、细碎石和石屑按照一定比例拌和，其级配组成符合规定要求的混合料。级配碎石一般由预先筛分成几个大小不同粒级的碎石组配而成，也可以用未筛分碎石和石屑组配成。未筛分碎石指控制最大粒径后，由碎石机轧制的未经筛分的碎石料。石屑指碎石场孔径5mm 筛下的筛余料，且具有良好的级配组成。

理想的级配碎石层应具有较高的弹性模量，以提供良好的荷载分布特性；应具有较高的抗剪强度，以减轻车辆作用下的辙槽变形；应具有高的透水性，以使进入的自由水能快速排出；其中细料应该没有塑性，有良好的水稳定性，并应该是无冰冻敏感性。

级配碎石的强度和稳定性主要依靠颗粒之间的内摩阻力和黏聚力。从结构强度形成上看，碎石基层强度来源于碎石颗粒本身的强度以及碎石颗粒之间的嵌挤力和黏聚力。因此，其强度与稳定性在很大程度上取决于集料的类型、最大粒径、级配以及混合料中 0.5mm 以下细料的含量及塑性指数。同时，还与其密实度有很大关系。对于级配碎石，主要控制最大粒径、细粒含量及其塑性指数和现场压实度。

影响级配碎石强度的因素主要有：

1. 集料类型

不同材料的性能有一定的差异。石灰岩是所有级配碎石材料中最好的一种，主要在于：石灰岩容易轧制成方形，易于达到级配要求；同时其细颗粒中碳酸盐含量较高，与水拌和后能对粗集料起到胶结料的作用。而粗砂岩、变质岩轧制碎石针片状较多，在施工中容易离析，难以压实成密实状态，在行车作用下会产生较大的瞬时变形。美国 AASHTO 规范、ASTM 规范均未对级配碎石基层集料强度作具体规定，仅是间接地要求其 CBR 值≥80%。我国《公路路面基层施工技术规范》(JTJ 034—2000) 规定，二级及二级以上公路基层的碎石集料压碎值要小于 30%。

2. 颗粒大小

粒状材料的强度随着最大粒径的增大而增大，特别是具有相同数量的细料和相似的级配曲线时。行车荷载通过粗颗粒传递，较大粒径颗粒之间的接触点少，整体变形也小，因此具有较大的强度。

3. 颗粒粗糙程度与形状

在固定的孔隙度下，颗粒的形状以及表面纹理将会影响无黏结材料的强度。颗粒表面越粗糙，颗粒之间的摩阻力越大，表现为混合料的强度增大。经过轧制、有棱角且破碎面多的颗粒，与未轧制的棱角光滑的颗粒相比，能够提供更高的刚度以及较好的荷载分布特性。因此，应采用轧制集料，且其针片状集料含量应不超过 20%。

4. 细料含量与塑性

0.5mm 以下细料的增多可以提高混合料的密实程度，其黏性成分还可以使粗颗粒之间的黏结力增大。但细料含量过多时，将阻止大颗粒之间的嵌锁，且细料塑性对混合料强度的影响增大。混合料的强度随 0.5mm 以下细料的塑性指数的增大而减小，且透水性和水稳定性会明显降低，冰冻敏感性增大。因此，级配碎石中应严格限制 0.5mm 以下细料的含量及其塑性指数，AASHTO 及 ASTM 均规定其液限应小于 25%，塑性指数小于 4%～6%。我国规定液限应小于 28%，塑性指数应小于 6%。

5. 密实度与含水率

随着混合料密度的增加，混合料的强度增大，在最大密度时具有最大的强度及稳定性。随着含水率的逐渐增大，颗粒之间的摩阻力会略有减小，但颗粒之间的毛细吸引力会增大，在最佳含水率时强度达到最大。

6. 施工因素

级配碎石的碾压成型含水率、拌和与摊铺均匀性、碾压密实度等施工因素，均明显影响其强度和稳定性，也是保证级配碎石层具有良好性能和长期使用寿命的重要环节。另外，下承层的好坏也对其成型质量有显著影响。

二、级配碎石的 CBR 及其影响因素

加利福尼亚州承载比(California Bearing Ratio，缩写为 CBR)是最早由美国加利福尼亚州公路局提出的评价路基和路面材料承载能力的指标，主要评价试验材料在局部荷载作用下抵抗压入变形的能力，并以高质量标准碎石为标准，在同一贯入速度下达到同一贯入深度时两者的压力比值表示为 CBR 值，计算公式如下：

$$CBR = \frac{p}{p_s} \times 100 \tag{6-1}$$

式中：CBR——承载比(%)；

p——对应于贯入度为 2.5mm 或 5mm 的单位压力(kPa)；

p_s——贯入度为 2.5mm 或 5mm 的标准单位压力(kPa)。

其中，贯入度为 2.5mm 时，标准单位压力为 7 000kPa；贯入度为 5.0mm 时，标准单位压力为 10 500kPa，贯入杆贯入速度为 1mm/min。

CBR 值是衡量无黏结粒料强度及变形能力的经典指标，反映了级配碎石在一定变形下的承载能力。虽然利用 CBR 值来评价级配碎石过程中，存在试验施加的静荷载与车轮实际作用于路面的动荷载不同，仅反映荷载作用下特定变形点的力学特性，无法分离弹性变形与塑性变形等局限性，但由于其测试方法简单，测试仪器比较常规，仍是目前国内外评价级配碎石力学特性的主要指标。

国内外许多研究机构先后进行了级配碎石 CBR 试验研究，表明集料种类、级配组成、密实度、含水率、成型方式等是影响级配碎石 CBR 值的主要因素。坚硬且棱角性好的优质碎石的 CBR 值较高。级配碎石的密实度与 CBR 值有良好的相关性，密实度越大，CBR 值越高。在最佳含水率下，级配碎石的 CBR 值最大。振动成型试件的 CBR 值高于击实成型试件。

《公路路面基层施工技术规范》(JTJ 034—2000)规定：级配碎石的颗粒组成应是一根圆滑的曲线，级配碎石作高速公路和一级公路的基层时，最大粒径宜控制在 31.5mm 以下。同时，有研究认为：级配碎石从密实度、强度、良好透水性及施工等方面综合考虑，以最大粒径为 40mm，5mm 筛孔通过率为 40%，小于 0.5mm 的颗粒含量不大于 15%、小于 0.074mm 的颗粒含量为 5%～6%的连续级配较好(针对圆孔筛而言)。综合考虑已有研究成果和级配碎石层的技术要求，确定采用连续级配，集料的最大粒径分别取 37.5mm、31.5m、26.5mm，指数 n 值分别取 0.45、0.50、0.55，以 Taibol 公式正交得出 9 个连续级配作为试验级配(表 6-1)，分析不同因素对级配碎石 CBR 值的影响。

试验混合料级配组成 表 6-1

n	级配	连续级配各筛孔(mm)通过百分率(%)													
		37.5	31.5	26.5	19	16	13.2	9.5	4.75	2.36	1.18	0.6	0.3	0.15	0.075
0.45	L37.5a	100	92.5	85.5	73.6	68.2	62.5	53.9	39.5	28.8	21.1	15.6	11.4	8.3	6.1
	L31.5a		100	92.5	79.7	73.7	67.6	58.3	42.7	31.2	22.8	16.8	12.3	9.0	6.6
	L26.5a			100	86.1	79.7	73.1	63.0	46.1	33.7	24.7	18.2	13.3	9.7	7.1
0.5	L37.5b	100	91.7	84.1	71.2	65.3	59.3	50.3	35.6	25.1	17.7	12.6	8.9	6.3	4.5
	L31.5b		100	91.7	77.7	71.3	64.7	54.9	38.8	27.4	19.4	13.8	9.8	6.9	4.9
	L26.5b			100	84.7	77.7	70.6	59.9	42.3	29.8	21.1	15.0	10.6	7.5	5.3
0.55	L37.5c	100	90.9	82.6	68.8	62.6	56.3	47.0	32.1	21.8	14.9	10.3	7.0	4.8	3.3
	L31.5c		100	90.9	75.7	68.9	62.0	51.7	35.3	24.0	16.4	11.3	7.7	5.3	3.6
	L26.5c			100	83.3	75.8	68.2	56.9	38.9	26.4	18.1	12.5	8.5	5.8	4.0

Taibol 公式如下：

$$p = 100 \times \left(\frac{d}{D}\right)^n \tag{6-2}$$

式中：p——各粒级集料的通过率(%)；

D——最大粒径(mm)；

d——各粒级集料粒径(mm)；

n——级配指数。

1. 级配碎石振动成型

采用传统的重型击实法成型级配碎石试件，部分碎石将被重锤击碎，尤其是粒径较大的颗粒破碎较多，其中 1.0～1.5cm 以上颗粒含量比击实前减少 15%～20%，混合料的粒径组成改变。同时，重型击实成型试件不能模拟施工现场压路机对级配碎石的振动压实，室内设计条件与实际施工条件存在差异，不利于施工质量控制。因此，为了既能模拟级配碎石现场压实条件，又能保证成型的试件达到规定密实程度，且不改变目标级配，采用《公路土工试验规程》(JTJ 051—93)中粗粒土和巨粒土最大干密度的振动台法成型级配碎石试件。振动装置采用 HZJ-0.8 型振动台，频率 50Hz，振幅 0.5mm；试筒采用直径 152mm、高 170mm 的重型击实筒，并改装加设了固定螺栓；试样顶部配重块质量根据试样表面承受的压强来设计，使表面压强达到 13.8kPa；配制好的混合料分三层填装与振动，每次振动时间控制不少于 3min；进行不同密实度试件成型时，通过控制试件高度来达到不同的振动压实效果。

对表 6-1 中的混合料进行振动试验，得出最大干密度与最大粒径、n 值的关系如图 6-1 和图 6-2 所示。最大粒径 D_{max} 为 26.5mm 和 31.5mm 时，级配碎石最大干密度随 n 值的增大呈抛物线形变化，存在最大干密度达到最大的最佳 n

值。n 值大于其最佳值后，对混合料最大干密度的影响程度明显增大。由此可见，对于最大粒径为 31.5mm 和 26.5mm 的连续级配碎石，n 值控制在 0.45～0.50 之间，有利于获得较大干密度。最大粒径 D_{max} 为 37.5mm 时，级配碎石最大干密度随 n 值增大而降低，且 n 值越大，降低幅度越大。说明对于最大粒径为 37.5mm的连续级配碎石，n 值应不大于 0.50。

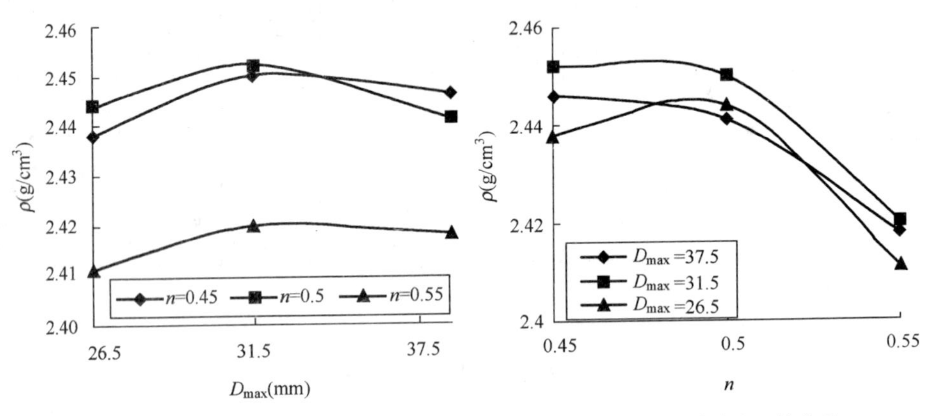

图 6-1 最大干密度与 D_{max} 关系

图 6-2 最大干密度与 n 值关系

在 n 值相同的情况下，级配碎石最大干密度随最大粒径的增大呈抛物线趋势变化，存在最佳最大粒径，即为 31.5mm。对于连续级配碎石的干密度而言，n 值变化的影响程度要大于最大粒径 D_{max} 变化的影响，尤其是 n 值大于 0.50 后，混合料的密实程度将会明显降低。

以上分析表明，级配碎石形成密实结构不仅与相对含量有关，还存在最大尺寸效应。混合料的最大粒径偏大或偏小都不易形成密实结构，究其原因主要在于级配碎石是无黏结介质的松散体，主要靠外力强制作用下颗粒之间的相互挤密来形成强度。混合料最大粒径过大、粗集料含量相对过多，将在粗颗粒之间形成较多的大空隙，无足够细颗粒进行填充，从而导致不密实；混合料最大粒径过小、细集料含量相对过多，大量细集料将会处于堆积状态，类似堆积的砂砾而不能形成密实结构；只有级配碎石中最大粒径适中、粗细集料搭配合理，才能形成一种密实结构。

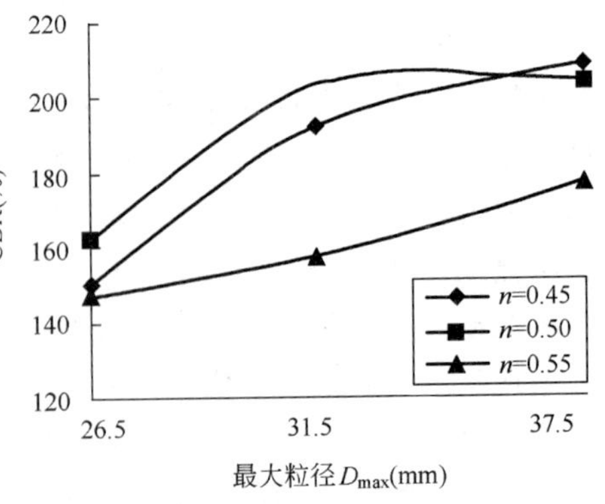

图 6-3 CBR 值与最大粒径关系

2. 最大粒径对 CBR 值的影响

图 6-3 为 CBR 值与最大粒径关系的试验结果。由图可见，在连续密级配的级配指数 n 值相同的情况下，级

配碎石的 CBR 值随着最大粒径 D_{max} 的增大而总体呈曲线趋势增大。混合料的级配碎石的强度来源于粗集料之间的摩阻、嵌锁作用和细集料的填充作用，粗集料主要提供强度，而细集料主要防止结构产生塑性变形。保持 n 值不变，增大最大粒径 D_{max}，本质上提高了混合料的强度，使混合料产生一定变形所需的荷载增大，即 CBR 值增大。

n 值不同，最大粒径 D_{max} 对混合料 CBR 值的影响程度明显不同。n 值为 0.45和 0.5 时，混合料 CBR 值随 D_{max} 的增大呈上凸曲线形增大，D_{max} 越大，对 CBR 值的影响越小；而 n 值为 0.55 时，最大粒径 D_{max} 对混合料 CBR 值的影响明显减弱。当 D_{max} 由 26.5mm 增至 31.5mm，n 值为 0.45 和 0.50 的混合料的 CBR 值分别增大 28%和 25.3%，而 D_{max} 由 31.5mm 增至37.5mm，CBR 值分别增大了 8.3%和 0.5%，前者增大幅度是后者的 3～51 倍。当 n 值为0.55时，混合料 CBR 值虽随 D_{max} 增大而逐渐提高，但变化幅度较小，D_{max} 由 26.5mm 增大到 31.5mm 时，CBR 值提高约 6.8%，由 31.5mm 增至 37.5mm 时，CBR 值提高约 12.7%。原因可能主要在于粗细集料组成比例对整体结构的影响。相关研究表明，当级配碎石中的粗集料较多，可以形成骨架，且细集料数量可以有效填充骨架空隙时，形成的整体结构具有较大的密实度和较小的残余空隙率，则混合料具有较高的强度和抗变形能力。即合理确定粗细集料的组成比例，可以提高混合料的性能。而 n 值和最大粒径的变化，本质上就是调整粗细集料的比例。分别增大或同时增大 n 值和最大粒径 D_{max} 时，混合料中粗颗粒含量的增多将提高混合料强度，但细颗粒含量的减少又会降低混合料的抗塑性变形能力。当强度的提高幅度大于抗塑性变形能力的降低幅度时，混合料的 CBR 值将增大；当混合料骨架结构已完全形成后，进一步增加粗颗粒含量对混合料强度的提高作用已很小，反而会不断降低抗塑性变形能力，导致混合料的 CBR 值增大幅度不断降低，甚至出现 CBR 值减小。n 值为 0.55 时，粗颗粒含量已较多，骨架作用已占据主导，增大最大粒径 D_{max} 对混合料强度的提高作用有限，表现为对混合料 CBR 值的影响较小。

由此可得，最大粒径 D_{max} 对级配碎石的 CBR 值有明显影响，且 n 值小于 0.50和最大粒径小于 31.5mm 时，这种影响较显著。因此，级配碎石 n 值应控制在 0.50 以下，最大粒径 D_{max} 宜选择 31.5mm，进一步增大颗粒对提高 CBR 值的效果不大明显，且施工中易出现离析，不利于保证施工质量。

3. 级配指数 n 值对 CBR 值的影响

CBR 值与 n 值关系试验结果（图 6-4）表明，n 值对级配碎石的 CBR 值有明显影响，尤其是 n 值大于 0.5 后，CBR 值对 n 值变化的敏感程度增大，随 n 值的增大而明显减小。究其原因，在相同最大粒径下，随着 n 值的增大，混合料中的粗细颗粒组成比例改变，粗颗粒含量增加，细颗粒含量减少；当细颗粒不足以充分填充粗颗粒之间的空隙时，粗颗粒的骨架作用占据主导地位，在荷载作用下粗颗粒容易出现颗粒重排而产生塑性变形，产生相同变形时所需的荷载作用明显减小，表现为 CBR 值减小。

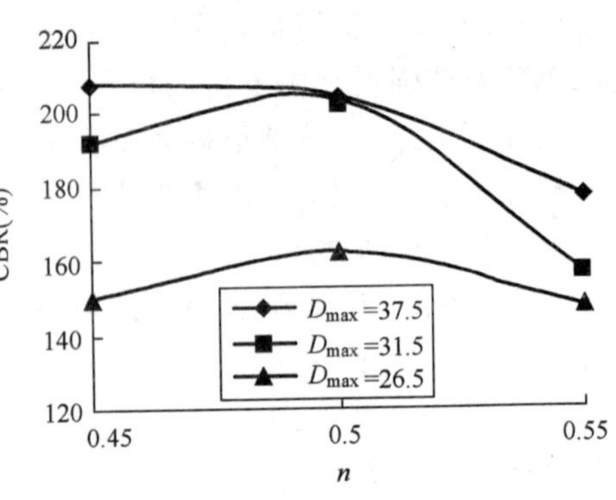

图 6-4 CBR 值与 n 值关系

n 值对 CBR 值的影响程度与最大粒径 D_{max} 有关，D_{max} 越大，n 值的影响越明显。在 n 值增大的同时，增大 D_{max}，混合料中的粗颗粒含量增多，骨架结构更加明显，塑性变形几率加大。

与混合料的最大干密度试验结果对比可得，n 值对 CBR 值和最大干密度的影响相似，只是对 CBR 值的影响程度更大。这与已有研究得出的级配碎石密实度越大，CBR 值越高的结论一致。至于 CBR 值对 n 值变化更加敏感，原因可能在于 CBR 值是一个综合指标，除混合料密实度对其有影响外，其他因素也同时影响着混合料荷载作用变形过程，多种因素的影响叠加使 CBR 值变化更大。

就级配碎石的 CBR 值而言，组成设计中应控制 n 值不大于 0.50，且 D_{max} 越大，控制应越严格。

4. 单一筛孔及其通过率对 CBR 值的影响

除最大粒径外，级配组成中 4.75mm、2.36mm、0.6mm 和 0.075mm 等筛孔通过率的变化对级配碎石的 CBR 值也有影响。现行规范中级配碎石的推荐级配组成范围过宽，设计与施工中的随意性较大；虽然定性地提出“对于级配集料，主要控制颗粒的组成，特别是最大粒径、5mm、0.5mm、0.075mm 以下颗粒的含量以及塑性指数”，但没有定量地提出合理变化范围，质量控制过程中的可操作性较差，往往由于设计与施工技术人员控制重点的不同，顾此失彼，无法达到不同性能的综合优化。以综合性能较好的最大粒径 31.5mm、级配指数 n 为 0.50 的连续密级配作为基础级配，分别单一调整 4.75mm、2.36mm、0.6mm、0.075mm等筛孔的通过率，形成新的级配组成，进行 CBR 试验，分析筛孔及其通过率的影响程度。

(1)4.75mm 筛孔

由图 6-5 可知，4.75mm 筛孔通过率在 29%～49%之间变化时，对 CBR 值有明显影响。CBR 值随着通过率的增大呈上凸曲线变化，在 39%附近达到最大值。当 4.75mm 筛孔通过率从 29%提高到 34%时，混合料 CBR 值提高约 10%，可见通过率在该范围内变化对 CBR 值的影响较小；当通过率超过 34%后，对 CBR 值的影响程度显著增大；通过率在 39%附近达到最大值后，CBR 值随着通过率的提高明显减小。由此表明，4.75mm 筛孔通过率在 34%～49%之间变化时，级配碎石的 CBR 值对其变化很敏感。

我国现行规范对最大粒径为 31.5mm 的连续级配碎石基层(底基层)推荐的颗粒组成范围中，4.75mm 筛孔通过率为 29%～54%。其他相关研究成果对连续级配的推荐范围与此基本相同，对于骨架密实级配推荐的通过率为 25%～33%或 28%～38%。由本次试验分析结果可得，在目前推荐的4.75mm 筛孔通过率变化范围内，CBR 值差异较大。按照一般设计中采用推荐中值的方法，4.75mm 筛孔通过率设计取值在 36%～37%之间，CBR 试验验证可以满足 180%的要求值。但本次研究表明，4.75mm 筛孔通过率在 34%～39%之间变化时，对 CBR 值的影响很大，若施工控制不严而导致通过率低于设计值，而又不超过 29%的下限要求时，虽能满足施工级配规范要求，但 CBR 值会显著减小，混合料的实际承载能力将明显降低。

(2)2.36mm 筛孔

图 6-6 表明，2.36mm 筛孔通过率在 21%～33%之间变化时，对 CBR 值影响明显。CBR 值随通过率的提高呈平卧的“S”形变化。现行规范中推荐的 2.36mm筛孔通过率变化范围为 17%～37%，覆盖了本次研究范围。从研究结果得出，在规范推荐范围内改变筛孔通过率，尤其是在 21%～27%之间变化，混合料 CBR 值的敏感程度很高。

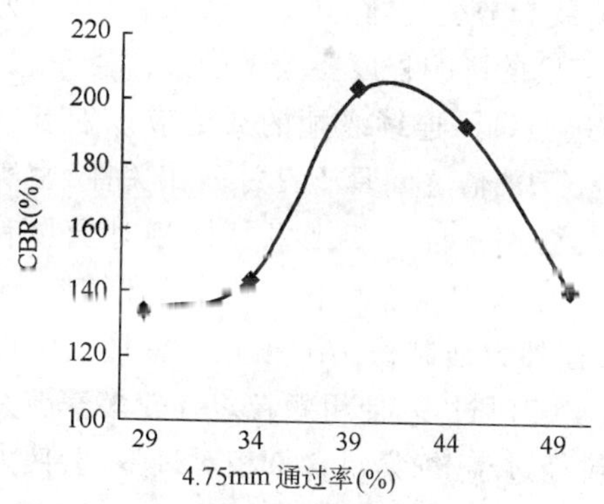

图 6-5　4.75mm 筛孔通过率与 CBR 值关系

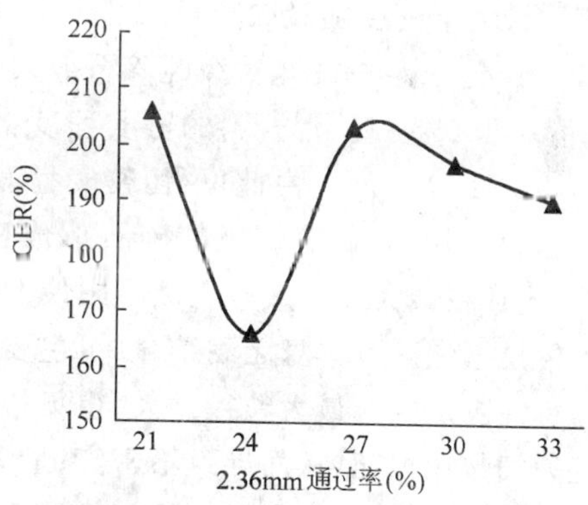

图 6-6　2.36mm 筛孔通过率与 CBR 值关系

(3)0.6mm 筛孔

由图 6-7 不难看出，0.6mm 筛孔通过率在 10%～18%之间变化时，对混合料 CBR 值有明显影响，该筛孔应视为关键筛孔。CBR 值随通过率的提高呈上凸曲线变化，在通过率为 16%附近达到最大值。我国现行规范对 0.6mm 筛孔通过率的推荐范围为 8%～20%，与前面所述类似，对 0.6mm 筛孔的通过率应控制在 16%左右的一定范围内，有利于混合料 CBR 值的保证。

(4)0.075mm 筛孔

由图 6-8 可见，0.075mm 筛孔的通过率在 2%～8%之间变化时，对混合料

CBR 值有明显影响，应视为关键筛孔。CBR 值随通过率的提高近似呈上凸曲线变化。现行规范对0.075mm筛孔通过率的推荐范围为 0%～7%，与本次研究结果基本一致，应控制通过率的上限。

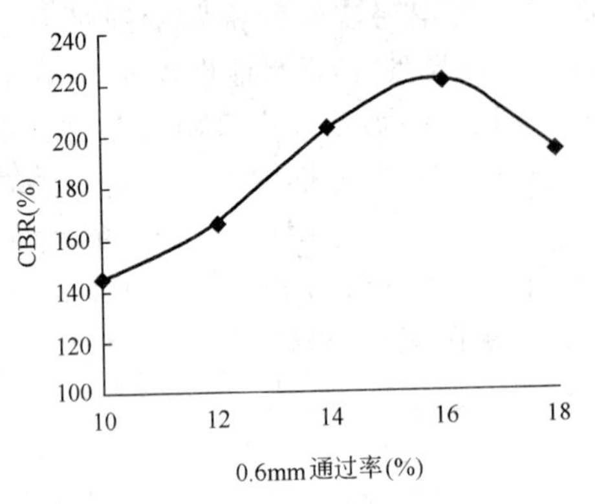

图 6-7　0.6mm 筛孔通过率与 CBR 值关系

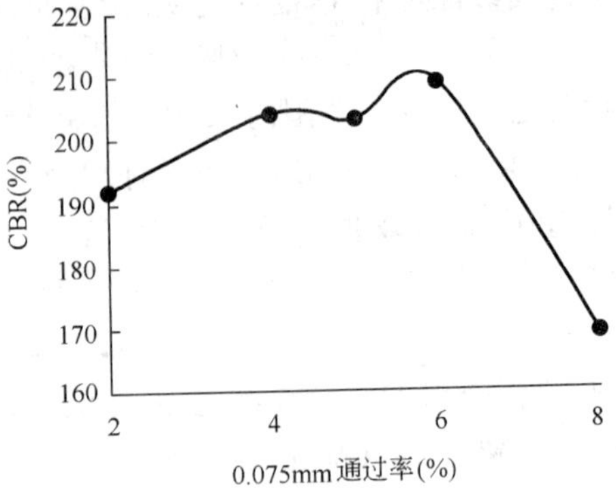

图 6-8　0.075mm 筛孔通过率与 CBR 值关系

5. 密实度对 CBR 值的影响

综合混合料最大干密度和 CBR 值的试验结果可得，最大粒径和 n 值对级配碎石密实程度的影响与对 CBR 值的影响规律一致。在 n 值相同的情况下，级配碎石最大干密度随最大粒径的增大呈抛物线趋势变化，存在最佳最大粒径，即为 31.5mm。n 值的变化对级配碎石最大干密度的影响程度要大于最大粒径 D_{max}，n 值大于 0.50 后，混合料的密实程度将明显降低，连续级配的 n 值应该控制在 0.45～0.50 之间。由此可得，密实程度与 CBR 值之间具有良好的相关性，密实度越大，CBR 值越高。级配碎石形成密实结构不仅与粗细颗粒的相对含量有关，还存在最大尺寸效应。级配中最大粒径偏大与偏小都不易形成密实结构，这主要是级配碎石本身无黏结介质，主要靠在外力强制作用下相互挤密形成强度的特性决定的。最大粒径过大、粗集料含量相对过多，使粗颗粒之外较多空隙并且无细颗粒填充，从而导致不密实；最大粒径过小、细集料含量相对过多，会使大量细集料堆挤在一起，类似堆积的砂砾而不能形成密实结构；只有当级配碎石中最大粒径适中，粗细集料搭配合适才能形成一种密实结构，获得更高的 CBR 值。

第二节　抗变形能力

一、级配碎石变形特点

级配碎石是一种散体材料，凭借其应力应变非线性特性、良好的排水性能等优点被广泛应用于路面结构，但作为柔性结构层，主要缺陷在于易产生较大的塑性变形。

当级配碎石材料受荷载作用表现出塑性状态时，其塑性的引发是由于结构整体发生了形状改变，而非体积改变，一般来讲拉压应力是结构层体积改变的次要因素，而剪力是结构形状改变的主要因素。级配碎石结构层在使用过程中，主要承受由面层传递来的车轮竖向荷载作用，当荷载作用超过各种粒径粒料之间相互嵌挤作用形成的抗变形能力时，粒料会产生一定程度的重排，导致塑性变形的产生，这种塑性变形的本质是粒料之间的剪切变形。因此，对于受荷载作用后表现为较强塑性行为的级配碎石而言，抗剪切变形能力应作为一个重要的力学指标来控制塑性变形。

影响级配碎石塑性变形的因素主要有颗粒形状、级配组成、细料含量、密实度、含水率等。在密实程度相同的情况下，棱角性好的材料的永久变形要小。对于给定的压实力，具有最佳级配指数的级配所产生的永久变形较小。在弹性区域（应力远低于剪切强度），细料含量对永久变形的影响不大，但在破坏区域附近则影响很大，细料含量超过某一个界限值后，永久变形将会增加，因细料含量过大会阻止大粒径颗粒之间的嵌锁。随着密实程度的提高，级配碎石的永久变形将显著减小。水分在级配碎石变形过程中起润滑作用，在低含水率的情况下，级配碎石的永久变形相对较小。

二、级配碎石的剪切性能

1. 剪切性能试验方法

国内外通常利用 CBR 值、弹性模量等指标控制级配碎石设计，但这些指标均无法直接控制塑性变形。CBR 试验和其他类似贯入试验可以间接评价混合料的抗剪切变形能力，但试验结果受混合料最大粒径、贯入杆直径等因素的影响较大，变异系数往往较大。如贯入杆直径与最大粒径无法满足最佳比例时，贯入杆在颗粒及颗粒之间的作用点随机变化，导致相同材料、相同试验条件下的结果差异较大。同时，有侧限试件虽可以模拟散体材料实际使用过程中受围压作用的情况，但侧限无法控制，并不能较好模拟实际围压作用力，而围压又是影响剪切试验结果的主要因素。动三轴试验可以较好模拟级配碎石的工作状态，但测试得出的变形无法直接反映粗颗粒之间的嵌挤重排，且设备昂贵，试验费用高。

（1）柔性材料剪切性能测试仪

柔性材料剪切性能测试仪是对路面材料进行恒定围压竖向剪切试验的专用设备，利用控制箱自动控制水平施加于材料试件的围压，测定并自动采集竖向施加试件的荷载与剪切位移，用来评价路面柔性材料的抗剪切变形能力。如图6-9所示，主要由测试装置、行走装置、控制系统和数据采集系统四部分组成。

测试装置组成有基座、支架、试筒和试件约束装置。基座为电机等附件提供安装基础，并为试件、支架和行走装置等提供稳定支撑平台。支架由满足强度要求的钢材加工，用于安装剪切力传感器和固定试件。试筒由左右对称、底面封闭的两个半圆柱组成，直径为152mm，高度为120mm。为了保证成型试件满足尺寸要求的规则圆柱体，在试筒中部焊接固定螺栓，通过螺栓将试筒左右对称的两

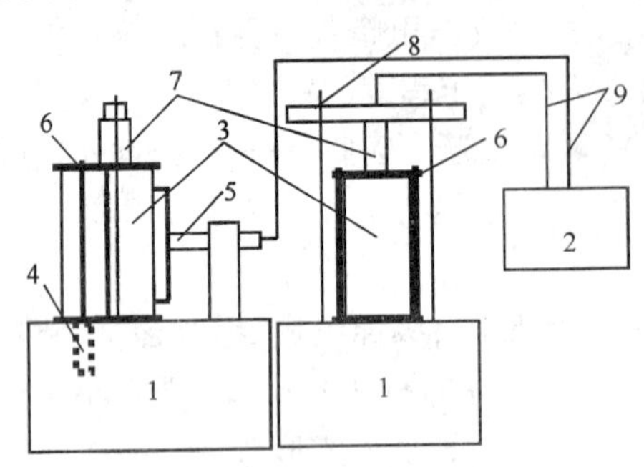

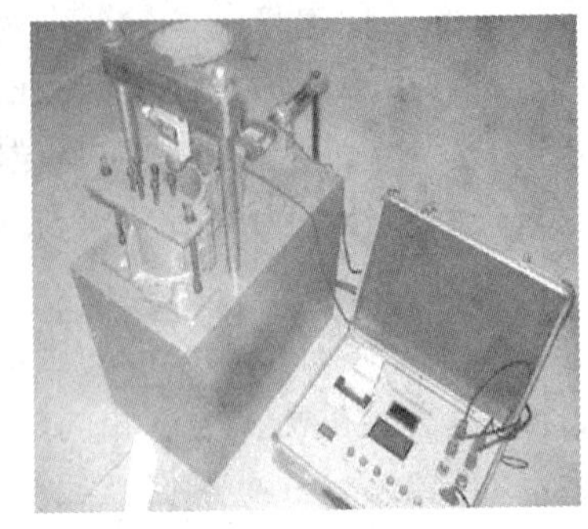

图 6-9　柔性材料剪切性能测试仪构成

1-基座；2-控制系统、数据采集系统；3-试件；4-竖向行走装置；5-水平行走装置；6-约束装置；7-力传感器；8-支架；9-连接线

部分紧密连接成一个整体；成型后进行剪切试验时，将固定螺栓松开，试筒的两部分能各自互不干扰地竖向运动。为了保证剪切试验时对试件持续施加侧压力，并减小侧压力施加装置与试筒壁之间的摩阻影响，在试筒施加侧压力的一侧设计了竖向导轨，为侧压力加载滚轮提供加载点和导向。试件约束装置包括矩形固定压板、单侧固定压板螺杆、半圆形压板、反力螺栓等。

行走装置是测试仪器的核心，直接决定着剪切试验能否顺利进行和试验的精度。测试仪器设计了竖向和水平两套行走装置，由两台可调节速度的步行电机提供动力。竖向行走装置能以设定的恒定速度上升，通过单侧试筒底板对试件施加竖向荷载，使试件沿左右对称面产生竖向剪切变形。水平行走装置则通过滚轮和导轨向试件施加水平方向的恒定侧压力。为了保证试验精度，行走装置完全由控制系统的程序控制，根据试验前设置的试验参数自动运行。

控制系统是整个仪器的中枢，是保证剪切试验自动进行的关键。根据剪切试验流程和精度要求，编制自动控制程序，通过接口和连线输出，为行走装置、采集系统等提供运行指令。控制器设置了连接位移传感器、剪切力和侧压力传感器及电机的串行接口，用于指令输出和数据实时采集传输。设计了测试时间、试件编号、剪切速率、侧压力等参数编码器，用于试验人员设定试验参数。为了方便试验人员实时监测试验过程，控制箱面板上的显示屏可以实时显示试验日期、试件编号、试验速度、剪切力值、剪切位移值、侧压力值等信息。配备的窄带打印机可以实时输出试验结果。

数据采集系统由传感器、连线和上位机软件等组成。传感器包括两个荷载

传感器和一个位移传感器，分别测试剪切力、侧压力和剪切位移。为了便于试验数据的处理和与计算机进行数据交换，编制了测试仪上位机软件，采用数据线将控制箱和计算机连接，可以直接从测试仪中提取数据，自动生成试验报表和曲线，进行存储和打印输出，并通过软件可以与 EXCEL 实现通信操作，便于数据分析。

(2)柔性材料剪切性能测试仪工作原理

柔性材料剪切性能测试仪工作原理与过程如图 6-10 和图 6-11 所示。

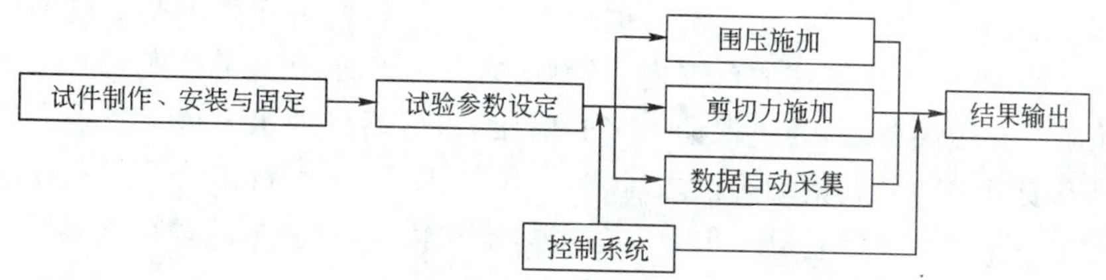

图 6-10　柔性材料剪切性能测试仪工作原理

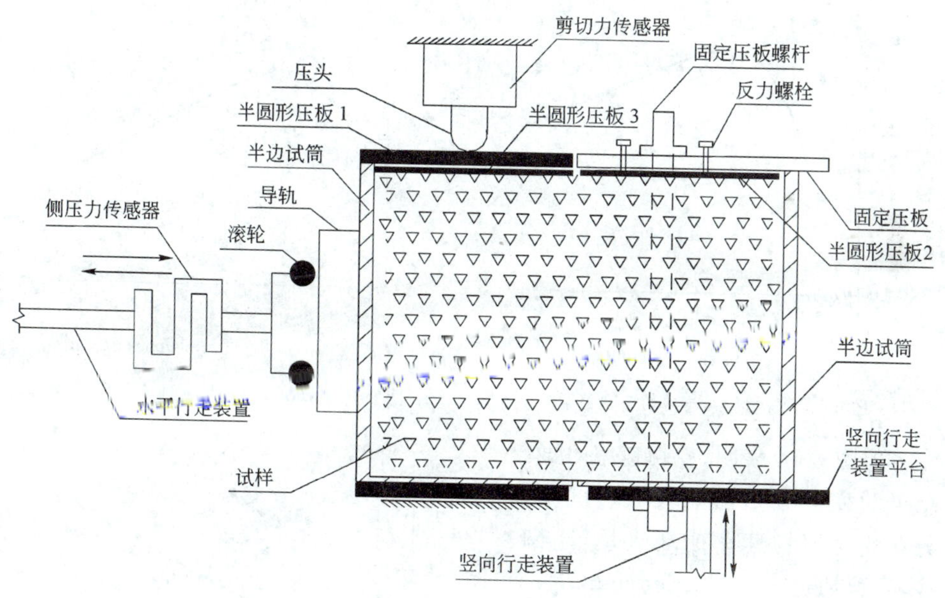

图 6-11　柔性材料剪切性能测试仪工作过程简图

(3)剪切性能试验参数

①剪切速率

级配碎石在路面结构层中，既要承受可能由于路基不均匀沉降导致的剪切力，又要抵抗汽车荷载作用产生的剪切力，剪切力对路面产生剪切作用的剪切速率不是一个恒定值。比如路面沉降，它不是在瞬间完成的，一般来说都需要几个月甚至几年的时间来完成；而路面层间剪切力更复杂得多，不同载重的汽车在不同车速、不同坡率下行驶，给路面带来的剪切力及剪切速率都是不同的。

由图 6-12 和图 6-13 所示剪切破坏强度和位移与剪切速率的关系可知，剪切速率对剪切试验结果有一定影响，剪切位移和剪切强度随剪切速率的增加呈凸曲线变化，剪切速率变化引起的剪切试验结果变化率较小。级配碎石剪切过程中，颗粒之间将产生相对位移。当剪切速率较小时，剪切面上及其附近的颗粒有一定的时间来重新调整位置、排列组合，这时部分应力将互相消减；而当剪切速率提高后，这些颗粒来不及互相抵消部分力便进入下一步的剪切，因此剪切强度会有所增大。由于试验在恒定的侧压力下进行，材料剪切强度测试仪会自动调整侧压力的大小在允许的范围内，当剪切速率过大时，粗集料在剪切作用下错动，并使试件较快剪胀，为了保证恒定的侧压力，剪切仪的水平行走装置向外运动；而当较粗集料最大错动阶段之后，为了维持围压，水平行走装置可能原地不动或者需要向试件施加侧压，但由于集料间错动较快，过多的扰动了粗集料周围的其他集料，导致剪切强度有较大的下降。

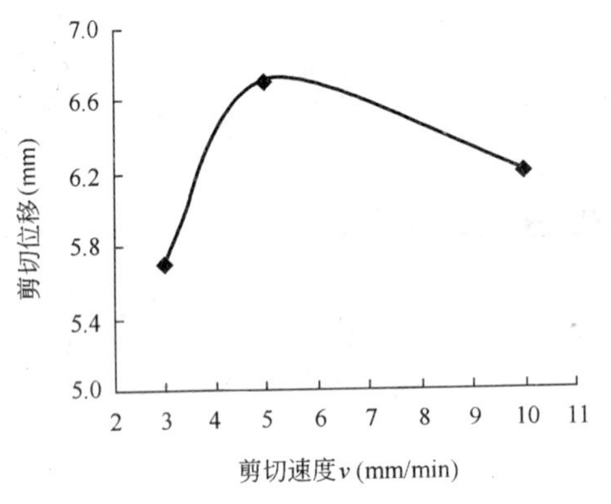

图 6-12 剪切位移与剪切速率关系

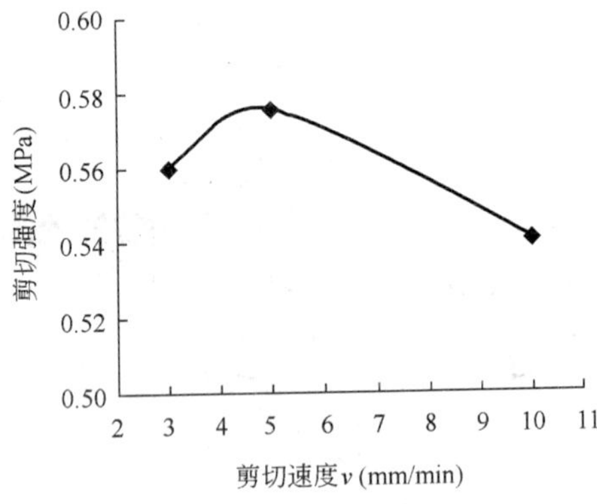

图 6-13 剪切强度与剪切速率关系

但图 6-14 表明，剪切速率对试验结果的变异系数影响较大。试验变异系数随剪切速率的增大呈增长趋势，当剪切速率超过 5mm/min 后，变异系数快速线性增大。主要原因在于，级配碎石试件在剪切速率较大时，颗粒之间来不及调整位置，重新整合的效果具有较大差异，最终导致试验的变异系数较大。因此，为了保证结果的可靠性，同时考虑到路面结构层的实际剪切速率较小，剪切速率

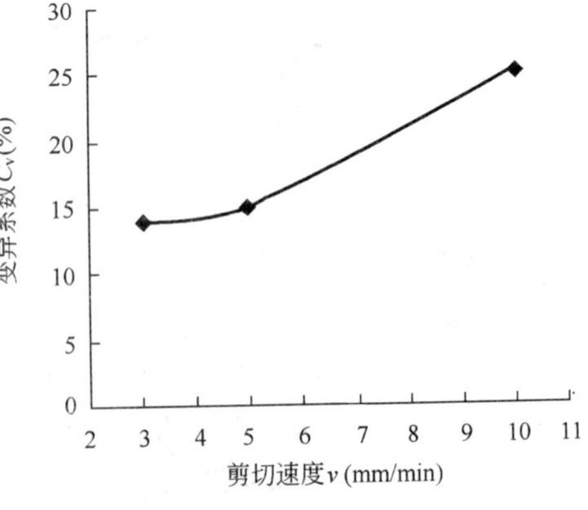

图 6-14 变异系数与剪切速率关系

宜控制在 5mm/min 以下。

②围压

级配碎石基层要承受来自行车荷载水平方向不同大小的应力，以及来自竖向的不同应力。不同围压下，级配碎石的剪切性能不同。根据弹性层状理论计算分析，设置于沥青面层与半刚性结构层之间的级配碎石层所受水平压应力在 20～120kPa 之间，竖向压应力在 120～600kPa 之间。根据试件的剪切面面积，剪切试验施加的侧向力为 500N、1 000N、1 500N 和 2 000N 时，试件对应的围压分别为 0.028MPa、0.056MPa、0.083MPa 和 0.111MPa。不同围压（侧向力）下的剪切试验结果如图 6-15 和图 6-16 所示。

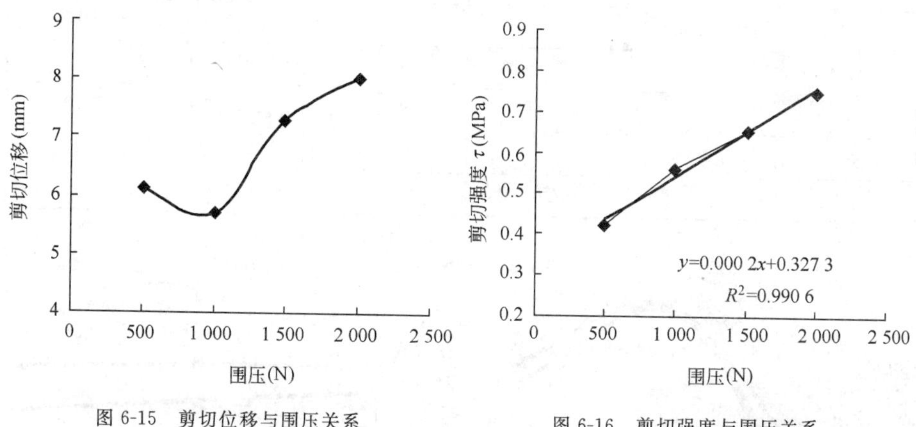

图 6-15 剪切位移与围压关系

图 6-16 剪切强度与围压关系

由试验结果可见，围压对混合料的剪切性能有显著影响。随着围压的增大，剪切位移存在一个谷值，剪切强度线性增加。

分析其原因，可能主要在于侧压力可以使剪切松动后的颗粒重新排列，整合形成新的结构抵抗剪切力的作用。当侧压力较小时，颗粒间的摩阻力较小，颗粒容易移动，但侧压力对颗粒重新排列提供的作用力较弱，使混合料在松动颗粒尚未再次整合形成新的结构的情况下剪切破坏。随着侧压力的增大，混合料在剪切作用下产生位移后，剪切松动后的颗粒在较大的侧向约束作用下能不断调整颗粒位置，重新排列形成新的结构，以抵抗剪切力，直到无法调整而剪切破坏。正是这种侧压力下的颗粒重新排列，使级配碎石具有良好的抗剪切能力。围压对试验结果变异性的影响较小。

2. 最大粒径 D_{max} 与 n 值对剪切性能的影响

不同连续密级配碎石的恒围压（侧压力 1 000N）、恒剪切速率（3mm/min）剪切试验结果如表 6-2 和图 6-17 所示。

由图 6-17a）可知，对于不同 n 值的级配碎石，其剪切强度均随最大粒径 D_{max} 的增大呈上凸曲线变化，且在 31.5mm 附近达到最大值，最大粒径小于 31.5mm

时对剪切强度的影响更大。可见级配碎石的剪切强度与 CBR 值一样，具有尺寸效应，最佳的最大粒径是 31.5mm。最大粒径小于 31.5mm 时对剪切强度的影响更大。

恒围压相同剪切速率剪切试验结果 表 6-2

最大粒径(mm)	n 值	位移(mm)	剪切力(N)	剪切强度(MPa)	C_v(%)
37.5	0.45	5.6	9 677	0.537 6	16
31.5		5.9	10 041	0.557 8	13
26.5		5.2	8 563	0.475 8	10
37.5	0.50	5.6	9 509	0.528 3	15
31.5		5.7	10 080	0.560 0	15
26.5		5.9	8 135	0.451 9	13
37.5	0.55	5.9	9 305	0.516 9	10
31.5		6.5	10 007	0.556 0	17
26.5		7.0	8 003	0.444 7	11

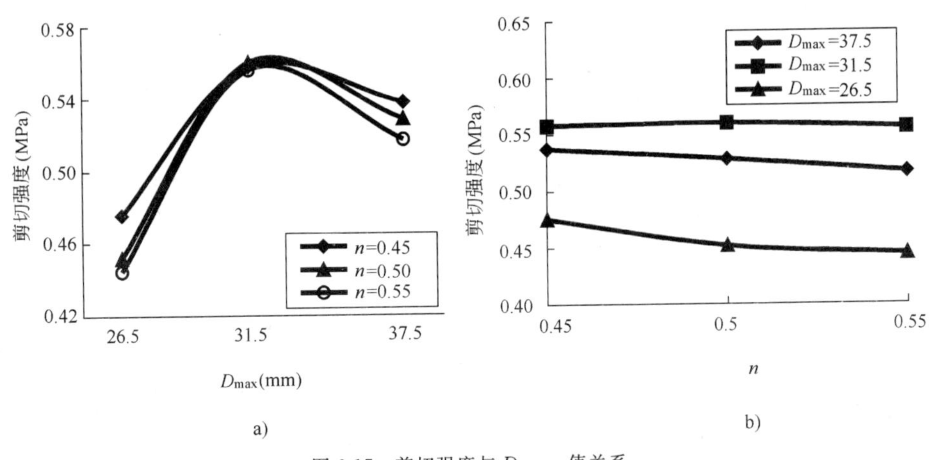

图 6-17 剪切强度与 D_{max}、n 值关系

可利用如图 6-18 所示的级配碎石的剪切强度原理解释这种影响。不同粒径的碎石按级配组成拌和均匀并振动成型后，粗细集料在压密、嵌挤和填充作用下形成密实的级配碎石混合料。混合料中部分较大粒径的碎石紧密接触形成骨架，空隙被细集料填充；部分较大粒径的碎石则被细集料包围，处于悬浮状态。当试件在一定的围压作用下沿 $A—A$ 面上下错动剪切时，阻止剪切面上产生剪切移动的抗力主要由两部分组成：一是处于剪切面上的 1、2 等较大粒径的颗粒在周围集料的骨架嵌挤和紧密填充约束下，阻止产生剪切移动的抗力 F_1；另一部分是处于剪切面上的 3 等较小粒径的颗粒组成的混合料在围压作用下，相互

挤密形成阻止试件滑动的摩阻力 F_2。抗力 F_1 与碎石自身的强度、较大粒径颗粒之间的嵌挤状况、细集料填充骨架空隙状况、密实程度等有关，在石料相同、密实程度相同的条件下，嵌挤和填充起主要作用，嵌挤形成的骨架结构越好，空隙填充越密实，抗力 F_1 越大。由于优质碎石的强度较高，使1、2等较大粒径的颗粒直接剪切破坏的概率较小，但当剪切力足够大而使颗粒骨架松动时，粗颗粒之间将产生滑动变形而重排，抗力 F_1 正是阻止骨架松动和粗颗粒滑动变形的阻力。摩阻力 F_2 则主要与较小颗粒的挤密状况有关，挤密状况越好，较小颗粒在荷载作用下移动的阻力越大，即摩阻力 F_2 越大。在大多数情况下 F_1 要大于 F_2，且这两种力的大小及它们的相互比例将影响级配碎石的剪切强度及剪切位移的大小。

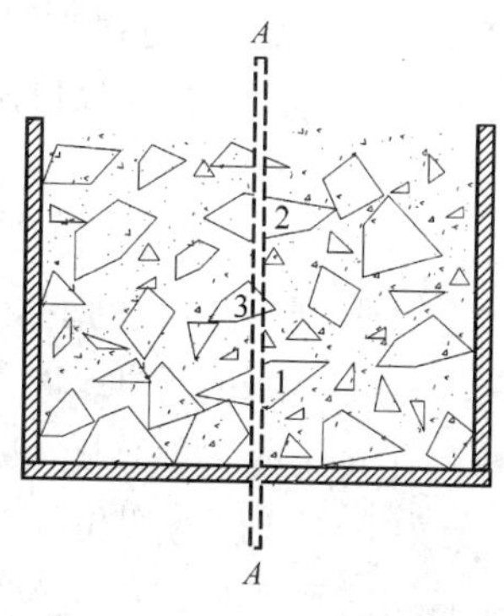

图 6-18　级配碎石剪切强度原理

对于连续级配而言，在 n 值相同的情况下，最大粒径 D_{max} 越大，混合料中较大粒径的粗颗粒含量越多，嵌挤骨架作用越明显，因而有利于提高抗力 F_1；但随较小粒径颗粒含量的减少，骨架空隙的填充程度逐渐降低，对抗力 F_1 会起到负面影响。当混合料中的骨架完全形成后，再进一步增大最大粒径，嵌挤作用对抗力 F_1 的贡献已很小，填充程度的降低反而导致抗力 F_1 减小。由连续级配的最大干密度试验结果可知，n 值相同的情况下，混合料的最大干密度随最大粒径的增大而呈上曲线趋势变化，与密实程度相关的摩阻力 F_2 随最大粒径的增大也有类似变化。当最大粒径 D_{max} 从 26.5mm 增大到 31.5mm 时，粗颗粒骨架逐渐形成，细集料可以充分填充骨架空隙，使抗力 F_1 不断提高；且混合料密实程度逐渐提高，摩阻力 F_2 也逐渐提高，两者综合使混合料的剪切强度明显增大。当最大粒径达到 31.5mm 时，混合料的骨架结构已形成，密实程度也达到最佳，进一步增大最大粒径，抗力 F_1 和摩阻力 F_2 均会降低，使混合料的剪切强度减小。至于最大粒径大于 31.5mm 后，剪切强度减小幅度较小，主要在于骨架作用使占据主导的抗力 F_1 的变化不大，而摩阻力 F_2 逐渐降低。

因此，级配碎石组成设计中应控制最大粒径 D_{max} 不宜太小，宜取为 31.5mm，最大可放宽到 37.5mm。

图 6-17b)表征了级配 n 值对混合料剪切强度的影响。总体而言，混合料的剪切强度随 n 值的增大而减小，影响程度与最大粒径有关。当 D_{max} 为 26.5mm 和 37.5mm 时，n 值变化对剪切强度的影响较明显，当 D_{max} 为 31.5mm 时，n 值变化对剪切强度的影响较小。即最大粒径 D_{max} 过大或过小时，级配碎石的剪切强度对 n 值变化比较敏感，且最大粒径越小，敏感程度越大。

由剪切机理可以得出，随着 n 值的增大，级配碎石的空隙率增加，密实度下降，导致摩阻力 F_2 降低；而抗力 F_1 与粒径大小和密实程度密切相关，随粒径的增大而提高，但同时也随密实度的下降（即 n 值增大）而降低，当密实度影响小于粒径的影响时，则 F_1 提高，反之下降。若 n 值变化引起 F_2 的降低值小于 F_1 提高值时，则总体抗力提高，级配碎石的剪切强度增大，如 D_{max} 为 31.5mm，n 值由 0.45 增大至 0.50 时的情况；若 n 值变化引起 F_2 的降低大于 F_1 提高值或两者均降低，则总抗力降低，级配碎石的剪切强度减小。

图 6-19 所示为剪切位移 D_{max} 和 n 值的关系。由图 6-19a）剪切位移与 D_{max} 关系可见，最大粒径的变化对混合料的剪切位移有明显影响，影响程度与 n 值有关，n 值过大或过小时，剪切位移对 D_{max} 变化的敏感程度较大。当 n 值为 0.50 和 0.55 时，剪切位移随 D_{max} 的增大近似线性减小，n 值越大，减小幅度越大。而 n 值为 0.45 时，剪切位移对 D_{max} 变化敏感，但趋势有所不同，随 D_{max} 的增大近似呈抛物线形变化。剪切位移与 D_{max} 的关系表明，随着级配中最大粒径的增大，级配更容易在较小的剪切变形中达到最大剪切强度甚而导致级配碎石结构层剪切破坏。

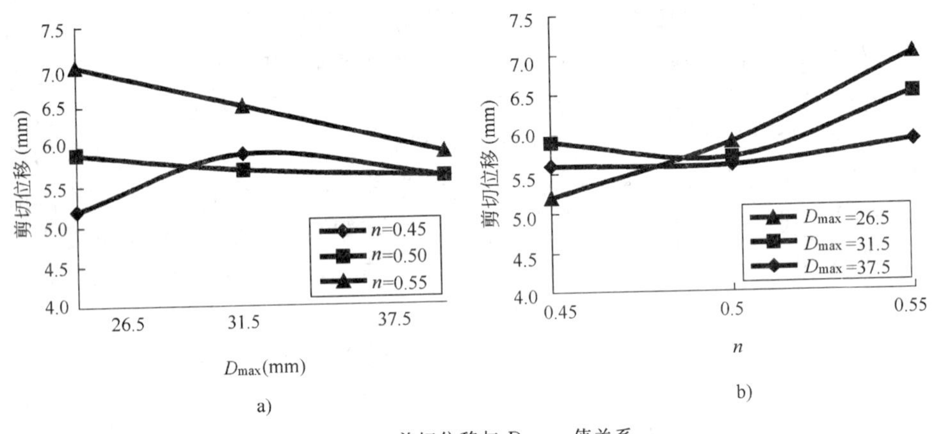

图 6-19 剪切位移与 D_{max}、n 值关系

由图 6-19b）可知，n 值对混合料剪切位移的影响程度与最大粒径有关，最大粒径 D_{max} 越小，n 值对混合料剪切位移的影响越大。当 D_{max} 为 26.5mm 时，剪切位移随 n 值的增大近似呈线性增大；当 D_{max} 为 31.5mm 时，剪切位移随 n 值的增大近似呈下凹抛物线形变化；当 D_{max} 为 37.5mm 时，剪切位移随 n 值的增大变化很小。原因主要在于，随着 n 值的增大，级配中较粗集料所占比重上升、较细集料所占比重下降，成型的试件空隙率增大，不易密实，颗粒在剪切变形中容易产生较大位移，即颗粒重新排列的空间较大。

综合分析可见，如以剪切强度为主要考察指标，n 值处于 0.45～0.50，D_{max} 为 31.5mm 的连续级配碎石具有较好的抗剪切性能，如确有必要，D_{max} 可以增大到 37.5mm。

3. 单一筛孔及其通过率对剪切性能的影响

与前述 CBR 试验分析类似，调整 4.75mm、2.36mm、0.6mm、0.075mm 等筛孔的通过率，分别进行恒围压(1 000N)、恒剪切速率(3mm/min)剪切试验，以剪切强度为主，分析筛孔通过率变化的影响。

(1)4.75mm 筛孔

剪切强度随着 4.75mm 筛孔通过率的增加呈凸曲线变化，如图 6-20 所示。4.75mm 筛孔通过率在 35%～44%之间变化时，对级配碎石的剪切强度有明显影响。通过率在 39%附近时，混合料的剪切性能达到最佳。通过率大于 44%后，剪切强度增加的潜力已不大。

(2)2.36mm 筛孔

从图 6-21 可以看出，剪切强度随 2.36mm 筛孔通过率的增加呈平卧的反"S"形状。从剪切强度的角度，可以认为 2.36mm 筛孔的通过率大于 24%后剪切强度都较高，设计中可放宽上限，但应控制下限不要低于 24%左右的某一个值。

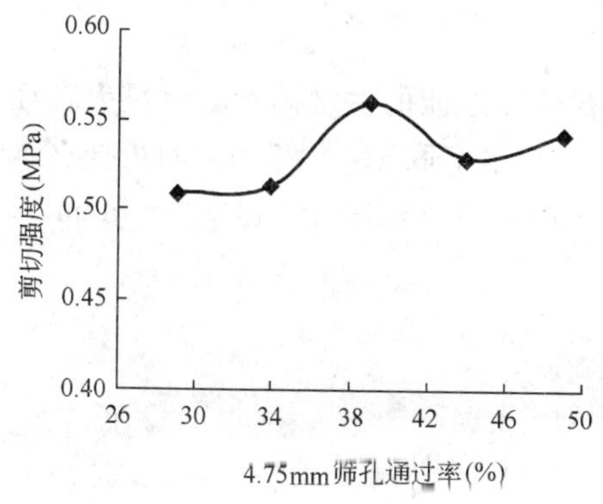

图 6-20　4.75mm 筛孔通过率与剪切强度关系

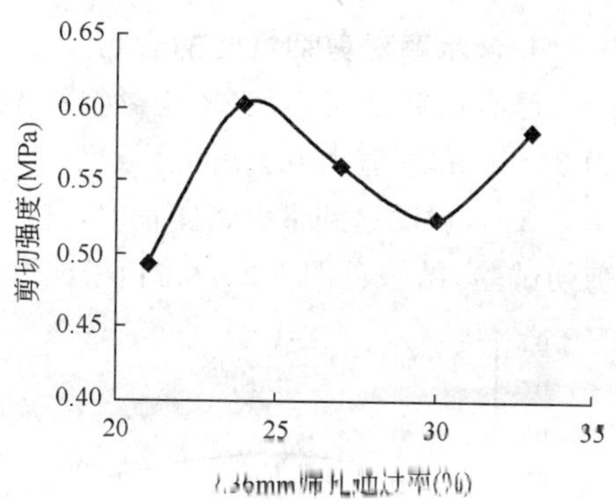

图 6-21　2.36mm 筛孔通过率与剪切强度关系

(3)0.6mm 筛孔

剪切强度随着 0.6mm 通过率的增加呈凸曲线变化，如图 6-22 所示。在通过率 15%时达到最大值，通过率小于 14%和大于 16%后，剪切强度均会明显降低。因此，0.6mm 筛孔应视为关键筛孔，应将通过率控制在 14%左右的一个范围内，且范围不能过大。

(4)0.075mm 筛孔

根据图 6-23 可以看出，随着 0.075mm 筛孔通过率的增加，剪切强度总体呈增加趋势。就剪切强度而言，应避免 0.075mm 筛孔通过率过小，0.075mm 颗粒过少不足以填充粗颗粒的空隙，将导致混合料的密实程度降低。当通过率大于 5%后，剪切强度会有所降低，主要在于粗颗粒形成的空隙已被填满，继续增加的粉料会撑开粗颗粒骨架，导致强度减小。当粉料进一步增多时，虽能提高剪切强度,但混合料的水稳定性和冰冻稳定性会明显降低。因此,0.075mm 应视为关键筛孔,为保证级配碎石具有良好的剪切性能,0.075mm 筛孔通过率应控制好其下限不能太低,要控制在约 5%的小范围内。

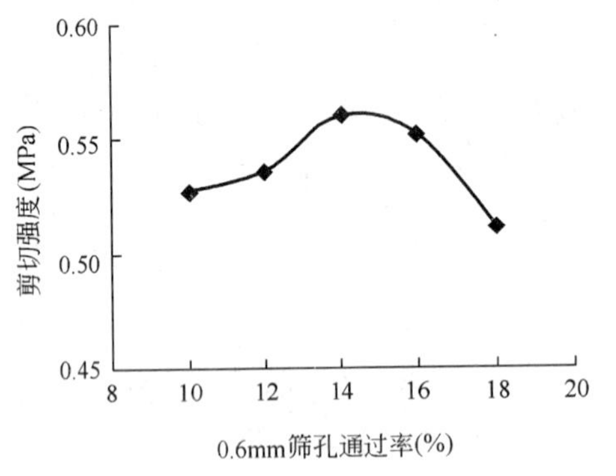

图 6-22　0.6mm 筛孔通过率与剪切强度关系

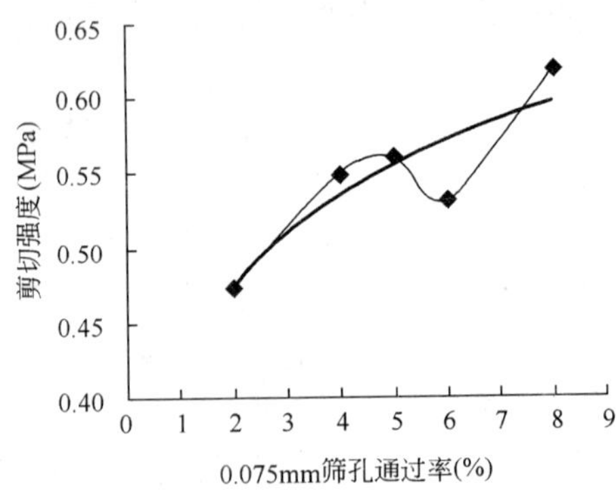

图 6-23　0.075mm 筛孔通过率与剪切强度关系

4. 含水率对剪切性能的影响

已有研究表明,含水率是影响级配碎石各种性能的关键因素。对最大粒径为 31.5mm、n 值为 0.50 的连续密级配碎石,含水率取 5.0%、5.9%和最佳含水率 5.4%,振动达到最大密实程度,进行恒围压(1 000N)、恒剪切速率(3mm/min)剪切试验,结果见图 6-24 和图 6-25。

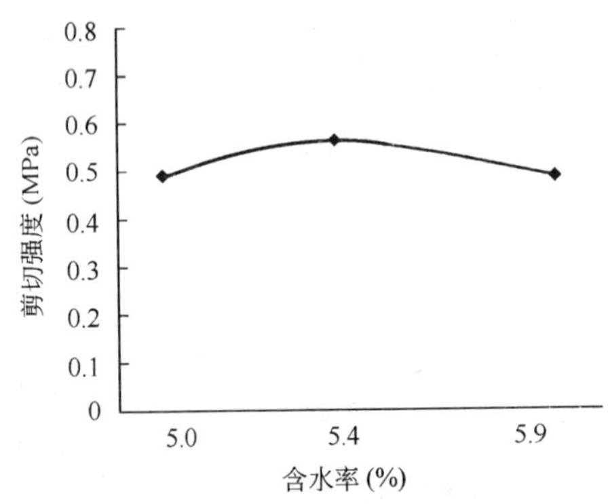

图 6-24　剪切强度与含水率关系

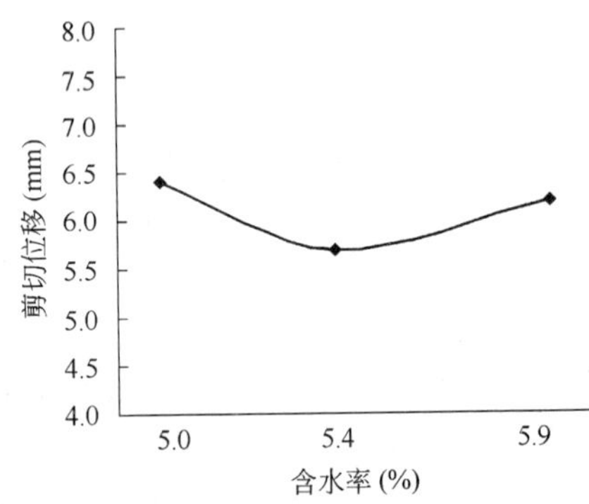

图 6-25　剪切位移与含水率关系

由图 6-24 可知,剪切强度在最佳含水率下具有最大值,含水率低于或超过最佳含水率,剪切强度都会降低,而且降低的幅度相当。究其原因,当级配碎石不加水或加少量水时,颗粒之间没有水的润滑作用或较小而具有较大的摩阻力,外力作用下较难达到相互嵌挤、密实,剪切强度不高;而当含水率大于最佳含水率时,多余的自由水会在颗粒表面形成水膜,颗粒之间的摩阻力减小,导致整体剪切强度不高。因此,级配碎石施工过程中应严格控制含水率,以提高剪切强度。

从图 6-25 得知，剪切破坏最大位移在最佳含水率下达到最小值，随着含水率的增加或减小，剪切位移都有不同程度的增大。这主要是因为在最佳含水率下，集料之间紧密结合达到最佳密实状态，剪切破坏的位移值低于相对松散的情况。同时，含水率高于最佳含水率后剪切位移增加幅度小于含水率低于最佳含水率的增加幅度。这主要是超过最佳含水率后，多余的自由水起润滑作用，使颗粒容易移动，但自由水增加到一定程度，润滑作用变化不大，则位移的增加幅度较小。

综合分析可以得出，级配碎石的剪切位移、剪切强度等剪切性能指标对含水率变化为较敏感，最佳含水率时剪切性能最佳。因此，级配碎石施工中，应该对含水率给予足够重视，确保施工压实时混合料的含水率为其最佳含水率。

5. 密实度对剪切性能的影响

最大粒径为 31.5mm、n 值为 0.50 的连续密级配碎石在最佳含水率下拌和均匀，分别振动成型至 92%、96%和 100%的密实度，进行恒围压(1 000N)、恒剪切速率(3mm/min)剪切试验，结果见图 6-26 和图 6-27。

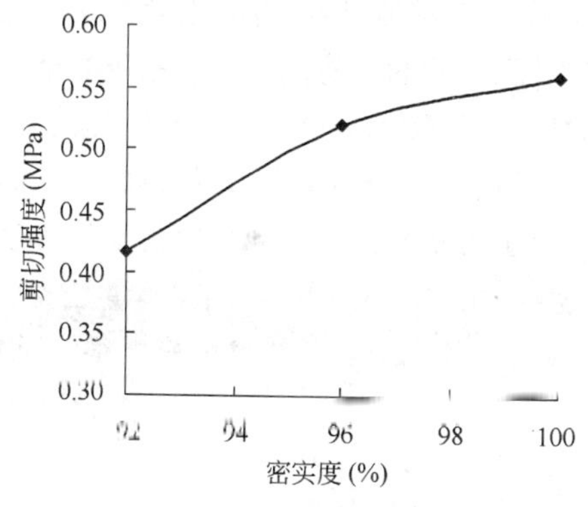

图 6-26 剪切强度与密实度关系

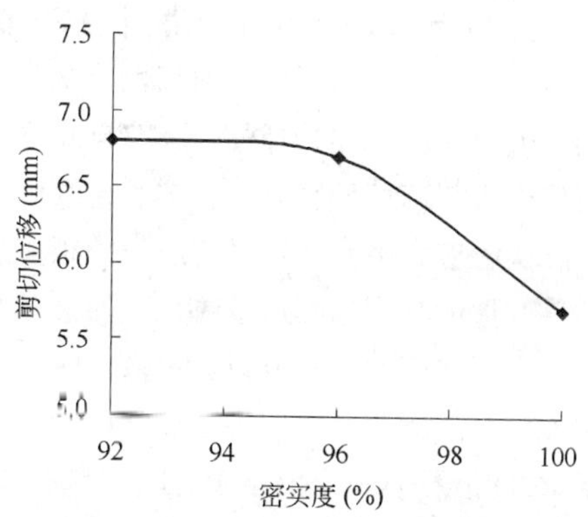

图 6-27 剪切位移与密实度关系

由图 6-26 可以看出，剪切强度随密实程度的提高而增大，密实度超过 96%后增大幅度有所减小。表明在密实度低于 96%时，剪切强度具有较大的提高潜力，且密实度对剪切强度的影响较大，即提高密实度对级配碎石剪切强度的提高作用明显。因此，在级配碎石施工中必须保证压实度在 96%以上，否则会导致剪切强度明显减小，要求较高时，压实度尽量达到 100%。现行规范对级配碎石基层和底基层的压实度标准值要求为 98%和 96%，压实度极限低值要求为 94%和 92%，可见极限低值要求偏低，容易导致混合料剪切强度明显减小，产生较大塑性变形。建议提高压实度低值要求，均要求大于 96%，由于目前施工压实设备能力较强，只要控制好混合料级配组成和压实含水率，压实度达到 96%并不难。

由图 6-27 可知，随着混合料密实程度的提高，剪切位移呈减小趋势，当密实度大于 96%后，密实度对剪切位移的影响明显增大。主要原因在于，级配碎石的密实程度越高，集料颗粒之间的嵌挤效果越好，在剪切力作用下可移动的空间越小，使剪切位移减小。

综上所述可以得出，级配碎石的密实程度对其抗剪切性能指标影响显著，提高级配碎石的密实度，将会较大提高剪切强度，同时降低剪切位移，明显提高级配碎石的抗剪切性能。因此，在级配碎石的施工中，应始终注意控制和提高压实度。由于 96%是密实度影响剪切性能的重要变化点，应作为级配碎石施工压实度控制的低限极值，控制标准值应高于 96%。

第三节　回弹模量

一、概述

无结合料级配碎石属于散体材料，颗粒具有一定的流动性，对约束面产生一定的压力。根据不同围压的剪切性能试验可知，级配碎石的抗剪能力随着围压的增大而增大，具有一定的压硬性，颗粒自身之间的变形是连续的，一般呈非线性状态。已有研究表明，对于散体材料，按照连续体计算的平均应力即使不太大，但颗粒之间的实际接触应力将是计算平均应力的很多倍(甚至上万倍)，已经大到足以使颗粒产生塑性变形的程度；同时，颗粒之间的接触面也随应力的增大而增大。回弹模量是表征级配碎石强度的指标及设计参数。级配碎石的应力状态对回弹模量的影响很大，而回弹模量依赖于第一应力不变量呈现出明显的非线性特性。同时，在交通荷载作用下，级配碎石表现出依赖于时间的弹塑性特性。这种非线性特性使得级配碎石在刚度较大的基层上表现出较大的回弹模量，从而具有足够抵抗应力和变形的能力。

目前有多种表征级配碎石回弹模量随应力状态变化的非线性关系表达式，主要有：

$$E_r = K_1 \theta^{K_2} \tag{6-3}$$

$$E_r = K\sigma_3^n \tag{6-4}$$

$$E_r = K_1 \sigma_d^m \tag{6-5}$$

$$E_r = K'_1 (\sigma_1/\sigma_3)^{K'_2} \tag{6-6}$$

式中：E_r——回弹模量；

θ——第一应力不变量($\theta=\sigma_1+2\sigma_3$)；

σ_d、σ_3——三轴试验中偏应力和侧向应力($\sigma_d=\sigma_1-\sigma_3$)；

K、K_1、K_2、K'_1、K'_2、m、n——与材料和试验相关的系数。

式(6-3)能更好地反映碎石材料的非线性特性，且用于路面结构分析较方便，因而得到较多应用，各种路面设计中粒料弹性模量取值的方法也大多在此基础上加以改进。

AI 法在 DAMA 设计程序中，将路基和所有沥青稳定层假定为线弹性，将未经处治的粒料基层假定为非线性弹性。粒料基层的模量根据多变量回归方程计算：

$$E_2 = 10.44h_1^{-0.471}h_2^{-0.041}E_1^{0.139}E_3^{0.287}K_1^{0.868} \tag{6-7}$$

式中：E_1、E_2、E_3——沥青层、粒料基层和路基的模量；

h_1、h_2——沥青层和粒料基层的厚度。

比利时推算粒料材料模量的方法为，按共振法使 40 种不同粒料材料承受各向同性的应力 σ_0，由下式计算动态模量 E：

$$E = (\sigma_0/\sigma_{01})^m > E_1 \tag{6-8}$$

式中：σ_{01}——标准压力，等于 0.1 MPa；

E_1——σ_{01}时的模量，$E_1 = 620e^{-0.0236V}$；

m——指数，对于粒料，$m=0.1\sim0.3$；

V——粒料材料的空隙率。

Shell 设计方法中，对直接铺在路基上的级配碎石底基层给出了确定其模量的经验公式，模量值的大小与路基模量和级配碎石厚度有关，公式为：

$$E_2 = E_3 \cdot K \tag{6-9}$$

式中：E_3——路基模量；

K——系数，$K=0.56h_2^{0.45}$，对于常见的粒料层厚度，$2<K<4$；

h_2——无机结合料基层的总厚度。

试验室测试级配碎石回弹模量的方法，目前主要有重复动态三轴试验法、波传法、动态弯沉仪法、室内静态回弹模量测试法、重复加载试验法、静态三轴法等。其中重复动态三轴试验法能同时模拟级配碎石三向受压的复杂应力状态和反复动载作用，是室内研究级配碎石回弹模量的最佳方法。室内静态回弹模量测定法是采用击实或振动成型的试件在刚性的模具内进行，粒料的物理状态与实际相符，但应力状态有差别。为弥补二者的缺陷，室外承载板法也常常采用，即通过测定粒料层下层的综合模量和粒料层不同应力下的弹性变形，反算出该层的弹性模量值。具体方法为先用路面弯沉仪测定表面弹性弯沉值，再用直径 30.4cm 的刚性承载板测定路面结构层及路基的弹性变形，计算出路基的弹性模量后，利用公式 $E_0 = 2P\delta\alpha_t/l$ 计算弯沉系数 α_t，最后计算确定路面结构层材料的弹性模量。重复加载法在国外是用来测定弹性模量及永久变形普遍采用的方法，通过在试件顶端重复施加具有一定波形和频率的动态荷载，然后通过传感器测定试件产生的变形(或应变)。重复加载的动力试验较静态试验更符合实际路面的受力状况，并且可以通过对试验数据的整理，得到反映材料力学特性的各种指标，如弹性变形、塑性变形、总变形和累积塑性变形等。重复加载试验的应力施加方式一般为应力控制，动应力波形为半正弦波，频率 0.1Hz，通过量测一定作用次数下的总变形与弹性变形，从而实现弹、塑性变形的分离，回弹模量的计算是采用每级荷载重复作用 200 次时的弹性变形，用承载板公式计算弹性模量。

已有试验研究表明，级配碎石的回弹模量不仅仅与它的应力状态有关，其混合料组成及最后成型的品质也是很重要的影响因素，如碎石的压碎值、细料含量、含水率、密实度等。传统的柔性基层通常是设置于路基或其他柔性基层上，其弹性模量一般较低。我国现行规范规定的级配碎石上基层的抗压回弹模量取值为 300～350MPa，级配碎石基层或底基层的抗压回弹模量取值，曹建新等按紧密嵌挤骨架—密实原则设计的级配碎石混合料，振动工艺下的回弹模量值在 600～700MPa 之间，王龙等通过压应力 5MPa、10MPa、15MPa 下的级配碎石重复加载试验得出，3 种应力下平均模量变化范围为 550～650MPa，代表值为 500～600MPa。在吉林通化、四川南广、青海马平和山西平遥试验段上对级配碎石基层及底基层采用承载板法进行了模量的测定，试验结果如表 6-3 所示。级配碎石为过渡层和基层时，其下层一般为水泥稳定或二灰稳定碎石，强度较高，级配碎石所受的三向应力较大，表现出的强度较高，但过渡层厚度多为 12cm 左右，施工过程易离析和压实困难，因而强度波动范围较大；级配碎石底基层厚度在 20～40cm，下层多为二灰土或砂砾、路基，反算模量低，但波动较小。

试验路级配碎石弹性模量(MPa)　　表 6-3

结构层	试验路				统计	
	吉林通化	四川南广	青海马平	山西平遥	范围	均值
过渡层	820	415	914	596	400～900	686
基层	607	406	590	594	400～600	549
底基层	—	261	—	210	200～250	236

李长江等分别在辽源试验路和通化试验路对级配碎石基层进行了承载板试验，辽源试验路测定的弹性模量为 570～690MPa；通化试验路测定的弹性模量为 290～1 000MPa，平均值为 600～950MPa，但变异系数较大。何兆益利用重复动态三轴试验结果得出，当级配碎石作为基层时(其下卧层为路基)，所受应力

状态 $\theta(\theta=\sigma_1+2\sigma_3)$ 一般介于 30～120kPa，弹性模量介于 150～250MPa；当级配碎石作为半刚性基层和沥青面层间的上基层时，所处应力状态 θ 一般为 250～800kPa，则弹性模量介于 350～550MPa，此范围对应的沥青面层厚为 5～20cm，但鉴于目前高等级公路沥青面层多为 12～18cm ，故进一步对于此结构的级配碎石基层模量取 400～500MPa。

二、重复动态三轴试验

重复动态三轴试验可以有效模拟级配碎石三向受压及承受反复动载的响应，是室内研究级配碎石力学特性的有效途径，也是目前材料非线性分析最为常用的试验方法。

级配碎石动三轴试验一般根据级配碎石结构层的位置，进行变围压试验。变围压试验是指在重复动应力 σ_1 的施加过程中，围压 σ_3 也同时变化；而在不变围压试验中，σ_3 是始终保持为一常数。两种试验的对比研究发现，变围压试验虽然能较好的模拟级配碎石的实际受力情况，但试验得出的两种模量差别不显著，说明采用较为简单的不变围压试验是可行的。

动三轴试验为模拟车轮荷载对道路作用，在试件上施加动偏应力，偏应力的波形、频率、持续时间等对级配碎石的动弹模量有一定的影响。但也有研究表明，这些因素对级配碎石材料动弹模量的影响远小于应力状态和材料本身的特性。John J. Allen 研究了动应力持续时间从 0.04～1.0s 变化对动弹模量的影响，结果表明动弹模量变化很小；Vincent C. Janoo 采用频率为 1Hz，持续时间为 0.1s，间歇时间为 0.9s 的半正弦矢波对天然砂砾、碎石不同掺配组成的集料层的动弹模量进行了研究，取得了较好的试验结果。目前偏应力波形一般采用间断半正弦波形，即 0.1s 半正弦波，0.9s 间歇时间，加载频率为 1Hz，即 1 次/s。

动三轴试验的结果很大程度上取决于试件的尺寸、成型方式等。试件尺寸根据颗粒最大粒径确定，一般为 100mm(直径)×210mm(高)的圆柱体；试件可以采用人工捣实或振动等方法成型，其中振动法成型更符合实际情况。

试验测定不同试件在不同应力状态下重复一定次数后的瞬时回弹应变，按下式计算回弹模量：

$$E_r=\frac{\sigma_d}{\varepsilon_r} \tag{6-10}$$

式中：E_r——材料的动态回弹模量；

σ_d——重复施加于试件的动偏应力$(\sigma_1-\sigma_2)$；

ε_r——试件的瞬时回弹应变。

对不同应力状态下的计算动态回弹模量，按式(6-3)进行统计分析，得出级配碎石动态回弹模量 E_r 与第一应力不变量 $\theta(\theta=\sigma_1+2\sigma_3)$ 之间的相关系数 K_1 和 K_2。

对最大粒径31.5mm、n 值为0.50的连续密级配碎石，在不同含水率下进行动三轴试验，结果见表6-4。试验结果表明，随着含水率的增加，K_1 和 K_2 分别呈减小和增加的趋势，除应力状态外，含水率是影响级配碎石动弹模量的一个重要因素。

级配碎石动三轴试验结果 表6-4

含水率(%)	实测密实度(%)	K_1	K_2
5.2	99	19 161	0.484 9
5.4	98	16 067	0.538 6
5.6	99	13 170	0.547 4

表6-5为不同研究动三轴试验得出 K_1 和 K_2。何兆益采用石灰岩和玄武岩两种轧制碎石组成不同级配的级配碎石，不同含水率和密实度试件的动三轴试验结果表明，对于优质密级配碎石 $K_1=16\ 939\sim31\ 925$，$K_2=0.40\sim0.53$，平均 $K_1=24\ 432$，$K_2=0.47$。

国内外部分动三轴试验结果对比 表6-5

研究人员	材料	K_1	K_2
Janoo and Bayer	碎砾石(直径150mm)	7 551～29 396	0.417～0.711
	碎砾石(直径300mm)	1 072～9 941	0.581 4～0.849 4
何兆益	石灰岩(直径100mm)	16 939～31 925	0.40～0.53
本书作者	花岗岩(直径100mm)	13 170～19 161	0.484 9～0.547 4

由表6-5可知，试件尺寸对参数 K_1、K_2 的影响明显，随着试件直径的增大，K_1 呈下降趋势，K_2 呈上升趋势，不同直径下的试验结果之间存在相关关系。

第四节 稳定性与耐久性

一、渗水性能

沥青路面在使用过程中，雨雪等路面表面水将通过面层混合料空隙、路面裂缝、路肩等不同途径进入路面结构，由于目前广泛使用的半刚性基层透水性能很小，自由水将在半刚性基层顶面集聚，致使半刚性基层出现冲刷、唧泥等破损。级配碎石与半刚性材料相比，具有一定渗水性能。研究资料表明，级配碎石的渗

水系数为 10^{-2}～10^{-3}。一般认为，渗水系数 10^{-7}～10^{-2} 为微渗水，大于 10^{-2} 为强渗水，因此，级配碎石属于微渗水。可见设置于沥青面层和半刚性基层之间的级配碎石，能及时排除集聚在基层顶面的自由水，可以明显减缓半刚性基层的冲刷，防止或减轻冻融循环对面层的破坏，并可减小沥青面层辐射吸热对路基温度场和冻土温度的影响。

级配碎石的渗水性与材料的级配及孔隙率密切相关。由不同最大粒径和 n 值的连续密级配碎石的振动成型试件，利用沥青路面渗水系数测试设备测定得到的渗水系数(表 6-6)可得，级配碎石的渗水系数随最大粒径 D_{max} 的增加而增大，但变化幅度与 n 值有关，当 n 值较小时，对渗水系数的影响较小，随着 n 值的增大影响程度增加。渗水系数随 n 值的增大而增加，n 值越大，对渗水系数的影响越大，且增加幅度与 D_{max} 有关。随着混合料孔隙率的增大，渗水系数近似线性增大。由此可见，为了提高级配碎石的渗水性能，应尽可能选择大的最大粒径；粗集料含量越大，混合料的渗水性能越好，混合料设计中应在保证各项路用性能要求和施工要求的基础上，尽量提高粗集料所占比例。

级配碎石渗水试验结果 表 6-6

n 值	0.45			0.50			0.55		
最大粒径(mm)	37.5	31.5	26.5	37.5	31.5	26.5	37.5	31.5	26.5
渗水系数(mL/min)	0.93	0.8	0.714	1.25	1.17	0.812	1.95	1.523	1.532
孔隙率(%)	10.82	10.16	10.03	10.98	10.34	10.17	11.81	11.68	11.95

目前级配碎石设计中主要以 CBR 强度为指标，CBR 强度与干密度具有较好的协调性，干密度越大，CBR 越大，但固体体积率(实积率)也越大，可能使混合料的孔隙率相对减小，渗水性降低。实践证明，级配良好的材料充分碾压后的固体体积率可达到 85%～90%以上，对应孔隙率为 10%～15%；而对于级配不佳的材料，其固体体积率很难达到 85%，级配愈差，压实后的固体体积率愈低。因此，级配碎石组成设计中，在保证 CBR 强度的前提下，应控制混合料的固体体积率或孔隙率。根据 1993 年 AASHTO 结构设计方法中 1 周内水能够从结构中排出属于一般情况，作为路面排水的基准。南非规定，对于重交通的 G1 级配碎石基层的实积率应大于 86%～88%，而对于中交通 G2 级配碎石实积率应大于 85%。相关研究提出，作为级配碎石配合比设计的一种检验，要求其固体体积率控制在 85%～88%之间，孔隙率为 12%～15%。

二、导热性能

在多年冻土地区修筑道路后，冻土与大气原有的热交换条件发生变化，通常使路基内的吸热量增加，路基内逐年的热积累使地基温度升高，导致多年冻土融化，引起道路的下沉变形。观测与分析表明，青藏公路在全线铺筑沥青路面后，由于沥青路面强烈的吸热作用和较弱的热扩散能力，改变了地表能量平衡状态，使多年冻土内的热量积蓄增多，地温升高，多年冻土上限逐年下移，路基热融变形失稳，产生不均匀沉降而引起多种病害。为解决多年冻土地区公路路基稳定性问题，国内外进行了大量的试验研究工作，提出了路基保温层、热桩、通风路基等多种处治对策。这些措施都是从路基的角度提出的，并未考虑直接接受太阳辐射的沥青路面这一主要热源。目前多年冻土地区沥青路面主要采用半刚性基层沥青路面，由于面层材料和半刚性基层材料的热容较大，导热系数较大，使沥青面层吸收的辐射热无法及时向外扩散而大量储存于路面结构中，并向下传递。气温高于面层温度时，面层吸热并存储于热容较大的面层材料和基层材料中；气温低于面层温度时，由于面层沥青混合料的热扩散系数较小，仅有少部分积蓄的热量向外释放，大部分向下传递。正是由于这种路面蓄热扩散方向上的差异，笔者考虑从路面结构方面减弱沥青路面吸热对路基和冻土温度的影响。

采用 QTM—D3 型导热系数测试仪，级配碎石导热系数的试验结果见表 6-7。

级配碎石导热系数测试结果 表 6-7

n 值	最大粒径 D_{max}(mm)	导热系数 λ(W/m・℃)
0.45	37.5	0.915 2
	31.5	0.928 7
	26.5	0.924 1
0.50	37.5	0.910 1
	31.5	0.923 1
	26.5	0.902 2

由试验结果可得，对于连续密级配，级配碎石的 D_{max}、n 值对其导热系数的影响较小，总体变化趋势为：n 值越大，导热系数越小；导热系数随最大粒径 D_{max} 呈抛物线趋势变化，且 n 值越大，D_{max} 对导热系数的影响越明显。

由材料热物性参数研究资料可知，沥青混凝土和普通水泥混凝土的导热系数分别为 1.05～1.52W/(m・℃)和 1.3～1.7W/(m・℃)，密实程度越高，导热系数越大。半刚性基层材料的导热系数介于两者之间。由此可见，级配碎石的导热系数明显小于面层沥青混凝土和半刚性基层，可以起到隔热作用。

另外，级配碎石作为散体材料，除碎石可能储备部分热量外，较大的孔隙率加速了对流换热过程，使结构层整体热量扩散较快，热扩散系数远大于沥青混合料及半刚性基层混合料。

因此，在冻土地区沥青面层与半刚性基层之间，设置具有较大的孔隙率、较小的导热系数和较大的热扩散系数的级配碎石层，可以及时扩散沥青面层吸收的热量，减少向下的传热量，改善路面结构、路基与冻土的温度状况。混合料组成设计中，应综合考虑级配组成对 CBR、剪切性能、渗水性能、导热性能的影响，尽量增大孔隙率，提高其导热系数。

三、抗冻性能

修筑在冻土地区的公路路面，要经受冻融循环影响，除了路面结构满足强度要求外，对路面材料也应提出抗冻要求，即在经过多个冻融循环后，材料的力学指标的衰减程度应在可以接受的范围内，否则路面的耐久性就达不到要求。对于设置在沥青面层下的级配碎石层而言，由于面层厚度不大，受气温变化的影响较大，冻融循环作用较强，为此对级配碎石的抗冻性能应予重视。

有关级配碎石的抗冻试验，目前国内外还没有相应的试验规程。参照《公路工程沥青及沥青混合料试验规程》(JTJ 052—2000)沥青混合料冻融劈裂试验方法，采用级配碎石经过一次冻融循环后的力学指标衰减程度，来评价级配碎石的抗冻性。为了评价方法易于推广，采用抗冻性能指数 f_1 和抗冻性能指数 f_2 来评价级配碎石的抗冻性，表达式为：

抗冻性能指数
$$f_1=\frac{CBR_1-CBR_2}{CBR_1}\times 100 \tag{6-11}$$

抗冻性能指数
$$f_2=\frac{S_1-S_2}{S_1}\times 100 \tag{6-12}$$

式中：CBR_1——冻前 CBR 值；

CBR_2——冻后 CBR 值；

S_1——冻前剪切强度；

S_2——冻后剪切强度。

对最大粒径为 31.5mm 的两种组成的级配碎石进行抗冻试验，结果见表6-8和表 6-9。

冻融循环前后 CBR 试验结果比较 表 6-8

级　配	最佳含水率(%)	CBR_1(%)	CBR_2(%)	抗冻性能指数 f_1(%)
L31.5b	5.4	203.4	186	8.55
试验级配 3	5.5	233	198	15.02

冻融循环前后剪切试验结果比较 表 6-9

级配	剪切位移(mm)		剪切强度(MPa)		剪切模量(MPa)		抗冻性能指数 f_2 (%)
	冻融前	冻融后	S_1	S_2	冻融前	冻融后	
L31.5b	5.7	6.9	0.560 0	0.532 6	11.841	9.262 6	4.89
试验级配 3	7.0	7.6	0.612 7	0.574 9	10.541	9.077 3	6.17

从试验结果可以得出，分别采用抗冻性能指数 f_1 和 f_2 对两个级配的抗冻性评价结果一致，虽然级配 L31.5b 的 CBR 值和剪切强度均低于试验级配 3，但其抗冻性好。同时，两个级配的抗冻性能指数 f_1 差异较明显，而指数 f_2 比较接近。可见采用 CBR 值冻融衰减评价抗冻性更能区分级配差异。研究中采用试件饱水冻融，而实际使用中级配碎石排水能力较好，水不可能填满空隙，试验条件更为苛刻，试验结果偏于保守。

第五节　级配组成设计

一、原材料

选用品质优良的原材料对保证级配碎石质量至关重要。级配碎石结构层过早损坏或产生过大塑性变形等病害与原材料的质量有关。如碎石的压碎值不满足要求，即使施工级配组成优良，施工碾压和使用过程中碎石容易发生二次破碎，导致级配组成和孔隙率改变，混合料的强度、渗水等性能降低；若碎石和细料中的有害物质超标，或细料的塑性指数超标，混合料性能的降低更为明显，最终导致设置级配碎石层的路面出现种种破损。

级配碎石用于二级和二级以上公路的基层或底基层时，应采用预先筛分的不同粒径碎石（如 31.5～19mm，19～9.5mm，9.5～4.75mm）和 4.75mm 以下的石屑组配而成；用于其他等级公路时，可采用未筛分的碎石和石屑组配而成。

轧制碎石的材料可以是各种类型的岩石（软质岩石除外）、圆石或矿渣。圆石的粒径应是碎石最大粒径的 3 倍以上；矿渣应是已崩解稳定的，其干密度和质量应比较均匀，干密度不小于 960kg/m^3。石屑或其他细集料可以使用一般碎石场的细筛余料，也可以利用轧制沥青路面用石料的细筛余料，或专门轧制的细碎石集料。

要想获得高质量的级配碎石，必须采用几个不同规格的单一尺寸碎石进行组配。单一尺寸碎石的质量取决于生产机械类型和筛孔的合理设置以及吸尘的效果。传统的鳄式破损机生产出来的碎石质量不稳定，碎石的扁平、针片状颗粒含量多、碎石形状不好，特别是 20mm、10mm 以下规格的碎石质量更是无法保证，必须采用反击式或锤式且是二级破碎的碎石。同时，除尘设备也是必备的，一是碎石本身质量的保证，二是环保的要求。

级配碎石所用石料的类型和强度对基层的强度和抗变形能力有明显影响，碎石的压碎值应满足表 6-10 的规定。美国 AASHTO 和 ASTM 规范均间接地要求级配碎石基层集料的 CBR 值不小于 80%。

碎石的压碎值要求　　表 6-10

结构层位	高速公路、一级公路	二级公路	二级以下公路
基层	≤26%	≤30%	≤35%
底基层	≤30%	≤35%	≤40%

已有研究表明，0.5mm 以下细料的塑性指数对级配碎石的性能有明显影响，随着细料塑性指数的增大，混合料的 CBR 值明显降低；凡是基层塑性指数超过规定值的路段，沥青路面的抗塑性变形能力明显降低，容易发生结构性破坏；另外，塑性指数较高的细料，遇水易膨胀，会降低混合料的透水性和水稳定性，增大冰冻敏感性。因此，应严格控制级配碎石中 0.5mm 以下细料的含量及其塑性指数。我国规定：潮湿多雨地区级配碎石细料的塑性指数宜小于 6，其他地区宜小于 9；在塑性指数偏大的情况下，控制塑性指数与 0.5mm 以下细料含量的乘积，在年降雨量小于 600mm 的地区，地下水位对路床无影响时，乘积应不大于 120；在潮湿多雨地区，乘积应不大于 100；细料的液限宜小于 28%。AASHTO 及 ASTM 均规定其液限应小于 25%，塑性指数应小于 4%～6%。

碎石中不应有黏土块、植物等有害物质。细料中有害物质（如有机物、黏土等）的含量应予以控制，以降低其对级配碎石性能的影响，可以采用砂当量指标，要求其不小于 45%。对于寒冷地区，还应考虑集料颗粒的抵抗冻融能力，可以采用安定性指标，要求其小于 12%。

二、级配组成

级配碎石的组成结构类型主要有密实—悬浮、骨架—密实、骨架—空隙等，级配设计原则有连续级配、间断级配、紧排骨架—密实原则等。目前各国级配碎石的级配组成建议值范围较宽，但均认识到最大粒径、4.75mm、0.6mm、0.075mm等筛孔的通过率对级配碎石的强度、抗变形能力、水稳定性等的影响。

1. 最大粒径

有研究指出，最大粒径越大，集料中起骨架作用的粗集料相对较多，从获得级配碎石最大 CBR 值来看，最大粒径以 37.5mm 为最佳；最大粒径越大，混合料的干密度越大，最大粒径为 50mm 可以获得最大干密度。工程实践表明，最大粒径为 37.5mm 的级配碎石施工中离析较大，而 31.5mm 的不易离析，质量均匀，故最大粒径不宜超过 31.5mm。我国基层规定，当级配碎石用做二级和二级以下公路的基层时，其最大粒径应控制在 37.5mm 以内；当级配碎石用做高速公路和一级公路的基层以及半刚性路面的中间层时，其最大粒径宜控制在

31.5mm以下。国外一般认为，良好施工、较大粒径的级配碎石作为基层，可以显著提高路面的强度，路面弯沉较小且在服务期间变化不大，从而提高沥青路面结构的抗疲劳性能，降低车辙深度。但最大粒径越大，运输、摊铺过程中越容易离析，导致级配碎石的实际路用性能明显降低；而且采用较大粒径时，施工中不容易机械整平，用于拌和及整平的设备易于磨损。

前述连续密级配碎石的CBR和剪切性能试验分析表明，最大粒径对级配碎石的CBR值有明显影响，级配指数 n 值应控制在0.50以下，最大粒径宜选择31.5mm，进一步增大颗粒对提高CBR值的效果不大明显，且施工中易出现离析，不利于保证施工质量；级配碎石的剪切强度具有尺寸效应，最佳的最大粒径是31.5mm。

因此，级配碎石最大粒径的确定，应综合考虑最大粒径对级配碎石性能的影响、所处结构层位、所在地区气候条件等因素，并确保施工中不发生离析，建议最大粒径为31.5mm。用做潮湿或冰冻地区的底基层时可以采用37.5mm，但要严格控制施工级配组成，施工中采取有效措施防止离析。

2. 4.75mm筛孔通过率

国内外对级配粒料的研究表明，细集料的含量对级配粒料的强度、密实度有很大影响。对于最大粒径为31.5mm的级配碎石的4.75mm筛孔通过率，日本为30%～65%，法国为30%～53%，加拿大魁北克省为35%～60%，我国现行规范为29%～54%。

根据前面4.75mm筛孔通过率对级配碎石CBR值和剪切强度的影响分析可知，4.75mm筛孔通过率对级配碎石的CBR值有明显影响，在29%～49%范围内变化时，CBR值差异较大。根据我国现行规范对级配碎石基层CBR值的规定，通过率控制在37%～46%之间可以满足CBR值不小于180%的要求。4.75mm筛孔通过率在35%～44%之间变化时，对级配碎石的剪切强度有明显影响，混合料的剪切性能在39%附近达到最佳。目前对于级配碎石剪切性能的研究成果较少，尚无剪切性能控制指标。研究中以二级公路设置级配碎石层的路面结构组合为例，用有限元法计算分析了级配碎石结构层在标准轴载BZZ—100作用下的剪切状况，以级配碎石层中部靠近车轮内侧边缘的位置作为剪切破坏的最不利位置，考虑施工和超载等因素，根据剪切试验中平行试验剪切强度的级差确定修正安全系数为1.4，以剪切破坏最不利位置的竖向剪切应力提出剪切强度控制标准，即剪切试验的剪切强度应大于0.52MPa。4.75mm筛孔通过率大于35%后，剪切强度均大于0.52MPa。根据CBR值控制指标和剪切强度参考控制指标的要求，最大粒径为31.5mm的级配碎石4.75mm筛孔通过率宜为37%～46%，与目前各国的建议值相比，变化范围有所缩小。

3. 2. 36mm 筛孔通过率

国内外关于 2. 36mm 筛孔通过率对级配碎石性能的影响的研究较少，我国现行规范的建议范围为 17%～37%。前面的试验分析表明，2. 36mm 筛孔通过率对级配碎石的 CBR 值和剪切强度均有影响，在小于 24%和大于 27%的两侧增大通过率时 CBR 值均会降低，且小于 24%时更为明显；同时，通过率小于 24%时剪切强度对其变化很敏感。因此，级配碎石的 2. 36mm 筛孔通过率宜控制其下限不小于 24%，范围为 24%～37%。

4. 0. 6mm 筛孔通过率

0. 6mm(国外 0. 425mm)筛孔通过率对级配碎石的密实度、强度等均有影响，同时，0. 6mm 以下细料的液限和塑性指数对级配碎石的水稳定性、冰冻稳定性等会产生重要影响。除了我国和日本对于不同的最大粒径取相同的通过率外，其他各国则随着最大粒径的减小而有所增加。最大粒径为 31. 5mm 的 0. 6mm(0. 425mm)通过率，日本为 10%～30%，法国为 5. 5%～21%，加拿大魁北克省为 10. 5%～22%，我国为 8%～20%。

前面的试验分析表明，级配碎石的 CBR 值在 0. 6mm 筛孔通过率为 16%附近达到最大值，剪切强度在 15%时达到最大值，筛孔通过率控制在 14%～16%的一较小范围，有利于保证混合料 CBR 值和剪切性能。根据 CBR 值控制指标和剪切强度参考控制指标的要求，最大粒径为 31. 5mm 的级配碎石 0. 6mm 筛孔通过率宜为 14%～17%。

5. 0. 075mm 筛孔通过率

0. 075mm 以下粉料在级配碎石中主要起填充孔隙的作用，同时与水拌和后也能起到一定的胶结作用。0. 075mm 以下粉料填充粗颗粒形成的孔隙和胶结粗颗粒，使级配碎石的密实度和强度增大的同时，也会使渗水性能、水稳定性、冰冻敏感性降低。因此，应根据级配碎石层的功能要求，平衡粉料对级配碎石路用性能的影响，合理确定 0. 075mm 筛孔的通过率。对于多雨潮湿地区、冰冻地区的级配碎石层，在保证强度的同时，应充分考虑渗水性能、水稳定性、冰冻敏感性，适当降低 0. 075mm 筛孔的通过率；对于干旱地区，则应重点考虑密实程度和强度性能，适当提高 0. 075mm 筛孔的通过率。

加拿大、荷兰、英国为潮湿地区，特别是加拿大、荷兰属于冰冻地区，一般都采用较大粒径、细料含量低、厚度较厚的级配碎石，甚至采用开级配的级配碎石，以提高其抗冻性能和排水性能，0. 075mm 筛孔通过率的低限为 0。属于非冰冻地区的法国、日本、美国大部分州以及欧洲部分国家，建议规定一个最低的 0. 075mm通过率，一般不小于 2%，FHWA 甚至规定不小于 4%的要求。我国现行规范规定为 0%～7%。

由前面的试验分析结果可得，级配碎石的 CBR 值在 0. 075mm 筛孔通过率为 4%～6%之间时达到最大值，剪切强度在 0.075mm 筛孔通过率为 6%附近会因粉料撑开粗颗粒骨架而有所降低，但总体呈增大趋势。因此，综合考虑级配碎石的 CBR 强度、剪切强度、渗水性能、水稳定性、冰冻敏感性等，建议 0.075mm 筛孔通过率宜控制在 4%～7%以下。

三、级配组成设计方法

1. 现行规范级配组成设计述评

我国现行规范中级配碎石的组成设计较为简单，按原材料技术要求选择碎石材料，根据规范推荐级配组成范围拟定初选级配，采用重型击实或振动成型试验确定最佳含水率和最大干密度，对初选级配进行 CBR 试验验证，确定满足要求的目标级配。

在实际应用过程中，存在以下主要问题。

(1)级配组成推荐范围过宽

现行规范对级配碎石的不同筛孔通过率推荐了变化范围(表 6-11)，作为初选级配的依据。但推荐变化范围偏宽，造成设计中的随意性大，不同的设计人员，对级配碎石的认识不同，考虑的侧重点不同，在推荐变化范围内的取值不同，有的偏向于中值控制设计，有的偏向于控制粗集料，导致级配走向不同。而推荐变化范围内不同级配走向的混合料的实际路用性能差异较大，使现行规范设计方法的可操作性变差，主要依赖于设计人员的经验。

级配碎石混合料的颗粒组成范围　　表 6-11

结构层位置		基层或中间层		未筛分碎石底基层	
级配编号		1	2	1	2
通过右侧筛孔(mm)的质量通过率(%)	53			100	
	37.5	100		85～100	100
	31.5	90～100	100	69～88	83～100
	19	73～88	85～90	40～65	54～84
	9.5	49～69	52～74	19～43	29～59
	4.75	29～54	29～54	10～30	17～45
	2.36	17～37	17～37	8～25	11～35
	0.6	8～20	8～20	6～18	6～21
	0.075	0～7	0～7	0～10	0～10

(2)控制指标单一

现行规范设计方法仅采用 CBR 值验证设计级配的路用性能，而 CBR 值作为级配碎石的力学特性指标，虽可以表征其强度和抗变形能力，但仅反映级配碎石在特定变形下的强度，且无法直接反映级配碎石在行车荷载作用下的塑性变形，而塑性变形是级配碎石的主要弱点。仅采用单一指标无法有效平衡不同性能之间的要求，不利于级配碎石的综合性能优化，可能会导致一些重要功能无法体现。

(3)不便于定量控制施工质量

现行规范设计方法的级配组成推荐范围过宽、控制指标单一，在施工质量控制中除提出 CBR 值和压实度的定量控制标准外，其他如级配组成、筛孔通过率等均未明确量化要求，无法有效控制施工质量，往往使施工级配与设计级配差异较大，实际成型混合料的性能变异性较大。级配碎石作为松散颗粒材料，施工难度较大，若控制不严，成型质量很难保证，这也是制约级配碎石应用的主要原因。

2. 级配组成设计原则

有了高质量的碎石，级配组成便是决定级配碎石强度和模量的重要因素。目前，集料级配的组成主要有嵌挤原则和级配原则。

所谓嵌挤原则，就是将集料颗粒用圆球来代替，以填充理论为基础，研究集料的组成设计。根据数学计算，若只是简单地将一种直径为 D 的球体堆积起来，得到的是最松散的堆积状况，空隙率约为 48%；在这种情况下再嵌入直径为 $0.732D$ 的球体，则嵌入后空隙率由 48%减小为 27%。若将一种直径为 D 的球体按棱柱体空间堆积，则得到同样大小球体最紧密的排列堆积，空隙率为 26%，此时再嵌入直径为 $0.414D$ 的球体，则嵌入后空隙率由 26%减小为 21%。由于实际使用的集料颗粒并不是理想的圆球体，其主集料的排列不会处于最松状态，但也很难达到最紧密状态。

所谓级配原则，主要是根据 C·A·G 魏矛斯提出的粒子干涉理论，认为颗粒间的空隙应由次一级颗粒来填充，其所余空隙又由再次一级的颗粒填充，填隙颗粒的粒径不得大于其间隙的距离，否则将发生干涉现象。正是这种既有填充又有干涉，而不过分干涉的大小颗粒之间一定数量分配的干涉理论，为级配原则奠定了理论基础。根据级配原则，提出了两种级配，即连续级配和间断级配。连续级配是粒径由大到小逐级递减，并按一定比例相互搭配起来，所得的级配曲线平顺光滑；间断级配是在连续级配中剔除一种或几种粒径而形成一种不连续级配。连续级配由于其颗粒可以按粒径大小有规则的组合排列，粗细搭配，从而得到较大的密实度，同时这种混合料在外力作用下不易破坏。

3. 基于双指标控制的级配组成设计方法

考虑以上原因，针对级配碎石的强度和抗塑性变形的要求，研究提出了基于 CBR 值和剪切强度双指标控制的级配碎石组成设计方法，供工程设计参考应用。

1)级配组成设计控制参数

级配组成设计中以性能控制参数和级配控制参数作为设计控制指标。

(1)性能控制参数

①CBR 值与控制标准

级配碎石用于基层或中间过渡层时,CBR 值应不小于 180%;用于底基层时,CBR 值应不小于 100%。

②剪切强度与控制标准

关于级配碎石剪切性能的控制标准,根据级配碎石基层和中间过渡层的受力状况与剪切试验结果,提出剪切强度控制标准为大于 0.52MPa。

(2)级配控制参数

①最大粒径

级配碎石的最大粒径宜为 31.5mm,用做潮湿或冰冻地区的底基层时可以采用 37.5mm。

②级配指数 n 值

利用泰波公式计算确定连续密实级配碎石时,级配指数 n 值应控制在 0.45～0.50 之间,以 0.50 为宜。

③关键筛孔及其通过率

基于 CBR 值和剪切强度双指标控制的级配碎石关键筛孔及其通过率建议变化范围,如表 6-12 所示。

关键筛孔通过率合理变化范围　　表 6-12

关键筛孔(mm)	4.75	2.36	0.6	0.075
通过率范围(%)	37～46	24～37	14～17	<4～7

2)级配组成设计流程

基于双指标控制的级配组成设计流程如图 6-28 所示。

(1)原材料选择与试验

根据前述原材料要求和确定的最大粒径,选择富有棱角的碎石。对选择的碎石进行表观密度、压碎值、针片状含量、液限、塑性指数等试验,检验指标要求,重点控制压碎值、塑性指数、有害物质含量等指标。

(2)级配组成初选

综合考虑不同筛孔通过率对级配碎石路用性能的影响,根据现行规范推荐范围和级配控制参数,以及已有工程应用经验,初步拟定 1～3 个级配组成。

(3)最佳含水率与最大干密度确定

目前级配碎石仍沿用以击实法为基础的重型压实标准,但重型击实法容易导致碎石二次破碎,使实际组成发生改变,而且与施工中的振动压实工艺明显不同。振动成型与击实成型相比,粗集料之间相互嵌挤较好,有利于形成骨架的强度，细集料作为填料能充分填充骨架的空隙，且与现场施工压实相近。级配碎石击实法和振动法的对比试验表明，振动法确定的级配碎石的干密度小于重型击实法，粗颗粒在击实锤的冲击作用下被击碎，进一步填充了试件孔隙，从而获得较大的干密度。两种方法下的最佳含水率基本相近，振动法得出的最佳含水率略高。使用振动成型能够得到较大的 CBR 值，就级配碎石的 CBR 值而言，振动法优于击实法。因此，级配碎石组成设计中确定最佳含水率与最大干密度，以及路用性能试件成型时，宜采用振动法，使成型方法与压实工艺协调一致，减小施工成型后的级配组成与目标级配组成的差异。

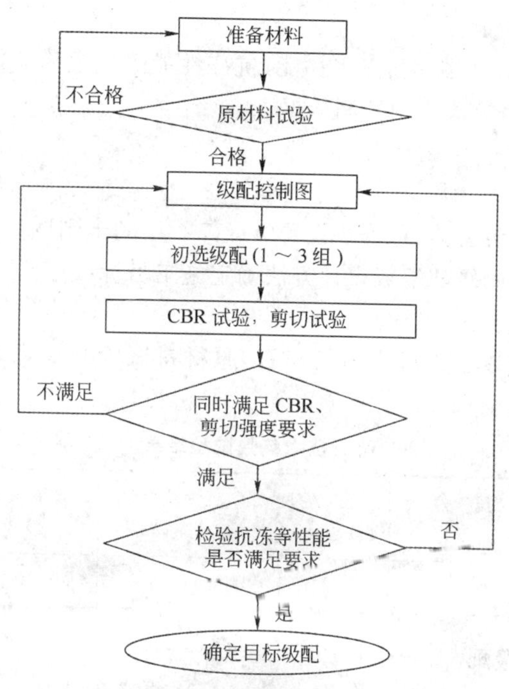

图 6-28　级配碎石级配组成设计流程

振动成型方法主要有两种，一种为振动锤法(即表面振动压实法)，如英国、瑞典采用此法；还有一种为振动台方法，如美国 ASTM 、日本、澳大利亚、加拿大、丹麦等国采用此法。表面振动试验可以模拟现场振动压路机在材料表面的作业情况，它是通过变频器调节电机旋转速度而获得不同的压实(激振) 频率，同时通过调节偏心质量可以产生不同的离心力，增减配重调节名义振幅，从上向下压实试件，以模拟振动压路机的振动情况。振动台是室内常用的振动设备，其振动装置从下至上的振动，与压路机压实过程正好相反。根据以往的试验结果，对压实具有含水率要求的材料，表面振动法优于振动台法。对于级配碎石，条件具备时尽量采用表面振动成型设备。

(4)CBR 试验与剪切试验优选级配

对初选的级配碎石，在最佳含水率下振动成型达到规定压实度要求的试件，分别进行 CBR 试验和剪切试验。以级配组成设计性能控制参数为指标，从初选级配中优选同时满足两个控制指标要求的级配，作为进一步检验的级配。若初选级配均无法同时满足，则重新确定级配。

(5)渗水、抗冻等性能检验

根据级配碎石使用层位、所处地区条件等，对级配碎石的渗水性能、抗冻性能等进行试验检验。

(6)目标级配确定

通过 CBR 值、剪切强度、渗水性能、抗冻性能等试验检验，确定目标级配组成，作为施工级配组成确定的控制依据。

四、设计示例

某冻土地区二级公路，拟修筑设置级配碎石层的半刚性基层沥青路面，现按照基于双指标控制的级配组成设计方法确定施工目标级配。

1. 原材料试验

碎石集料采自该公路沿线料场碎石，原材料试验结果见表 6-13，各指标均满足规范材料技术要求。

碎石技术参数试验结果 表 6-13

试验项目	压碎值（%）	表观密度（g/cm³）	针片状含量（%）	集料液限（%）	细集料塑性指数（%）
试验结果	15	2.632	10.6	10	3

2. 拟定初选级配

根据级配控制参数，拟定三个初选级配，关键筛孔及 9.5mm 筛孔的通过率见表 6-14。

初选级配主要筛孔通过百分率 表 6-14

级配	31.5mm	9.5mm	4.75mm	2.36mm	0.6mm	0.075mm
试验级配 1	100	65	43	26	13	6
试验级配 2	100	58	41	31	15	5
试验级配 3	100	54	38	33	17	4.5

3. CBR 和剪切试验

利用振动成型试件确定初选级配的最佳含水率、最大干密度，并进行 CBR

试验和剪切试验，结果见表 6-15 和表 6-16。

初选级配最佳含水率、最大干密度及 CBR 试验结果 表 6-15

项　目	试验级配 1	试验级配 2	试验级配 3
最佳含水率(%)	5.7	5.6	5.5
最大干密度(g/cm^3)	2.446	2.450	2.452
CBR(%)	183	225	233
C_v(%)	14	13	15

初选级配剪切试验结果 表 6-16

级　配	剪切速率(mm/min)	侧压力 (N)	剪切位移(mm)	剪切强度(MPa)
试验级配 1	3	1 000	7.2	0.497 4
试验级配 2	3	1 000	6.7	0.597 2
试验级配 3	3	1 000	7.0	0.612 7

综合考虑 CBR 值和剪切强度，试验级配 2 和 3 同时满足两个控制指标要求，作为进一步检验级配。

4. 检验并确定级配

对试验级配进行了动三轴试验和抗冻试验，试验结果表明，试验级配 3 的回弹模量值较高，抗冻性能也好，因此作为施工目标级配。根据试验结果，在该公路的试验路上使用该级配为生产级配，使用状况良好。

第七章 级配碎石基层施工

级配碎石基层由无结合料黏结的散体材料组成，其施工难度大，施工质量对结构层使用性能的影响显著。级配碎石基层的施工要遵循三个基本原则：一是保证原材料质量，二是保证混合料级配最佳，三是保证混合料均匀摊铺和碾压密实。这是实现级配碎石结构层均匀、密实并具有良好力学特性和稳定性的关键。级配碎石的施工方法有路拌法和集中厂拌法。本章主要讨论路拌法，集中厂拌法施工，“贯入油结”法施工，以及施工质量控制中应注意的问题。

第一节 路拌法施工

级配碎石路拌法是按照目标级配组成确定不同粒径碎石和石屑的比例，利用平地机或其他合适的机具分层均匀摊铺在预定的宽度上，洒水湿润，采用稳定土拌和机或平地机或多铧犁与缺口圆盘耙相配合等方法进行现场拌和，最后碾压成型。路拌法不易控制混合料拌和的均匀性和成型质量平面分布的均匀性，但施工费用较低，可在二级以下公路基层或一般底基层采用。

级配碎石路拌法施工工艺流程如图7-1所示。

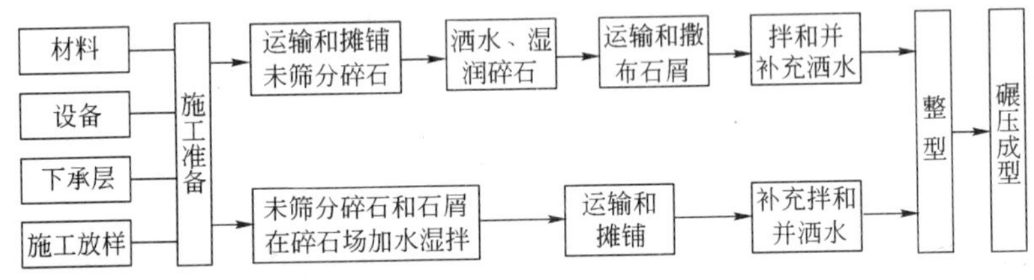

图7-1 级配碎石路拌法施工工艺

1. 准备工作

(1)材料准备

根据原材料技术要求和混合料级配组成设计，选择适宜的碎石料场。根据各路段基层的宽度、厚度及预定的压实干密度，分别计算未筛分碎石和石屑的数量。根据料场未筛分碎石和石屑的含水率以及所用运料车辆的吨位，计算每车料的堆放距离。

将未筛分碎石和石屑按预定比例在料场混合，同时洒水加湿，使混合料的含水率超过最佳含水率约1%，以减轻施工现场的拌和工作量以及运输过程中的离析现象。也可以先将未筛分碎石运输到现场，摊铺、洒水湿润后，再运输、撒布石屑。

(2)施工设备准备

级配碎石路拌法施工的拌和可以采用稳定土拌和机或平地机或多铧犁与缺口圆盘耙相配合等机械，整型一般采用平地机，碾压成型采用振动压路机、钢轮压路机、轮胎压路机和其他小型压实设备，现场还需配备洒水车。另外，需要配备装载机、运输车辆等。

(3)下承层准备

基层的下承层是底基层及其以下部分，底基层的下承层可能是路基或垫层。下承层表面应平整、坚实、具有规定的路拱，没有松散材料和软弱地点。下承层的平整度、压实度、高程应符合规范的规定。

路基不论路堤或路堑，必须用12～15t三轮压路机或等效的碾压机械碾压3～4遍。碾压过程中，如发现土过干、表层松散，应适当洒水；如土过湿、发生“弹簧”现象，应采取挖开晾晒、换土、掺石灰或粒料等措施进行处理。

对于底基层，根据压实度检查和弯沉测定的结果，对不符合设计要求的路段，必须根据具体情况，分别采用补充碾压、加厚厚度、换填好的材料、挖开晾晒等措施，使其达到标准。

底基层上的低洼和坑洞，应仔细填补及压实；搓板和辙槽应刮除；松散处应耙松、洒水并重新压实，达到规定密实度。

新完成的底基层或路基，必须按规范规定进行验收，凡验收不合格的路段，必须采取措施处理，达到标准后方能进行级配碎石施工。

(4)施工放样

在下承层上恢复中线。直线段每15～20m设一桩，平曲线段每10～15m设一桩，并在两侧路面边缘外0.3～0.5m设指示桩。进行水平测量时，在指示桩上用红漆标记基层或底基层的边缘设计标高及松铺厚度位置。

2. 运输

利用自卸车等运输车辆将集料或已湿拌的混合料运输到施工现场。装车时，应尽量控制每车料的数量基本相同，以便根据计算得出的每车料的堆放距离进行卸料。

在同一料场供料的路段，由远到近将料按要求的间距卸置于下承层上。卸料间距应严格掌握，避免料少或过多，并要求料堆每隔一定距离留一个缺口，以便施工。当采用两种集料时，应先将主要集料运到现场，待主要集料摊铺后，再将另一种集料运到现场。如粗细两种集料的最大粒径相差较多，应在粗集料处于潮湿状态时，摊铺细集料。

集料在下承层上的堆置时间不宜过长。运送集料较摊铺集料工序只宜提前

1～2d。

3. 摊铺

大面积摊铺前，根据试铺确定集料的松铺系数。平地机摊铺混合料时，松铺系数约为1.25～1.35；人工摊铺混合料时，松铺系数约为1.40～1.50。

用平地机或其他合适的机具将集料均匀地摊铺在预定的宽度上，当宽度大于22m时，应分幅进行摊铺。摊铺后的表面应平整，并具有规定的路拱。检验松铺材料的厚度，必要时进行减料或补料。当级配碎石层厚度大于16cm时，应分层铺筑，下层厚度为总厚度的0.6倍。

4. 拌和

级配碎石的拌和宜优先选用机械化程度较高的机械设备。可以采用稳定土拌和机拌和，要求不高时也可采用平地机进行拌和。

用稳定土拌和机拌和两遍以上，拌和深度应直到级配碎石层层底。

用平地机拌和时，将铺好的集料翻拌均匀，作业长度一般为300～500m，拌和遍数一般为5～6遍。拌和时平地机刀片的安装角度与位置如表7-1所示，一般根据平地机的性能、经验以及试拌综合确定。

平地机拌和级配碎石层时的刮刀安装与位置　　表7-1

项　目	平　面　角	倾　斜　角	铲　土　角
干拌	30°～50°	3°	45°
湿拌	35°～40°	2°	45°

在拌和过程中，用洒水车洒足所需水分。拌和结束时，混合料的含水率应均匀，比最佳含水率大1%左右，避免粗细颗粒离析。

在没有稳定土拌和机械且能满足施工要求的情况下，也可以用缺口圆盘耙与多铧犁相配合拌和级配碎石。用铧犁在前面翻拌，用圆盘耙跟在后面拌和，即采用边翻边耙的方法，翻耙4～6遍。圆盘耙的速度应尽量快，应随时检查调整翻耙的深度。用铧犁翻拌时，第一遍由路中心开始，将碎石混合料向外翻。拌和过程中，用洒水车洒足所需水分，并保持含水率均匀及粗细料不离析。

对于已在料场加水湿拌过的混合料，可视摊铺后混合料的具体情况(有无粗细颗粒离析现象)，用平地机进行补充拌和。

5. 整型

拌和均匀的混合料应用平地机按规定的路拱进行整平和整型，然后利用平地机或压路机在已初平的路段上快速碾压一遍，以暴露潜在的不平整，再用平地机进行最终的整平和整型。

通过平地机的多次刮平、修整，可以达到设计高程、平整度等要求。但平地机容易造成粗细颗粒离析，甚至把粗集料刮推到路面边缘而造成流失。

在整型过程中，禁止任何车辆通行。

6. 碾压成型

级配碎石层整型后，当混合料的含水率等于或略大于最佳含水率时，立即用压路机进行碾压。直线路段由两侧路肩开始向路中心碾压；在有超高的路段上，由内侧路肩开始向外侧路肩进行碾压。

前两遍采用轻型压路机初压，及时检查、找补，之后用重型压路机复压和终压，直到达到规定压实度为止。前两遍碾压速度宜为 1.5～1.7km/h，之后以 2.0～2.5km/h 为宜，速度不宜过快，否则会产生推挤波浪，影响平整度和路拱。具体碾压遍数根据试验确定，一般需要碾压 6～8 遍，结构层的两侧应多碾压 2～3 遍。

碾压全过程中均应边碾压边洒水，使其保持最佳含水率。洒水量根据施工季节、结构层厚度、水分散失情况等决定。碾压中局部有“软弹”、“翻浆”现象时，应立即停止碾压，待翻松晾干，或更换含水率合适的材料后再进行碾压。

严禁压路机在已完成或正在碾压的路段上“掉头”和急制动。

凡含粉料的级配碎石，都应采用滚浆碾压，直到碎石层中无多余粉料泛到表面为止。滚到表面的浆(或事后变干的薄层)应予以清除干净。

两个作业段的衔接处，应搭接拌和、碾压。第一段拌和后，预留 5～8cm 不进行碾压，第二段施工时，将前段预留未碾压部分，重新拌和，并与第二段一起碾压。对于不能中断交通施工的路段，可采用半幅施工的方法，接缝处搭接时，必须保持平整密实。

第二节　集中厂拌法施工

级配碎石集中厂拌法施工，可以有效控制混合料拌和质量，是目前级配碎石基层的主要施工方法。集中厂拌法施工工艺流程如图 7-2 所示。

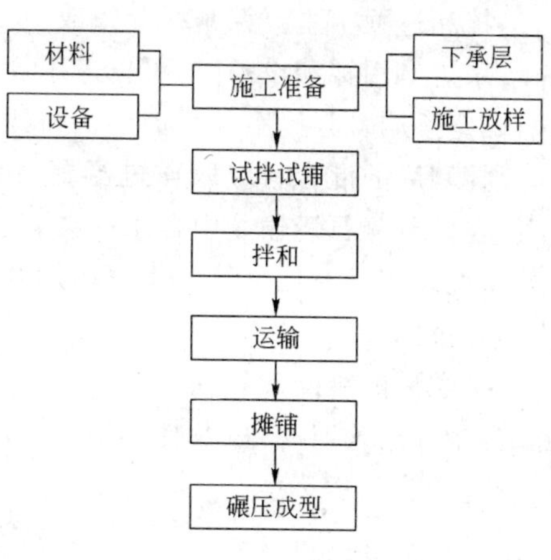

图 7-2　级配碎石集中厂拌法施工工艺

1. 施工准备

(1)材料准备

施工前应确保施工所需要的碎石和石屑等原材料足额进场，各项试验指标达到规定的要求，并进行混合料施工级配组成设计。

为了保证级配碎石的级配符合规定，一般至少选择大粒径、小粒径和石屑三种规格石料备料；如果条件许可或工程质量要求较高时，最好采用大粒径、中粒径、小粒径和石屑四种规格备料。

备料前，应对料场场地进行硬化处理。不同粒级的碎石和细集料应隔离，分别堆放。细集料应有覆盖，防止雨淋。

(2)施工设备准备

级配碎石集中厂拌可以采用强制式拌和机、卧式双转轴桨叶式拌和机、普通水泥混凝土拌和机等机械。现场摊铺宜采用沥青混凝土摊铺机或其他碎石摊铺机，也可采用平地机摊铺。碾压成型采用振动压路机、三轮压路机或轮胎压路机。同时，还应配备洒水车、装载机、运输车辆等机械设备。

大面积施工前，应通过试拌试铺，调试所用的厂拌设备，并使混合料的颗粒组成和含水率能达到规定要求；匹配相应数量的机械设备，保证施工的连续性；调试摊铺、碾压设备，保证级配碎石的成型质量。

(3)下承层准备

下承层要求与路拌法相同。

(4)施工放样

下承层上施工放样要求与路拌法相同。

2. 试拌试铺

根据原材料筛分结果，按设计目标级配确定各级碎石的掺配比例，进行试拌，并取样进行筛分试验和含水率测试，调整掺配比例和用水量，直到满足设计目标级配要求为止。当级配调整不能完全达到目标级配时，应该尽可能保证关键筛孔的通过率满足要求。

选择试验路段，将试验确定的施工级配进行试铺，以确定松铺厚度、碾压工艺、密实度与保证措施、含水率控制等，为大面积施工提供技术指导。

3. 拌和

拌和过程中主要控制级配组成、含水率和拌和均匀程度。

采用专用拌和设备时，可以采用沥青混合料拌和过程中的冷料比例调整方法，确定不同粒径碎石和石屑的供料比例，避免部分料仓溢料或待料。

拌和后的混合料应取样进行筛分和含水率测试，检验级配组成，控制含水率。在级配碎石运输途中含水率会有一部分损失，应视天气情况适当调整含水率，一般在阴天时比最佳含水率增加0.5%，晴天刮风时增加1%。

4. 运输

拌和后的级配碎石利用自卸汽车运输到施工现场。根据摊铺能力、运输线路、运距和运输时间，以及拌和站生产能力，确定运输车辆种类和数量，保证拌和连续生产。

为了避免离析，应按车厢前后部位由下而上分批装料，切忌一次堆积过高，车辆运输道路尽量平坦。

为防止运输过程中水分损失过大，可采用篷布覆盖。混合料运输到达现场后，应随机抽检级配组成与含水率。若出现明显离析现象，应在施工现场进行二次拌和。

5. 摊铺

运输到达现场并抽检合格的级配碎石，采用沥青混凝土摊铺机、水泥混凝土或稳定土摊铺机，根据试拌试铺得出的松铺系数摊铺均匀。若没有摊铺机，施工允许时也可用自动平地机摊铺。

平地机摊铺时，根据摊铺层的厚度和要求达到的压实干密度，计算每车混合料的摊铺面积，将混合料均匀地卸在路幅中央，路幅宽时也可将混合料卸成两行，用平地机将混合料按松铺厚度摊铺均匀。

摊铺时，派专人在摊铺机或平地机后，及时消除粗细集料离析现象，确保摊铺出的级配碎石均匀一致。对于粗集料"窝"和粗集料"带"，应添加细集料，并拌和均匀；对于细集料"窝"，应添加粗集料，并拌和均匀。

级配碎石摊铺应避免纵向接缝，如摊铺机的摊铺宽度不够，必须分两幅摊铺时，宜采用双机前后错位联合摊铺。

6. 碾压成型

碾压成型是级配碎石施工的关键环节，直接关系到级配碎石能否形成密实结构。摊铺后的级配碎石应及时用振动压路机、三轮压路机或轮胎压路机碾压，以减少水分损失。使用重型振动压路机和轮胎压路机碾压时，每层的压实厚度不应超过20cm；使用12t以上三轮压路机碾压，每层的压实厚度不应超过15～18cm。

碾压宜在混合料含水率等于或略大于最佳含水率时进行，若摊铺后水分散失过多，可以采用洒水车进行雾状洒水补充，避免水分不均匀，以及表面积水或过多水分将粉料带入下承层，出现离析。

碾压施工遵循"先轻后重，先弱后强，先慢后快，先边缘后中间"的原则，具体碾压分为初压（静压）、复压（振压）和终压（静压）三道工序。初压采用振动压路机静碾1遍；复压先用轮胎压路机碾压两遍，再用振动压路机碾压两遍，最后用振动压路机静碾两遍；终压用振动压路机或轮胎压路机静碾1遍。碾压遍数通过试铺段确定。由于级配碎石是松散性材料，应控制碾压速度不宜过快，宜为1.5～2.0km/h。振动碾压应控制振动频率、振幅和碾压速度，宜采用弱振、慢速碾压，防止碎石二次破碎。碾压变数根据试铺结果确定，碾压至没有明显轮迹，达到规定密实程度。边缘部位应多碾压2～3遍。

碾压成型的级配碎石层，在未洒透层沥青或未铺封层时，禁止开放交通，以免造成表层破坏。

7. 接缝处理

用摊铺机摊铺混合料时，对于当天未压实的混合料可以与第二天摊铺的混合料一起碾压，但应注意前一天所留部分混合料的含水率。必要时，应人工补洒水，使其含水率达到规定要求。用平地机摊铺时，每天工作缝的处理与路拌法相同。

级配碎石应避免产生纵向接缝。如摊铺机的摊铺宽度不够，必须分两幅摊铺时，宜采用两台摊铺机双机联铺，前后相隔约5～8m。在仅有一台摊铺机的情况下，可先在一条摊铺带上摊铺一定长度后，再转移到另一条摊铺带上摊铺，然后一起碾压。

第三节 “贯入油结”法施工

根据试验路修筑和已有施工经验，作为松散性材料的级配碎石，施工过程中不易碾压密实稳定，尤其是边缘部位更加明显。室内试验研究得出，级配碎石相同碾压条件下的密实程度与侧压力有关，稳定的侧向支撑可以明显提高级配碎石的碾压密实度。为此，从松散性材料自身特点出发，借鉴泥结碎石和沥青贯入式的施工工艺，提出级配碎石基层(或中间过渡层)的路缘石侧向支撑、“贯入油结”施工工艺。

“贯入油结”施工工艺流程如图7-3所示，与集中厂拌法施工相比，主要差异在施工准备和摊铺环节。

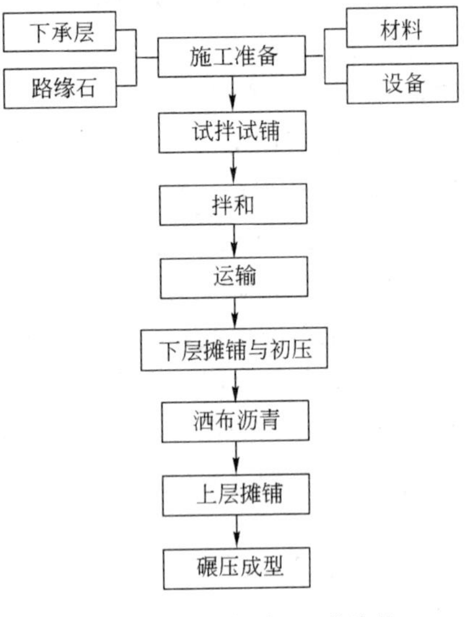

图7-3 “贯入油结”施工工艺流程

1. 施工准备

根据已有施工经验，施工过程中尚未安装路缘石时，即使边缘部位增加碾压遍数，也很难达到预期的压实效果。为此，按集中厂拌法相同要求，完成材料准备、设备准备和下承层准备后，进行路缘石的安装。

路缘石应埋设在下承层顶面或嵌入下承层，外侧填筑硬路肩或土路肩，使路缘石稳定牢固，为级配碎石施工提供良好的侧向支撑。

为了及时排除级配碎石层积聚的自由水，路缘石沿路线纵向每间隔约20m设置开口，连接到路肩上设置的碎石盲沟或横向排水管。开口间距、盲沟尺寸或排水管直径等可根据具体降雨条件具体确定。

2. 下层摊铺与碾压

级配碎石基层或中间过渡层“贯入油结”法施工时摊铺分两层进行，下层厚度宜略大于上层，控制单层厚度不小于4cm。

根据分层厚度和试铺得出的松铺系数，采用摊铺机或平地机进行下层摊铺，摊铺要求与集中厂拌法相同。下层摊铺后，采用静碾初压 1～2 遍，使下层混合料达到基本稳定。

3. 洒布沥青

对下层进行静碾初压、整平稳定后，利用沥青洒布车在表面洒布沥青。

沥青采用普通石油沥青或乳化沥青，沥青洒布量根据试铺确定，以沥青渗透深度大于下层厚度的 3/4 为宜，约为沥青贯入式洒布总量的 1/4～1/3，一般为 1～1.5kg/m^2。若洒布乳化沥青，混合料施工含水率的控制应考虑乳液的影响。

4. 上层摊铺

待沥青渗透 2cm、下层表面没有明显沥青积聚时，按要求摊铺上层混合料，进行碾压成型。

5. 碾压成型

碾压成型与厂拌法施工相同。

第四节　施工质量控制与检查

一、施工中应注意的问题

1. 含水率控制

研究与实践表明，级配碎石只有在接近最佳含水率条件下能达到最佳压实效果，因此，施工过程中应严格控制含水率。主要从以下几方面控制：

(1)拌和中严格控制含水率，大于最佳含水率 0.5%～1%；

(2)拌和前一天，对粗颗粒碎石进行适当洒水湿润，但细集料应保持干燥；

(3)现场摊铺后，应及时进行碾压，缩短碾压时间来减少水分蒸发损失；

(4)如含水率偏低，应根据情况，用喷雾式洒水车适当补充洒水。

2. 级配控制(离析控制)

级配碎石由于粒径较大，施工过程容易出现离析现象，比较常见的是在摊铺碾压后出现粗集料“窝”或粗集料“带”，无法保证压实的均匀性，使用过程中也容易出现局部松散变形破坏。引起级配碎石离析的原因主要包括：

(1)拌和过程中级配控制不严，忽粗忽细；

(2)运输车辆装料中不严格进行分次前后装料，造成离析；同时，运输过程中路线过长或速度过快或颠覆均会引起离析；

(3)摊铺过程中产生离析，尤其是采用平地机施工时，容易出现离析。

根据这些可能导致离析的原因，拌和质量的控制是关键。对原材料的粒径组成要进行严格控制，并将不同粒径碎石分别堆放；保证碎石掺配比例，控制各仓上料速度和均匀性。通过拌和各环节的严格控制，生产出稳定均匀、符合级配要求的混合料，可以避免或明显减少离析现象。

3. 碾压问题

级配碎石属于无结合料混合料，粒径大且易松散，碾压过程中易出现碎石破碎和松散推移现象。而级配碎石结构层的强度又主要通过碾压而获得粗颗粒的散挤，硬结以及细集料填充形成联结强度。因此，确定适宜压实厚度，选择合理碾压设备与工艺，以确保碾压质量。

现场压实厚度应与所选用的压路机类型或功能相适应，以符合压实度要求为目的，通过试验路段来确定。研究和实践表明，采用振动压路机和胶轮压路机联合交叉碾压可以达到良好的碾压效果。采用胶轮压路机使表面颗粒搓揉，重新就位，有利于形成骨架；振动压路机起主要压实作用，其中弱振有利于结构层中间至表面部分的密实，而强振有利于结构层中间至层底部分的密实。一般开始时宜采用静压，使混合料成型并具有一定的密实度；再用弱振、强振和胶轮碾压，使结构层内部密实，减少空隙率；最后用静压，使结构层从内部到表面更加密实。通常，压路机的吨位越大、振动频率越大、振幅越高，对压实越有利，但同时碎石的破碎越严重。因此，压路机吨位，振动力应综合考虑。碾压速度也应加以控制，初压时宜采用慢速静压，复压时速度由慢速逐渐提高，以避免结构层密实度较低时碾压引起松散推移。

另外，试验研究得出，级配碎石作为散体材料，其强度与侧向约束密切相关，侧向约束越强，压实越易达到密实，整体承载能力越高。因此，级配碎石结构层碾压中应采用预埋路缘石等侧向约束措施，有利于密实度的提高。

4. 质量控制指标

我国现行规范提出的级配碎石施工质量主要控制指标与标准为：用作中间层时的重型击实试验法确定的压实度应大于100%，CBR值不应小于180%；用作基层时的压实度应大于98%，CBR值不应小于180%；用作底基层时的压实度应大于96%，CBR值不应小于100%。

试验研究表明，级配碎石振动法确定的最大干密度与重型击实法存在差异，一般偏小。随着振动成型方法的应用，施工压实度控制标准应有所调整。

级配碎石现场施工压实质量的检测与控制，目前主要采用灌砂(水)法或轮迹法，且以碾压轮迹法居多，但控制压实度精度较低，现场承载板法又太繁琐，国内外尚没有一个公认的可靠方法。近来有一种被认为有发展前景的动力响应法，包括锤击动力响应法与应力波法，在国内外正在进行研究中。

二、实测项目与要求

级配碎石基层表面应平整密实，边线整齐，无松散，实测项目与要求见表7-2。

级配碎石基层实测项目与要求　　表 7-2

<table>
<tr><th colspan="2">项　　目</th><th>频　　度</th><th>质 量 标 准</th></tr>
<tr><td rowspan="2">压实度</td><td>代表值</td><td rowspan="2">每 200m 每车道 2 处</td><td>98%</td></tr>
<tr><td>极值</td><td>96%</td></tr>
<tr><td colspan="2">弯沉值(0.01mm)</td><td>按规定方法</td><td>符合设计要求</td></tr>
<tr><td colspan="2">平整度(mm)</td><td>3m 直尺:每 200 延米 2 处,每处连续 10 尺</td><td>高速和一级公路:8;
二级及二级以下公路:12</td></tr>
<tr><td colspan="2">纵断面高程(mm)</td><td>每 20 延米 1 个断面,每个断面 3～5个点</td><td>高速和一级公路:+5,−10;
二级及二级以下公路:+5,−15</td></tr>
<tr><td colspan="2">宽度(mm)</td><td>每 40 延米 1 处</td><td>+0 以上</td></tr>
<tr><td rowspan="2">厚度(mm)</td><td>代表值</td><td rowspan="2">每 200m 每车道 1 个点</td><td>高速和一级公路:−8;
二级及二级以下公路:−10</td></tr>
<tr><td>合格值</td><td>高速和一级公路:−15;
二级及二级以下公路:−20</td></tr>
<tr><td colspan="2">横坡度(%)</td><td>每 200m 测 4 个断面</td><td>高速和一级公路:±0.3;
二级及二级以下公路:±0.5</td></tr>
</table>

第八章　沥青稳定碎石材料特性与配合比设计

公称最大粒径等于或大于 26.5mm 的沥青混合料称为沥青稳定碎石混合料（简称沥青碎石），习惯称为大粒径沥青混合料。按混合料空隙率分为密级配沥青碎石（ATB）、半开级配沥青碎石（AM）和开级配沥青碎石（ATPB），其设计空隙率分别为 4%～6%、12%～18%、18%～24%。沥青稳定基层使路面结构的受力均匀、变形协调，强度形成快而缩短施工工期，同时一定的空隙率可以及时排除路面结构中滞留的自由水，不会因水分变化而出现干缩裂缝，从而提高路面的强度和稳定性以及对环境的适应性，减少路面的早期破坏，延长路面的使用寿命。因此，沥青稳定碎石基层在国外得到广泛应用，在地处北半球高纬度地带，低温寒区地域广的加拿大，也大量采用。

对于一般地区，处于沥青面层下的沥青稳定碎石基层受气温影响较小，而冻土地区自然条件对基层混合料的影响不可忽视，沥青稳定碎石混合料除满足强度要求外，其抗变形能力、冰冻稳定性、低温抗裂性能等也很重要。本章介绍沥青稳定碎石的强度特性、低温抗裂性能、水稳定性、疲劳性能及配合比设计方法。

第一节　沥青稳定碎石的基本特性

一、沥青的基本特性

沥青是由多种复杂的碳氢化合物及其氧、硫和氮的衍生物组成的混合物，其主要组成元素为碳、氢、氧、硫和氨等 5 种元素。通常道路工程中使用的沥青为石油沥青，其碳含量为80%～87%，氢为 10%～15%，氧、硫和氨的含量少于3%。沥青的结构极其复杂，为进行沥青的化学组分分析，将沥青分离为几个化学性质相近、与路用性能有一定联系的组分。对于石油沥青，各组分按其化学成分、含量比例和流变特性等可分成不同的胶体结构。

沥青作为一种胶体物系，具有流变性能，表现在其性质取决于温度和荷载的作用时间。也就是时间和温度是可以相互换算，高温、短荷载作用时间与低温、长荷载作用时间其效果是可以相等的。在高温（如热带沙漠性气候）或持续荷载（如缓慢行驶的车辆）作用下，沥青会像黏性液体一样流动。而低温（冬天或是常年低温环境下）或非常迅速的荷载（如快速运动的车辆）作用下，沥青近似弹性固体，在加载时产生形变，而一旦卸载后，又会恢复到原来的形状。从宏观上表现为，随着温度的不断升高，沥青逐渐由玻璃态转变为高弹态和黏流态，是一种黏弹性材料。其力学特性主要表现为具有蠕变和应力松弛特性。沥青还具有一个显著的特性，由于它是由有机分子组成的，所以在自然条件（热、氧、光、水）和施工等因素的作用下，沥青分子的构成和组分容易产生不可逆变化，从而导致沥青性质劣化，即沥青材料的老化。

二、沥青混合料的基本特性

沥青混合料作为一种复合材料，是由沥青、粗集料、细集料和矿粉以及外加剂所组成。关于沥青混合料的结构组成，目前存在着两种理论，其一为表面理论，此理论认为沥青混合料是由粗集料、细集料和填料经人工组配成密实的级配矿质骨架，此矿质骨架由稠度较稀的沥青结合料分布其表面，而将它们胶结成为一个具有强度的整体；其二为胶浆理论，认为沥青混合料是一种多级空间网状结构的分散系，它是以粗集料为分散相而分散在沥青砂浆的介质中的一种粗分散系，而砂浆又是以细集料为分散相而分散在沥青胶浆介质中的一种细分散系，胶浆又是以填料为分散相而分散在高稠度的沥青介质中的一种微分散系。

沥青混合料是一种性能极其复杂的建筑材料，主要表现在：沥青是一种成分非常复杂的有机高分子材料，与矿质集料仅有极弱的结合能力，所以不同的沥青混合料性质差别很大；组成混合料的配合比及混合料的生产工艺与施工方法的差异造成沥青混合料性质的极大差异；沥青混合料的性能受加载时间、温度的影响大，沥青混合料性能的条件性很强。

总体而言，黏弹性为沥青混合料的基本力学特征，是由其材料组成和材料特性所决定的。

1. 颗粒特性

沥青混合料中占绝对优势（约 95%）的材料是各种不同粒径和品种的粗、细集料和填料，它在沥青混合料中所表现的颗粒性特征对混合料性质有重要影响。这种颗粒性特征在温度较高，沥青结合料黏度较低时较为明显。沥青混合料的颗粒性特征主要表现在以下几个方面：

（1）材料的力学性质与其压实度有关，随着压实度的增加，材料越致密，它的强度与刚度越大；

（2）材料的力学特性与三轴实验的围压 σ_3 有关，材料的强度与刚度随 σ_3 的增大而增大；

（3）沥青混合料的矿料嵌挤作用对力学性质的贡献占相当大的比例，但它很难量化。试件的成型方法和条件对集料嵌挤的形成影响极大，压实成型的过程甚至可能使矿料破碎，产生新的无结合料的非连续性的断裂面。此外，颗粒性材料也是一种非匀质材料，为非连续性介质。同连续的均匀材料相比，非匀质材料的抗压强度一般要大于其抗拉强度，而均质材料的拉压强度在数值上比较接近。

2. 黏弹性特征

普遍认为，沥青混合料是一种典型的黏、弹、塑性综合体。在低温小变形范围内接近线弹性体，在高温大变形活动范围内表现为黏塑性体，而在通常温度的过渡范围内则为一般黏弹性体。

从普通意义上来说，所有的沥青混合料均为非弹性体，且沥青混合料作为路面材料在其实际工作范围内主要表现为黏弹性体。材料的非弹性主要表现在它的变形在卸载后的不可恢复性，即塑性和黏性变形，以及其应力—应变关系的曲线特性。其力学特征主要表现在三个方面：(1)材料的力学特性与加载速度有关，随着加载速度的增加，材料的强度与刚度均会增大；(2)材料的力学特性对温度十分敏感，随着温度的升高，材料的物理特征表现为变软，强度与刚度变小；(3)材料具有十分明显的蠕变与应力松弛现象。

总之，沥青混合料的材料及结构组成决定了其力学特性，而力学特性又直接关系到作为路面材料的混合料的使用品质，如沥青混合料随温度下降，变形能力降低，产生低温裂缝；在自然条件和交通荷载的反复循环作用下产生疲劳；在光热氧化作用下产生老化等。

三、冻土地区沥青稳定碎石的关键路用性能

使用沥青稳定碎石混合料作为沥青路面基层，其主要优点在于它比半刚性基层有较强的协调变形能力，在低温下能够形成较高的强度。但是，潜在的威胁是，应用于冻土地区的沥青混合料，随着温度的降低，刚度增大，变形能力变差，路面容易出现裂缝。随着时间的推移，裂缝逐渐加宽、变深，水分进入到路面结构中，产生冻融损害，并在荷载和环境的共同作用下不断加剧，最终导致沥青路面出现严重病害。

针对冻土地区的地理和气候特点以及沥青稳定碎石基层的结构功能要求，沥青稳定碎石混合料的主要路用性能概括起来，包括以下几个方面：

(1)强度和刚度

基层是路面的主要承重层，作为基层材料的沥青稳定碎石应该具有较高的强度和刚度，以使整个路面结构具有较高的承载能力和抗变形能力。

沥青稳定碎石基层在行车荷载与自然因素综合作用下，可能处于受压或受拉状态，与荷载大小、结构组合、结构层厚度等有关。因此，沥青稳定碎石混合料应具有较高的抗压强度和抗弯拉强度，以及与面层相匹配的刚度。沥青性质、混合料组成、温度、冻融等影响着沥青稳定碎石的强度与刚度，混合料设计中应保证其在实际使用的荷载、温度等条件下的承载能力和抗变形能力。对于冻土地

区，沥青稳定碎石基层混合料设计中应考虑重载、高低温交替变化、冻融循环等因素对混合料强度和刚度的影响。

(2)低温抗裂性能

冻土地区低温、温差大的环境使得沥青变得脆硬，沥青混合料的劲度模量提高，变形能力和应力松弛性能降低，在温度变化和荷载作用下，会使沥青混合料变形或应力超过极限值而产生裂缝。对于低温开裂，要求沥青混合料低温条件下具有足够的应力松弛能力，较小的收缩变形和较大的低温抗裂能力。

(3)抗冻性能

沥青稳定碎石抗水损害能力，即水稳定性，是其作为路面基层的主要路用性能。降落到路面表面的积水将通过沥青面层渗透进入到基层，在基层沥青混合料中集聚。当基层随气温变化经受冻融循环作用时，沥青稳定碎石混合料的黏结力不断降低，结构逐渐松散，强度衰减，从而影响其整体使用性能。因此，在冻土地区低温、冻融循环剧烈的条件下，沥青稳定碎石基层的抗冻性能尤为重要。

(4)抗变形能力

沥青稳定碎石作为基层材料，抗变形能力主要包括抵抗行车荷载和温度作用引起变形的能力，以及抵抗冻融引起不均匀变形的能力。对于冻土地区的低温条件和频繁的冻融循环作用，基层沥青稳定碎石混合料的抗变形能力更显得重要。

第二节　强 度 特 性

行车荷载作用下，沥青稳定碎石基层将承受压应力和弯拉应力，实际应力状态与面层厚度、基层厚度、底基层厚度与模量、荷载大小等因素有关。因此，沥青稳定碎石应具有足够的抗压强度和抗弯拉强度。

一、强度构成

沥青稳定碎石作为粒径较大的沥青混合料，其结构组成有两种理论：其一为表面理论，此理论认为混合料是由粗集料、细集料和填料经人工组配成密实的级配矿质骨架，矿质骨架由分布其表面的沥青结合料胶结成为一个具有强度的整体；其二为胶浆理论，认为混合料是一种多级空间网状结构的分散系，它是以粗集料为分散相而分散在沥青砂浆的介质中的一种粗分散系，而砂浆又是以细集料为分散相而分散在沥青胶浆介质中的一种细分散系，胶浆又是以填料为分散相而分散在高稠度的沥青介质中的一种微分散系。对于沥青稳定碎石而言，粒径较大，矿料骨架的影响更大，表面理论比较适合。

沥青稳定碎石混合料按其强度构成原则，可分为按密实级配原理构成的结构和按嵌挤原则构成的结构两大类。介于两者之间的还有半密实或者半嵌挤的结构，而最理想的结构则是既嵌挤而又紧密的结构。各种结构有其自身的特性。按密实级配原则构成的混合料的结构强度，是以沥青与矿料之间的黏聚力为主，矿质颗粒间的嵌挤内摩阻力为辅而构成的。由于沥青结合料的感温性，这类混合料的结构强度受温度的影响较大。按嵌挤原则构成的混合料的结构强度，是以矿质颗粒之间的嵌挤力和内摩阻力为主，沥青结合料的黏结作用为辅而构成的，这些结构是以较粗的、颗粒尺寸均匀的矿料构成骨架，沥青结合料填充其空隙，它的主要功能是把矿料黏结成一个相对稳定的整体。这类结构强度受温度的影响较小。

按以上原则构成的混合料，其结构通常可以分为三种主要类型：(1)悬浮—密实结构，以最大密实度为目标构成，矿料颗粒由小到大连续存在，但较大一档颗粒都被较小一档挤开，大颗粒犹如悬浮于较小颗粒之中。这种结构的优点是混合料密实度高，水稳定性、低温抗裂性能、耐久性都较好。(2)骨架—空隙结构，混合料的级配按照嵌挤原则构成，粗集料彼此紧密相接，石料和石料能够形成互相嵌挤的骨架。但是较细颗粒不足以充分填充骨架空隙，造成空隙较大。这种结构的混合料基于其结构上的组成特性，高温稳定性较好，低温抗裂性、耐久性较差。(3)骨架—密实结构，综合前面两种结构，一方面混合料中有足够数量的粗集料形成骨架，又根据集料骨架空隙大小填入足够较细的填料，形成较大密实度和较小残余空隙率。这种结构兼具前面两种结构的优点。

二、强度影响因素

沥青稳定碎石的强度主要由矿料骨架的嵌挤作用和沥青胶浆的黏结作用构成，与原材料的组成和特性密切相关，同时，使用温度条件也对其有明显影响。

不同粒径的粗、细集料是沥青稳定碎石中占绝对优势的原材料，其颗粒特性与组成对混合料性质有重要影响，在温度较高、沥青黏度较低时更为明显。颗粒的几何形状与表面特性同时影响混合料中矿料颗粒间嵌挤作用的相互间的摩擦作用，所以影响混合料的内摩阻力的大小，因为颗粒形状及其粗糙度，在很大程度上将决定混合料压实后颗粒间相互位置的特性和颗粒接触的有效面积的大小。通常表面具有棱角、近似正立方体以及具有明显细微凸出的粗糙表面的矿质集料，在碾压后能相互嵌挤锁结而具有大的内摩擦角。另外，颗粒表面粗糙的矿质集料会加强沥青与矿料间的物理黏结作用，有利于沥青混合料黏聚力的提高。矿料级配影响矿料在混合料中的分布情况，从而影响混合料中矿料颗粒相互嵌挤程度，由此对混合料的内摩阻力产生影响。研究表明，棱角性好的坚硬碎石组成的级配良好、形成石—石骨架的沥青稳定碎石具有较优的路用性能，且沥青用量小。

沥青的性质、用量及其与矿料的相互作用，影响着混合料的结构特性、密实程度、抗变形能力等。沥青混合料的黏聚力与分散相的浓度和分散介质黏度有着密切的关系。在其他因素固定的条件下，混合料的黏聚力随着沥青黏度的提高而增加。同时与沥青在混合料中的分布密切相关，沥青均匀地分布于矿料之中，完全裹覆矿料颗粒，能充分发挥黏结作用。沥青用量过少时，沥青不足以形成薄膜黏结矿料颗粒；当沥青用量足以形成薄膜并充分黏结在矿料表面时，沥青混合料具有最优的黏聚力；当沥青用量过多时，在颗粒间形成未与矿料相互作用的自由沥青，混合料的黏聚力会随自由沥青的增加而降低。沥青在混合料中不仅起结合料的作用，而且还起润滑作用，因此，随着沥青用量的增加，混合料的内摩阻力下降。由于沥青的温度敏感性大，大粒径混合料易出现析漏，在保证混合料路用性能的基础上，应采用较小的沥青用量。

提高沥青稳定碎石强度的途径有二，一是优化级配组成，提高矿质集料之间的嵌挤力与摩阻力以抵抗材料的剪切变形；二是寻求最佳沥青用量，以提供最大的黏结力，提高沥青与矿料之间的黏聚力，保证材料的整体性和稳定性，从而保证材料之间的内摩阻力得以充分发挥。

结合青藏公路整治改建工程，采用表 8-1 中的 160 号沥青，表 8-2 中的矿料级配组成，对沥青稳定碎石进行 15℃和 0℃时的抗压强度和劈裂强度试验，分析级配组成和沥青用量对混合料强度的影响。

沥青结合料试验结果

表 8-1

试验项目		160 号沥青
延度(cm)	10℃	80
	25℃	>150
针入度(0.1mm)	5℃	11.9
	15℃	51.1
	25℃	148
软化点(环与球)(℃)		43.8
密度(25℃)(g/cm³)		0.971 6
针入度指数 PI		−1.968
$T_{1.2}$(℃)		−13.733
T_{800}(℃)		38.397
旋转薄膜烘箱(163℃,85min)	针入度比(%)	68.5
	质量损失(%)	0.3

混合料矿料级配组成 表 8-2

筛孔尺寸(mm)	通过各筛孔的质量百分率(%)			
	ATB-30	沥青稳定碎石 1 号	沥青稳定碎石 2 号	沥青稳定碎石 3 号
37.5	100	100	100	100
31.5	95	90	90	90
26.5	76	68	78	68
19	62	55	69	55
16	55	49	60	49
13.2	46	42	52	42
9.5	38	38	44	38
4.75	27	30	35	36
2.36	20	23	28	29
1.18	14	18	22	22
0.6	9	13	16	16
0.3	7	10	12	10
0.15	5	7	8	7
0.075	3	4	4	4

1. 沥青用量

图 8-1 为沥青稳定碎石 15℃强度试验结果，可以看出不同级配的沥青稳定碎石的强度随油石比的增加均存在明显峰值。沥青混合料的黏聚力 c 及内摩阻角 φ 大小将决定混合料的强度变化，其中黏聚力又取决于沥青的数量、胶浆的数量和质量，所以随着沥青用量增加，混合料的黏聚力不断增大，但是当混合料中沥青达到一定含量后，自由沥青增多，导致黏聚力下降，混合料的整体强度随之下降，从而出现强度峰值和对应的最佳沥青用量。

同时，沥青稳定碎石的抗压强度和劈裂强度的峰值出现位置基本接近，并且两者乘积的峰值更加明显。

研究表明，在温度不太高(常温或较低温度)的情况下，可以采用摩尔—库仑强度理论来描述沥青混合料的强度和稳定性。

摩尔强度理论认为，材料沿某个截面的剪断或滑移是由剪应力引起，而此剪应力与正应力相关。只有当某一截面上的剪应力和正应力的组合达到不利情况时，材料才发生剪切或滑移破坏。根据摩尔理论，在无侧压力的情况下，材料的抗压极限强度和单轴抗拉强度与黏结力和内摩阻角之间存在如下关系：

$$R = \sigma_1 = 2c\tan\left(\frac{\pi}{4} + \frac{\varphi}{2}\right), \sigma_3 = 0 \tag{8-1}$$

$$r = \sigma_3 = 2c/\tan\left(\frac{\pi}{4} + \frac{\varphi}{2}\right), \sigma_1 = 0 \tag{8-2}$$

上两式中：R——抗压强度；

r——抗拉强度；

c——黏结力；

φ——内摩阻角。

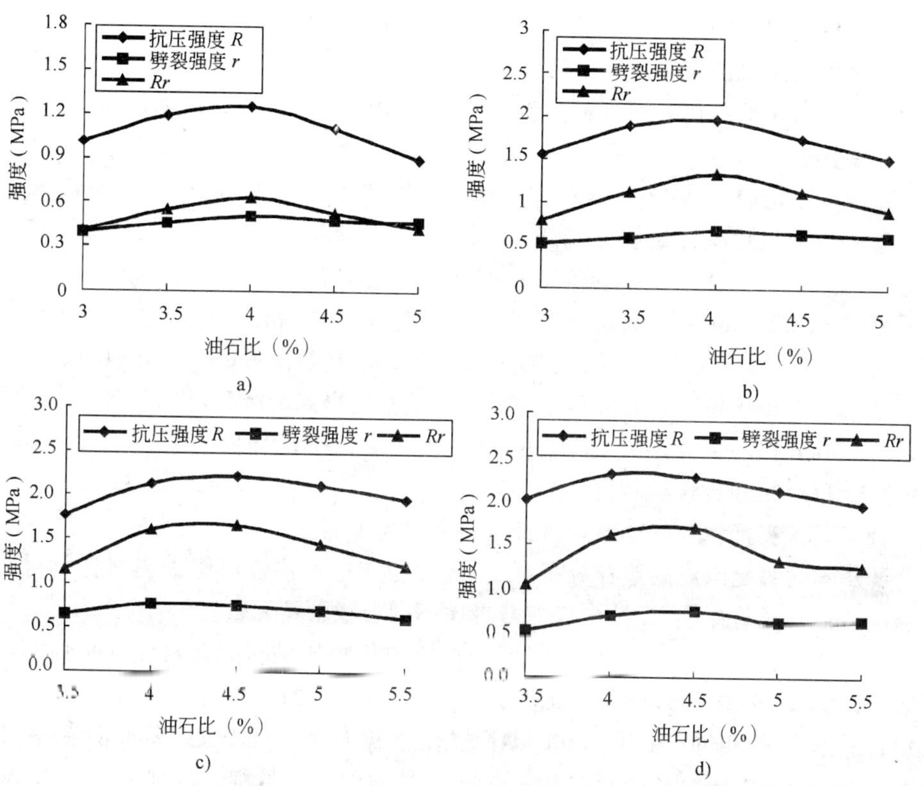

图 8-1　沥青稳定碎石 15℃抗压强度与劈裂强度

a) ATB-30；b)稳定碎石 1 号；c)稳定碎石 2 号；d)稳定碎石 3 号

由式(8-1)及式(8-2)可得：

$$c = \frac{1}{2}\sqrt{Rr} \tag{8-3}$$

$$\tan\varphi = \frac{1}{2}\sqrt{Rr} \tag{8-4}$$

又据库仑定律，外力作用下材料不发生剪切滑动应具备的条件是：

$$\tau \leqslant c + \sigma\tan\varphi \tag{8-5}$$

则由式(8-3)、式(8-4)及式(8-5)可得：

$$\tau \leqslant \frac{1}{2}\sqrt{Rr}(1+\sigma) \tag{8-6}$$

由式(8-6)可知，Rr 值的大小对沥青混合料的稳定性起决定作用，即可以利用抗压强度 R 和抗拉强度 r 的乘积 Rr 来评价混合料的强度和稳定性，Rr 峰值对应的沥青用量为混合料强度和稳定性同时达到最优的合理沥青用量，较利用单一抗压或抗拉强度确定合理。

2. 级配组成

级配组成对沥青稳定碎石的强度有显著影响，且不同级配组成混合料的强度峰值与对应油石比有所不同。四个级配中 ATB-30 混合料强度最低，抗压强度的差异表现明显。

沥青稳定碎石 1 号与 ATB-30 的级配组成的主要差异在于：1 号级配中 9.5mm以上粗颗粒含量明显高于 ATB-30，虽然 9.5mm 以下细颗粒总含量相同，均为 38%，但 1 号级配的细颗粒偏细。相同油石比下 1 号级配的强度特性明显好于 ATB-30，一方面是 1 号级配的空隙率小，较密实；另一方面是大粒径集料含量较多，而粗集料比细集料的承载能力大，且粗集料的传力方向明确。沥青稳定碎石 2 号是以最大密实度曲线为基础修正得到的级配，比 ATB-30 密实，且 31.5mm 档的大颗粒多，其强度特性好。沥青稳定碎石 3 号与 2 号接近，9.5mm以上粗颗粒含量相同，而 9.5mm 以下细颗粒更细，使剩余空隙率更小，混合料更密实，因此与 ATB-30 相比，强度提高更明显。

从不同级配组成的差异分析可见，沥青稳定碎石混合料粗细集料比例对其强度特性有显著影响，设计中应综合考虑不同粒径颗粒含量。

对比沥青稳定碎石 1 号和 3 号，分析粗细集料比例对混合料强度特性的影响。1 号和 3 号级配的相同之处在于 9.5mm 以上各档筛孔通过率相同，即粗集料含量和组成相同，且 0.3mm 以下粒径颗粒含量和组成也相同；区别在于 0.3～9.5mm 中间粒径的颗粒含量不同，3 号级配比 1 号细。从强度特性看，相同油石比下 3 号级配的抗压强度高于 1 号级配，但劈裂强度提高不明显。3 号级配的抗压强度提高可能是由于细集料偏细，使强度较高的粗颗粒之间形成了更多的嵌挤结构，即混合料内部形成局部石—石接触。结合大型马歇尔试验结果可以得出，9.5mm 以下颗粒对混合料填充作用明显，可以减小空隙率，提高密实度，从而使混合料抗压强度显著提高，但对劈裂强度(抗拉强度)影响不大。因此，混合料级配组成设计中，可以按照上述规律，根据混合料的强度需求来调整粗细颗粒的组成比例。

2 号和 3 号级配均较密实，级配组成中粗细集料比例基本相同，9.5mm 筛孔通过率相差 6%，3 号级配中的 26.5～31.5mm 大颗粒含量较多，两个级配混合料的强度特性差异很小。由此可见，混合料集料级配组成中粗细颗粒比例基本相同时，单一微调粗颗粒含量或某一档粗粒径含量，对强度特性的影响不明显。

3. 试验温度

关于试验温度对强度的影响，由图 8-2 所示 2 号级配混合料的 15℃和 0℃强度试验结果可以得出，低温条件下沥青稳定碎石的强度大幅度提高，0℃与 15℃相比，相同油石比下抗压强度和劈裂强度均增大 3～4 倍。抗压强度提高幅度随油石比增大逐渐减小，而劈裂强度提高幅度则逐渐增大。由此可见，沥青稳定碎石的强度随温度的降低而急剧增大。主要原因在于低温条件下沥青结合料或胶浆主要表现为弹性，沥青结合料对混合料低温强度特性作用显著，且增大混合料油石比对提高混合料低温抗拉性能有利，但会使抗压强度提高幅度降低。因此，沥青稳定碎石设计中保证低温强度的难度并不大，关键是根据使用要求来平衡抗压强度和抗拉强度，选择合理油石比以保证使用中所关心的抗压或抗拉强度的提高幅度。

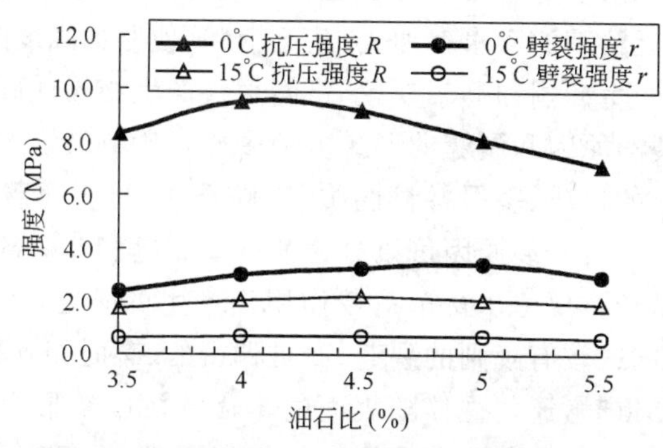

图 8-2　沥青稳定碎石 15℃和 0℃强度对比

同时，0℃下混合料强度随油石比变化的规律与 15℃时基本接近，所不同的在于 0℃时单一利用抗压强度和劈裂强度峰值确定的最佳油石比相差增大，抗压强度峰值对应的最佳油石比约为 4.1%，劈裂强度峰值对应的最佳油石比约为 5.0%，而 15℃时两者接近；随着油石比的不断增大而出现峰值，两种温度下强度乘积的峰值对应的油石比相差 0.2℃，低温时略有增大。可见，低温条件下利用混合料强度乘积峰值确定最佳油石比更加合理，与常温条件相比具有更好的一致性。

结合前面分析可以得出，沥青稳定碎石设计中应根据使用层位的不同，权衡低温条件下混合料抗压强度和抗拉强度的侧重点，利用低温下强度提高幅度变化规律综合确定最佳油石比，将使设计更趋合理。同时，可以利用不同温度下的强度变化规律接近的结论和强度提高幅度变化规律，用常温强度结果预测低温强度增长情况，供初期混合料设计和试验温度无法达到低温时的强度粗略预估参考使用。

第三节　低温抗裂性能

在一般地区，沥青稳定基层的温度变化不像面层那么剧烈，但冻土地区低温、昼夜温差大、降温速率快，低温开裂也是沥青稳定基层的主要破坏形式。因此，要求冻土地区沥青稳定碎石基层应具有良好的低温抗裂性能。

一、沥青路面的低温开裂

1. 沥青路面裂缝

裂缝是沥青路面的主要缺陷之一，不论是柔性基层沥青路面还是半刚性基层沥青路面，建成后都会产生各种形式的裂缝。初期产生的裂缝对沥青路面的使用性能无明显影响，但随着表面雨水或雪水的侵入，导致裂缝两侧的路面结构层，特别是裂缝附近路基的含水率加大，甚至饱和，使路面强度降低，在大量行车荷载反复作用下，产生冲刷和唧浆现象，路面很快产生结构性破坏。

沥青路面开裂的原因和裂缝的形式多种多样。影响裂缝严重程度的主要因素有沥青和混合料的性质、基层材料性质、气候条件、行车荷载条件以及施工因素等。沥青路面裂缝按开裂原因可以分为荷载型裂缝和非荷载型裂缝。

荷载型裂缝是指主要由于行车荷载作用而产生的裂缝，反映在面层上往往不是单独的、稀疏的或较有规则的裂缝，而是稠密的、有时相互联系的裂缝，甚至是网状的裂缝。严重时，还往往伴随表面的车辙或沉陷等形变。路面结构设计不合理或厚度不足，路面强度明显不能满足行车要求，在行车荷载反复作用，特别是少量重车作用下，沥青路面很快碎裂；路面强度日趋不足，路面回弹弯沉值逐渐增大，不适应交通量迅速增长和汽车载重量明显增大，轮迹带上沥青路面产生网裂，并伴随纵向裂缝和变形；无机结合料稳定土或稳定含土较多的粒料基层表层软化，在行车荷载作用下，沥青面层产生龟裂，甚至推移破坏，逐渐恶化产生冲刷和唧浆，导致原裂缝两侧碎裂。以上这些沥青路面裂缝均属于荷载型裂缝。

非荷载型裂缝是指并非行车荷载引起的裂缝。沥青面层的非荷载型裂缝主要是温度裂缝，表现形式是横向裂缝、大块状裂缝和纵向裂缝，其共同特点是缝上端开口宽，沿深度向下变窄。另外，在新老路基结合部、路桥过渡段等位置，由于路基不均匀沉陷引起的沥青路面纵向裂缝和横向裂缝；由沥青结构层的下承层开裂而引起的反射裂缝；冰冻地区沥青路面由路基冻胀引起的裂缝，也属于非荷载型裂缝。当然这些裂缝的发展与行车荷载也有一定关系。

沥青路面的温度裂缝有两种，一种是低温收缩裂缝或简称低温裂缝。在秋末和冬季，沥青面层受大气温度的影响，沥青混合料的温度随着气温的下降而降低，混合料将产生温度收缩变形，这种变形受到自重、基层的摩阻力及无限连续路面的约束作用,自由变形而在沥青面层内产生温度收缩拉应力。同时,沥青混合料随着温度的降低而变得脆硬,劲度模量增大,应力松弛性能降低。当温度骤降或持续低温时,面层内的应力来不及松弛,沥青面层中累积的温度收缩拉应力或拉应变一旦超过沥青混合料的抗拉强度或极限拉应变,沥青面层便受拉开裂。由于沥青路面的宽度远小于长度,宽度方向收缩所受的约束小,所以沥青路面的低温裂缝主要是横向裂缝,当降温速率很大或路面宽度很大时,也会产生纵向裂缝。另一种是温度疲劳裂缝,主要出现在日温差大的地区。较大的日温差下,沥青面层内会产生较大的温度应力。在重复循环温度应力作用下,沥青混合料产生疲劳,其极限强度或应变大大减小,应力松弛性能也大大降低,因而沥青面层产生疲劳开裂。

沥青路面的低温收缩裂缝是寒冷地区特有的,是目前世界上尚未完全解决的一种道路病害。它的产生不仅破坏了路面的连续性、整体性及美观,而且会从裂缝处不断进入水分,使基层甚至路基软化,导致路面承载能力下降,加速路面破坏。同时纵向无限长的沥青面层开裂后,其承载模式转变为有限尺寸板,冬季面层模量较高,承受重复车轮荷载时,开裂后的路面可能折断成更小尺寸的板,并发生龟网裂。随着裂缝逐年加宽,边缘折断破碎,路面平整度降低,严重危及道路的使用寿命和质量及行车安全。

2. 沥青路面低温开裂影响因素

沥青路面的低温开裂与沥青和沥青混合料的特性、沥青路面的环境温度条件、路面结构组合与几何尺寸等因素有关。

(1)沥青性质

国内外研究表明,沥青的油源、温度敏感性、劲度、低温延度等对沥青混合料的低温抗裂性能有显著影响。

不同的油源决定沥青的性质已为世界所公认。稠油沥青在低温时能承受较大的拉伸应变,有较低的劲度模量,所以抗裂性能好,说明选择油源对保证道路沥青质量十分重要,也是减少沥青路面横向裂缝的重要途径。

已有研究表明,只采用某一个温度条件下的稠度或黏度指标不足以评价沥青结合料的低温抗裂性能,而应采用影响更大的温度敏感性。使用温度敏感性低的高黏度沥青,可以明显减轻沥青路面的低温开裂。

沥青混合料的劲度与其开裂与否和大小密切相关,而沥青劲度与矿质混合料组成决定了沥青混合料的劲度,因此有研究者提出了沥青劲度的限值。

当温度敏感性相同(或油源相同)时,针入度大的沥青有较低的劲度模量,因而沥青路面的裂缝少。沥青的低温延度与针入度愈大,沥青路面的开裂温度愈低,其中低温延度比针入度对开裂温度的影响更为显著。

(2)沥青混合料组成

沥青混合料的低温劲度是决定是否发生开裂的根本因素，而沥青用量对其有明显影响。沥青用量增加，沥青膜厚度增加，混合料的应力松弛性能提高，但收缩也相应增大，二者互有抵消。但有观测表明，沥青用量在马歇尔试验确定的最佳用量的＋0.5％～－1.0％内波动时，对沥青路面的开裂率无明显影响。

其他条件相同时，不同级配的沥青混合料的温度应力有所差异。粒径较大、空隙率较大的混合料的内部微空隙较多，应力松弛极限温度降低，使温度应力有所减小，中粒式比细粒式的温度应力小，沥青碎石和沥青贯入式的温度应力比沥青混凝土的小。

沥青混合料中掺入矿粉后，沥青胶浆的黏度比沥青结合料的要大一个数量级，且黏度的速度敏感性也大，比游离的沥青单体本身容易开裂。但矿粉过少又会影响黏结力及高温稳定性，所以粉胶比是一个重要因素，一般控制为0.8～1.2。

(3)温度条件

最低温度、降温速率、低温持续时间、温度循环次数是影响沥青路面低温开裂的气温条件。在持续低温、降温速率较大时，混合料的劲度模量增大，应力松弛能力难以发挥，温度应力积聚较快，路面容易产生低温开裂。最低温度越低，降温速率越大，低温持续时间越长，沥青路面越容易收缩受拉开裂，裂缝率越大。在秋末冬初或冬季的大风降温过程中，沥青路面的表面温度下降很快，使沥青面层内的温度梯度明显增大，结构层产生较大的温度收缩应力。这种温度收缩应力沿着面层深度迅速减小，且面层越厚，应力减小越快。因此，许多沥青路面低温开裂就是在这种条件下首先从面层表面开始，随着持续低温或另一次降温过程的到来，在裂缝尖端产生大的应力集中，使裂缝继续拉开，向下延伸并逐渐穿透整个沥青面层。秋末冬初和冬季的大风降温过程是沥青路面低温开裂的最不利时间段。温度循环越频繁，温差越大，沥青路面的温度疲劳寿命越短。

(4)路面结构组合与几何尺寸

半刚性基层的热容量小于柔性基层，且其与沥青面层的附着性能差，尤其是本身收缩的附加影响，使半刚性基层上的沥青面层的低温开裂更为严重。基层与面层的附着性能差，使面层有一定自由收缩变形的可能性，温度应力不易传递到基层，而在面层内部积聚，容易产生开裂。当半刚性基层已有收缩裂缝时，在裂缝处将造成应力集中而使面层的温度收缩裂缝容易在这里发生并上下汇合。

路面宽度和厚度与沥青面层的低温收缩裂缝有一定关系。路面宽度越大，裂缝间距越小，但随着使用时间的延长，两者的差异将逐渐减小。使用相同沥青时，厚度大的沥青面层比薄的面层的裂缝率小。增加沥青面层厚度，对减轻低温开裂是有效的。

3. 沥青混合料低温抗裂性能评价

自20世纪60年代加拿大率先对沥青混凝土的低温缩裂进行系统研究以

来，路面抗裂指标一直是国际道路界的重要研究内容之一。加拿大、美国、日本等国对沥青混合料低温开裂特性与低温指标进行了系统研究，提出了沥青及沥青混合料低温抗裂的评价方法和指标。但是这些都是针对本国具体条件进行的研究，需要充实拓展，尤其是沥青及沥青混合料低温性能合理评价指标及与路用性能的相关关系，依然是重要的研究课题。

为了减少沥青路面的低温开裂，希望沥青混合料要具有足够的低温应力松弛能力，较小的收缩变形及较大的低温抗裂能力。对于沥青混合料的低温抗裂性能评价，可通过低温变形和低温断裂应力进行。

目前沥青混合料低温抗裂性能的试验方法主要有：等应变加载破坏试验、直接拉伸试验、弯曲拉伸蠕变试验、受限试件温度应力试验、三点弯曲 J 积分试验、C^* 积分试验、收缩系数试验、应力松弛试验等。各种试验方法各有特点。从模拟路面实际使用状况来看，约束试件温度应力试验和收缩系数试验能模拟沥青路面温度收缩裂缝的受力过程，反映了实际路面温度的变化，能较全面反映各种因素对沥青混合料低温性能的影响。J 积分和 C^* 积分试验的技术难度较大，主要在于试件刻槽的要求和试验过程中裂缝开裂率的控制。直接或间接拉伸试验、弯曲蠕变试验方法较为成熟，拉伸蠕变及应力松弛试验、温度应力试验在一般实验室缺乏这种设备。我国根据现有技术水平，考虑到弯曲蠕变试验的应变速率评价沥青混合料的低温抗裂性能是可行的，且试验方法和设备比较成熟，所以以弯曲蠕变试验方法为主，评价沥青混合料的低温抗裂性能。

4. 沥青稳定碎石基层混合料的低温开裂

沥青稳定碎石基层的低温开裂与沥青面层并无本质区别。

理论分析和试验观测表明，随着深度的增加，路面结构中的温度变化幅值逐渐减小，并存在滞后现象。具体到不同的路面结构，有不同的温度场模型。虽然随着路面结构层深度的增加，极端温度和温度变化幅值会逐渐减小，基层的低温环境不如面层严峻，但冻土地区，尤其是多年冻土地区沥青路面基层的温度仍低，基层沥青混合料同样面临低温开裂的危险。

另外，冻土地区沥青路面还存在一种特殊的开裂模式，即冻土路基不均匀冻胀和融沉变形引起的沥青路面开裂。为克服这种开裂，在合理设计沥青路面结构的同时，采用沥青稳定碎石柔性基层，并对沥青稳定碎石混合料的抗裂性能，特别是低温下的变形能力提出较高的要求，是一种可行的对策。

二、温度收缩特性

沥青混合料的温度收缩是沥青路面开裂的基本原因之一。温度降低过程中，沥青混合料产生的收缩变形将受到其他结构层及其周围的约束，使结构层内产生温度收缩拉应力，当超过混合料的抗拉应力时，将产生收缩开裂。

温度收缩系数是沥青混合料的重要的低温力学参数。通常采用间断降温法或连续降温法来测试沥青混合料的温度收缩系数。间断降温法是指温度降到某一预定值后，保持恒温 1～2h，记录收缩变形后，再继续向下降温。试验表明，采用间断降温方法时，收缩变形既产生在降温过程中，也产生在恒温过程中。因此，用间断降温法测得的温度收缩系数明显大于连续降温法所测得数值。利用沥青混合料温度收缩试验测得的收缩应变，乘以混合料相对应的劲度模量，可以得到可能产生的温度收缩应力，确定温度应力与温度关系曲线，建立预测低温裂缝的力学模型。

沥青混合料的温度收缩系数与沥青性质、混合料组成、降温速率、低温温度以及约束条件等因素有关。目前沥青混合料的温度收缩系数测试尚无统一的仪器设备和试验方法，导致不同方法的测试结果差异较大，甚至规律有所不同。在相同条件下，随着沥青用量的增加，混合料的温度收缩系数明显增大。在试验温度范围内，降温速率低时，混合料的温度收缩系数较大。如对于沥青混凝土和沥青碎石，降温速率 5℃/h 时的温度收缩系数分别约为降温速率 10℃/h 时的 1.06 倍和1.05倍。沥青混合料在 0℃以上的温度收缩系数明显大于 0℃以下的。

对表 8-2 中的沥青稳定碎石静压成型 100mm×100mm×400mm 的小梁试件，采用振弦传感器测定混合料的温度收缩应变，计算得出的温度收缩系数如图 8-3 所示。

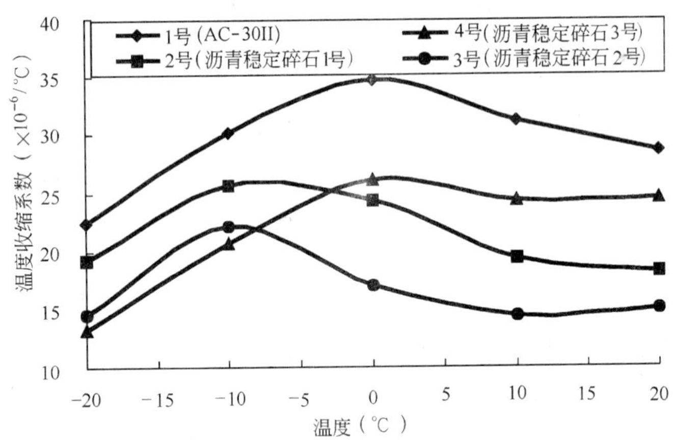

图 8-3　沥青稳定碎石温度收缩系数与温度关系

由图可见，沥青稳定碎石的温度收缩系数随温度的变化基本呈上凸曲线形式，收缩系数的最大值出现在－15～5℃之间。

各级配沥青稳定碎石的收缩系数基本在 15×10^{-6}～35×10^{-6}之间，而研究资料表明，中粒式和细粒式密实级配沥青混合料在－30～20℃温度范围内的收缩系数在 40×10^{-6}～70×10^{-6}之间，说明随着沥青混合料粒径的增大，温度收缩系数明显减小。

从不同级配组成试验结果差异分析可以得出，空隙率是影响收缩系数的重要因素，空隙率较大的混合料的收缩系数也相应较大。

三、低温弯曲试验分析

低温弯曲破坏试验是一种直观地评定沥青混合料低温特性的方法，是国内常用的沥青混合料低温抗裂性评价方法。由此试验得到的主曲线可以描述沥青混合料在一定温度和加载速率下的力学性质。不同沥青稳定碎石混合料的－10℃低温弯曲试验结果如表 8-3 所示。

沥青稳定碎石－10℃低温弯曲试验结果 表 8-3

混合料类型	油石比（%）	空隙率（%）	弯拉强度（MPa）	最大弯拉应变（$\times10^{-6}$）	极限弯曲劲度模量（MPa）
AC-30II	3.8	6.50	7.681	8 651	887.84
沥青稳定碎石 1 号	3.4	6.01	9.524	7 185	1 325.54
	3.8	4.56	10.428	8 302	1 256.01
	4.2	3.88	12.064	9 622	1 253.73
沥青稳定碎石 2 号	3.8	5.06	9.721	6 735	1 443.36
	4.2	4.03	11.745	7 808	1 504.32
	4.6	3.25	13.888	9 998	1 389.15
沥青稳定碎石 3 号	3.8	4.67	12.072 3	6 563	1 839.59
	4.2	3.86	12.315	6 818	1 806.38
	4.6	3.11	13.292	9 488	1 401.48

1. 弯拉强度和极限应变

沥青混合料在低温下表现出较强的弹性性状，具有较高的力学强度。沥青混合料的弯拉强度与混合料组成、试验温度、加载时间等有关。在同一温度下和相同沥青时，沥青混凝土的弯拉强度明显大于沥青碎石；矿料级配组成相同时，沥青的针入度较小的混合料的弯拉强度大于针入度较大沥青的混合料。沥青混合料的弯拉强度随着试验温度的降低而增大，存在强度峰值及其对应的温度（即脆化点）。随着加载时间的延长，沥青混合料的弯拉强度降低。

沥青混合料的极限应变与混合料组成、温度、加载速率等因素有关。沥青相同时，沥青混凝土的破坏应变大于沥青碎石；对矿料级配组成相同的沥青混合料，低温延性好的沥青比低温延性差的沥青的破坏应变大。相同低温下，改性沥青混合料的破坏应变大于普通沥青混合料。同一种沥青混合料在不同温度时的破坏应变有明显差别，破坏应变随温度的降低而减小。同一种沥青混合料在相同温度下试验，测得的破坏应变随加载速率的增大而减小。

由不同沥青稳定碎石的低温弯曲试验结果可得，大于最佳沥青用量后，随着沥青用量的增加，沥青稳定碎石的弯拉强度和变形能力显著增强。可以认为，适量增加沥青用量对提高沥青稳定碎石的低温抗裂性能有良好效果。

2. 弯曲劲度模量

劲度模量作为技术指标，具有统一、简便实用的优点，在工程上得到广泛应用。

由低温弯曲试验得出的沥青稳定碎石弯曲劲度模量可知，AC-30II 具有较小的极限弯曲劲度模量，而沥青稳定碎石 1 号、2 号、3 号表现出相对较高的劲度模量，其中以 3 号级配最高；当沥青用量大于最佳用量后，进一步增大沥青用量会导致混合料劲度模量降低，其中沥青稳定碎石 3 号对沥青用量变化敏感，而 1 号级配、2 号级配沥青用量变化不甚敏感。

沥青混合料的黏弹性在很大程度上取决于沥青的黏弹性。HeakeLom 根据沥青劲度 S_b 计算沥青混合料劲度 S_m 的公式，提出以集料系数 C_v 与空隙率 V_v 表示沥青混合料的组成结构。设集料比容 V_a 与沥青比容 V_b 总和为 100，则集料系数 C_v 为集料比容 V_a 所占的百分数，即：

$$C_v = \frac{V_a}{V_a + V_b}$$

而

$$S_m = F(C_v, S_b)$$

所以混合料的劲度取决于沥青的劲度，且随 C_v 的增大而增大。当沥青用量相同或相近时，不同类型混合料的空隙率不断增大时，其 C_v 值逐步减小，劲度降低，反之亦然；而同一种混合料的沥青用量增大时，C_v 值减小，故劲度降低。沥青稳定碎石 3 号的空隙率较小，具有较高的劲度模量，且其 C_v 值对沥青用量的变化更为敏感，因而混合料的劲度模量对沥青用量变化的敏感度较高。

3. 应力松弛模量

沥青面层在温度骤降过程中产生的温度收缩应力，正常情况下沥青混合料具有应力松弛性能，当温度低及快速降温时，应力松弛很少或来不及松弛，将不断累积直至超过混合料的抗拉强度，使沥青面层开裂。所以，沥青混合料的应力松弛性能也反映其抗低温开裂的性能，通常以应力松弛时间和松弛劲度模量作为评价其应力松弛性能的指标。

在小梁等速加载弯曲破坏试验中，梁底应力、应变和松弛弹性模量之间的关系可用下式表达：

$$E_r(t) = \mathrm{d}\sigma / \mathrm{d}\varepsilon = \int_0^t H(\tau) e^{-t/\tau} \mathrm{d}\tau + E_0$$

从上式不难得出，应力、应变曲线的斜率即为材料的应力松弛模量，也即：

$$E_r(t)=(\sigma/\varepsilon)(\mathrm{dlg}\sigma/\mathrm{dlg}\varepsilon)$$

在一定的温度条件下，$\lg\sigma \sim \lg\varepsilon$ 关系一般为对数坐标上的直线，从图 8-4 和图 8-5 中的直线斜率可直接得到相应的应力松弛模量。

图 8-4 为沥青稳定碎石 1 号的应力松弛模量与沥青用量的关系，其他级配混合料与此相近。随沥青用量的增加，各级配沥青稳定碎石的破坏应变增大，应力松弛模量也随之增大，这可能是因为几种沥青稳定碎石的空隙率都较小，随沥青用量增加，空隙填充得密实，造成应力松弛性能下降。

从图 8-5 所示的各级配混合料在最佳沥青用量下的表现来看，AC-30II 具有更大的破坏应力和应变，同时松弛模量较高。与沥青稳定碎石 2 号相比，1 号与 3 号沥青碎石具有较小的应力松弛模量，可能是因为后二者中的细集料与胶浆含量较高，而混合料的松弛主要由他们贡献，故具有较好的应力松弛性能。

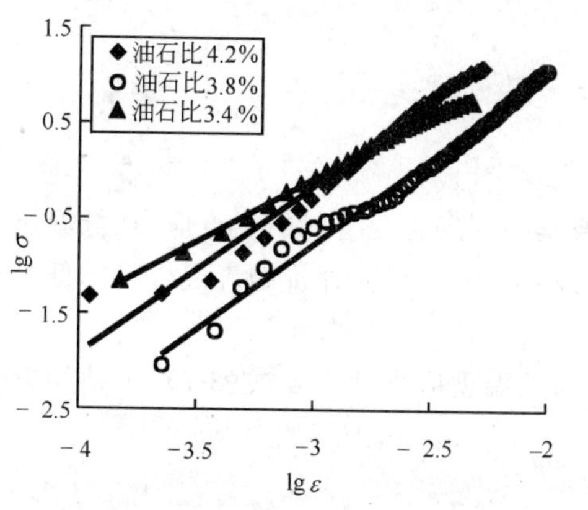

图 8-4 沥青稳定碎石 1 号应力松弛关系曲线

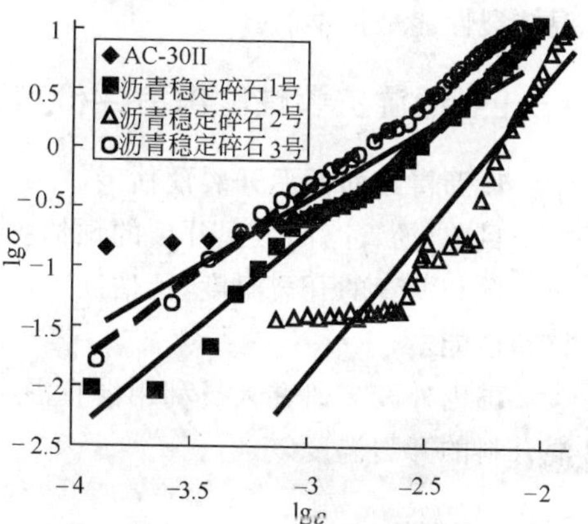

图 8-5 不同沥青稳定碎石应力松弛关系曲线

4. 弯曲应变能

沥青混合料在低温条件及荷载作用下，基本接近损伤断裂力学中的理想弹性和理想脆性以及小变形的假定，所以采用弯曲试验的临界应变能密度能够表征沥青混合料的低温抗裂性能，也能较好地模拟沥青混合料低温下的受力状态。低温下沥青混合料可看作弹性材料，其破坏过程是一个能量耗散的过程。外力对材料所作的功可以转化成如下形式的能量：在初始阶段能量作为弹性应变能被储存，裂纹发生、发展产生新表面时转化为表面能。一般情况下，沥青混合料储存的弹性应变能越多，低温抗裂性能就越好。在此试引入低温弯曲应变能来比较不同混合料之间的低温抗裂性能。

在沥青混合料低温弯曲试验过程中，荷载变形曲线图上荷载达到最大值以前的曲线下方包络面积，即为沥青混合料的弯曲应变能的临界值。将试验结果的荷载一变形关系用四次多项式回归，得出应变能：

$$E = \int_0^{w_0} P\mathrm{d}W = \int_0^{w_0} (A_0 + A_1 W + A_2 W^2 + A_3 W^3 + A_4 W^4)\mathrm{d}W$$

式中：P——施加的荷载；

W——变形（挠度）；

A_i——回归参数，$i=0,1,2,3,4$。

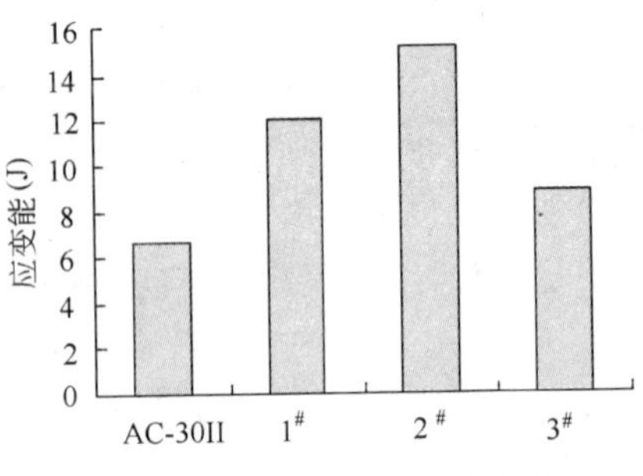

图 8-6　沥青稳定碎石弯曲应变能

由图 8-6 可见，在最佳油石比下，沥青稳定碎石 2 号的弯曲应变能最大，AC-30II 最小，与破坏荷载得出的评价结果一致。由于沥青混合料的应变能临界值指标是混合料临界弯拉应变和弯拉强度这两个指标的综合，可见用它来评价沥青混合料的低温抗裂性能是科学的。

四、低温抗裂性能综合评价方法

1. 沥青路面低温开裂预估

目前，沥青路面低温开裂的预估主要是根据沥青混合料的温度应力、低温抗裂系数和沥青的开裂温度，预估沥青混合料的开裂温度，评价沥青混合料的低温抗裂性能。

国内外较多研究人员利用沥青混合料的温度应力计算公式(8-7)，预估沥青混合料的开裂温度。

$$\sigma_T = \alpha_T \sum_{T_2}^{T_1} S_{t \cdot T} \cdot \Delta T \tag{8-7}$$

式中：σ_T——一定降温速率下温度从 T_1 降到 T_2，在沥青混合料面层中累积的温度应力；

α_T——沥青混合料的线温缩系数；

ΔT——降温区间划分为几个小区的间隔温度；

$S_{t \cdot T}$——各小区间代表温度下沥青混合料的静力拉伸劲度模量。

根据上式计算的温度应力随温度变化的关系曲线和沥青混合料抗拉强度随温度的变化曲线，交点所对应的温度被认为是沥青混合料的开裂温度。这种方法预估的开裂温度虽然与沥青路面的实际开裂率有较好的相关性，但由于计算公式的假定较多，只能用来对不同沥青混合料的低温开裂性能进行相对比较。

沥青混合料的极限拉应变与温度收缩应变的比值被定义为沥青混合料的低温抗裂系数。当低温抗裂系数为 1 时，沥青混合料处于临界开裂状态，此温度称为开裂温度。这种方法也只能用来比较不同混合料之间的低温抗裂性能差异。

1974 年，Hills 提出沥青混合料的开裂温度与沥青的临界温度有密切关系。

根据沥青的针入度和针入度指数预估沥青的临界温度，再利用混合料开裂温度与沥青临界温度的关系式，预估混合料的开裂温度。与温度应力预估类似，这种方法得出的结果也是相对的。

2. 不同试验方法及其指标评价结果分析

利用温度收缩试验和低温弯曲试验确定的不同指标，对沥青稳定碎石混合料的低温抗裂性能优劣的评价结果汇总于表 8-4。

不同试验方法及其指标评价结果 表 8-4

试验方法	评价指标	评价结果
温度收缩试验	温度收缩系数	2 号>1 号>3 号>AC30
低温弯曲试验	极限弯拉强度	3 号>2 号>1 号>AC30
	最大弯拉应变	AC30>1 号>2 号>3 号
	极限弯曲劲度模量	AC30>1 号>2 号>3 号
	应力松弛模量	AC30>3 号>1 号>2 号
	弯曲应变能	2 号>1 号>3 号>AC30

由评价结果可以得出，采用强度或变形单一指标，评价沥青碎石低温抗裂性能的结果并不一致，甚至完全相反。由温度收缩试验得出的温缩系数，低温弯曲试验得出的极限弯拉强度、弯曲应变能评价的结果基本一致；用最大弯拉应变、极限弯曲劲度模量及应力松弛模量评价的结果基本一致。而用低温弯曲试验得出的极限弯拉强度与最大弯拉应变，评价结果完全相反，即混合料的强度越高，抗变形能力越低。可见，由单一指标无法确定混合料低温抗裂性能的优劣，应采用综合反映应力与变形的指标进行评价。应力松弛模量和弯曲应变能均属于考虑了应力、应变或偏移变形的综合指标，但由试验分析可以看出，应力松弛模量对不同沥青混合料的区分度并不太明显，对于同一种沥青混合料在不同沥青用量下的差异也较小，而且试验中的离散性较大。弯曲应变能综合考虑低温弯拉应力与应变，重点分析混合料的抗变形能力，不同沥青混合料之间的差异比较明显，用于评价沥青混合料低温抗裂性能比较合理。不同沥青混合料的温缩系数差异比较明显，而且温缩系数可以与低温弯曲试验得出的极限弯曲劲度模量综合确定沥青碎石混合料在最不利温度条件下的温度应力，与沥青混合料在该温度下的强度特性进行比较，可以综合评价混合料的低温抗裂性能。

对于冻土地区沥青碎石混合料而言，低温和大温差是主要影响因素。低温条件下沥青碎石混合料的强度虽较高，但抗变形能力弱；而持续低温和大温差下，沥青碎石混合料的温度应力来不及松弛而不断累积。因此，冻土地区沥青碎石混合料低温抗裂性能应控制两个方面：温度应力来不及松弛而超过混合料的极限强度及低温抗变形能力。利用低温弯曲试验和温度收缩试验，可以从以上两方面评价混合料的低温抗裂性能。

3. 低温抗裂性能综合评价方法

根据前述试验分析结果，提出沥青碎石混合料低温抗裂性能综合评价方法，以评价不同类型沥青混合料的低温抗裂性能。评价试验采用低温弯曲试验和温度收缩试验，评价指标选择温度应力比和弯曲应变能。具体评价过程如图 8-7 所示。

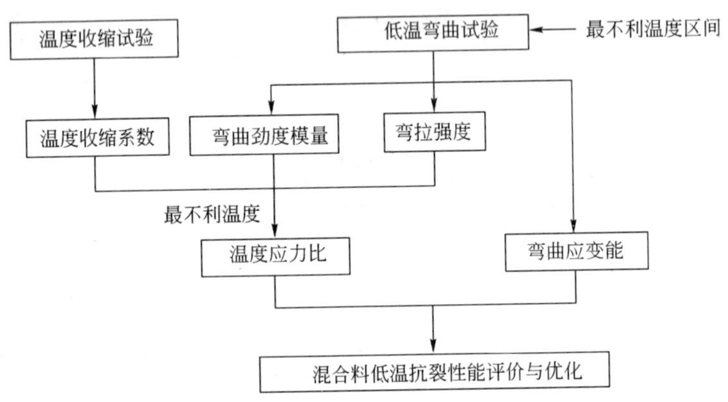

图 8-7　沥青稳定碎石低温抗裂性能综合评价流程

具体评价方法为：

(1)温度收缩与低温弯曲试验

根据前述方法，对不同混合料分别在其最佳沥青用量下进行温度收缩试验和低温弯曲试验，测定混合料的温度收缩应变、荷载与变形。低温弯曲试验温度应根据当地路面最不利温度确定。

(2)评价指标计算

利用温度收缩试验，确定不同温度区间沥青碎石的平均温度收缩系数。根据低温弯曲试验测定结果，分别计算弯拉强度、弯曲劲度模量及弯曲应变能。

温度应力比由平均温度收缩系数、弯曲劲度模量及弯拉强度，按以下公式计算：

$$R_T=\frac{\sigma_T}{S_T}\times 100 \tag{8-8}$$

$$\sigma_T=\beta_T\cdot\Delta T\cdot S_m \tag{8-9}$$

式中：R_T——最不利温度区间的温度应力比；

S_T——最不利温度区间中值 T 时的弯拉强度；

σ_T——最不利温度区间的温度应力；

β_T——最不利温度区间的平均温度收缩系数；

ΔT——最不利温度区间；

S_m——最不利温度区间中值 T 时的弯曲劲度模量。

利用该评价方法，对四种沥青碎石混合料的低温抗裂性能进行综合评价。根据温度收缩试验和－10℃低温弯曲试验结果，计算得出沥青碎石混合料的评价指标如表 8-5 所示，其中温度应力计算温度区间取－15～－25℃。两个评价指标对四种混合料低温抗裂性能的评价结果一致，优劣排序均为：沥青稳定碎石 2 号＞沥青稳定碎石 1 号＞沥青稳定碎石 3 号＞AC-30II。

沥青碎石低温抗裂性能综合评价 表 8-5

混合料类型	油石比(%)	温度应力比(%)	弯曲应变能(J)
AC-30II	3.8	3.49	6.6
沥青稳定碎石 1 号	3.8	3.09	12.0
沥青稳定碎石 2 号	4.2	2.84	15.1
沥青稳定碎石 3 号	4.2	3.04	8.9

第四节 水稳定性

沥青稳定碎石的水稳定性反映其抗水损害的能力，也是其作为路面基层的主要性能。

一、沥青路面的水损害

水损害是沥青路面的主要病害之一。水损害是沥青路面在水或冻融循环的作用下，由于汽车车轮荷载的作用，进入路面空隙中的水产生动水压力或真空负压抽吸，其反复循环作用，水渗入沥青与集料的界面上，使沥青黏附性降低并逐渐丧失黏结力，沥青膜从石料表面脱落(剥离)造成，表现为沥青路面松散、坑槽、推挤等损坏。

沥青混合料的水损坏两种作用：一是沥青与矿料之间的黏附性降低；二是沥青的黏聚力减弱。第一种作用过程是由于矿料对水的吸附力比对沥青的大，水分进入沥青与集料之间，从而导致沥青膜剥落；第二种作用是由于水分的浸入，使得沥青变软，黏性降低，从而使沥青混合料的整体性与强度降低。

造成沥青路面水损害的原因非常复杂，可以归纳为沥青混合料的抗水损害能力、施工因素、路面排水、交通荷载、气候条件等。水损害一般发生在各种不利因素的组合情况下，如材料质量差、混合料级配不合理、混合料空隙率过大、施工压实不足、混合料离析严重、路面排水不良、重载作用明显以及极端气候条件等。

沥青混合料的抗水损害能力主要取决于集料的性质、沥青与矿料之间相互作用的性质，以及沥青混合料的空隙率、沥青膜的厚度等。沥青和矿料的黏附性与沥青和集料的物理化学性质有关。黏性大的沥青对于抵抗水的置换要比黏性小的沥青好。沥青的表面张力越大，其与矿料的黏附性越好。改性沥青和掺入适宜的抗剥落剂，对提高沥青混合料的水稳定性有较好效果。对于剥落而言，关键是集料对水吸附能力的大小，亲水性集料有较高的硅质含量，集料显酸性，对水的吸附能力比沥青大。集料的表面化学性质、表面积、孔隙大小等均对沥青混合料的水稳定性有影响。集料表面含有铁、钙、镁、铝等高价阳离子时与沥青产生化学吸附时形成稳定的吸附层，而含有纳、钾等低价阳离子时，吸附层极不稳定，遇水后易被乳化。集料的比表面积大有助于形成牢固的沥青吸附层。集料表面的洁净程度对集料与沥青的黏附性影响很大，泥土、粉尘将成为黏附沥青的隔离剂，如果遇水，水分湿润泥土，更加容易造成剥落。沥青混合料的空隙率和路面实际压实空隙率明显影响沥青路面的水损害。当路面实际空隙率为8%～15%的范围内时，水容易进入混合料内部，且在荷载作用下易产生较大的毛细压力而成为动力水，易造成沥青混合料的水损害破坏。采用密级配沥青混凝土，选用沥青用量高限，可以提高沥青混合料的水稳定性。

沥青路面施工过程中的碾压质量和离析控制，对混合料的水稳定性有明显影响。施工中如雨天一部分水经过碾压被封闭在沥青混合料中，将严重影响集料与沥青的黏结，影响铺装层与下层的黏结，这将为水损害埋下隐患。沥青混合料的压实度不足，则空隙率大，水容易进入空隙而成为水损害的祸根。沥青路面施工过程中混合料的离析和压实度的局部不均匀，使沥青混合料的密实程度和空隙率不同，其水稳定性也不同，沥青路面的水损害往往就在这些局部位置。沥青混合料的离析主要表现为粗细集料和沥青含量的不均匀。粗集料集中的部位往往空隙率过大，沥青含量偏少，成为加速出现水损害、形成坑槽的原因。

水是沥青路面水损害的根源。如果沥青路面始终处于干燥状态，则不会出现水损害。路面结构设计中采取有效措施，路面表面层要密实封水，防止水分进入沥青层的内部，并做好路表排水和路面内部排水，将进入到路面内的水分及时排除，避免沥青混合料被水长期浸泡，从而防止或明显减轻沥青路面的水损害。

交通荷载会加速沥青路面的水损害，荷载越大，进入路面内部的水的动压力越大，损害更严重。温度变化、冻融循环和干湿循环等气候条件对沥青路面水损害也有影响。气候潮湿多雨地区易形成水损害，而冰冻地区的冻融作用使水损害加剧。

二、沥青混合料水稳定性的试验评价方法

评价沥青混合料的水稳定性应包括评价沥青与矿料之间的黏附性及评价沥青混合料浸水的稳定性。

沥青与矿料黏附性的优劣，不仅与沥青及矿料的性质有关，而且当二者相结

合时，尚与其界面的性质及接触面积(集料的表面微观粗糙度)有关。因此，沥青与矿料黏附性的试验分析包括矿料性质、沥青性质及二者相互作用的试验。矿料性质试验主要有石料碱值试验、矿料表面电荷试验；沥青性质试验有沥青酸值测定、沥青表面张力测定；沥青与矿料的相互作用主要是测定沥青与矿料接触角，并和水与矿料的接触角对比，分析沥青与矿料形成黏附层后，遇水时水对沥青的置换作用。目前通行的评价沥青与矿料的黏附性的试验方法有水煮法、水浸法、光电比色法及搅动水净吸附法等。我国试验规程规定：对大于 13.2mm 的矿料以水煮法为标准，对不大于 13.2mm 的集料和细粒式沥青混合料应以水浸法为标准。水煮法简单易行，但存在“微沸”状态不容易把握，剥落率的目测准确率低，不能反映集料吸水的影响，无法评价细集料与沥青的黏附性等缺点，因此，主要用于初步鉴别粗集料与沥青的黏附性，并不作为确定接受或否定混合料的标准使用。浸水法与水煮法类似，都是半定量的测定方法，不同之处在于试验温度恒定，水不沸腾，完全处于静止状态，缺乏水力冲刷作用，浸水时间延长。光电比色法与搅动水净吸附法可以定量测定或计算矿料表面的沥青剥落率。光电比色法测定的溶液浓度包括剥落的沥青和沥青膜上溶解但并未剥落的沥青两部分的影响，测定的剥落率往往偏大，而且试验操作难度较大，数据重现性较差。搅动水净吸附法的试验外界干扰因素少，试验结果重现性较好，但试验技术难度较大。

沥青混合料在浸水条件下，沥青与矿料的黏附力降低，沥青的黏结力减小，最终表现为混合料的整体力学强度降低。因此，沥青混合料的水稳定性最终由浸水条件下沥青混合料物理力学性能降低的程度来表征。国内外评价沥青混合料水稳定性的试验方法多种多样，目前得到广泛应用的主要有浸水马歇尔试验、真空饱水马歇尔试验、浸水劈裂试验、真空饱水劈裂试验、冻融劈裂试验及浸水车辙试验。我国试验规程规定的试验方法是浸水马歇尔试验和冻融劈裂试验。不同试验评价方法的差异主要在于：一是混合料试件条件，如成型方法、尺寸、空隙率；二是试验条件，如浸水温度、时间、循环次数等；三是物理力学性质试验与指标，如是否抽真空、冻融等。具体采用评价试验方法时，应考虑试件空隙率、含水率、温度、冻融等，试验条件尽量与路面的实际工作条件相似；试验方法简单易行，便于操作，设备价格适中，适宜于生产单位采用；试验数据比较稳定，重现性好，能较好地反映沥青和矿料的性质，可以明显区分不同材料的差异。

三、沥青稳定碎石的水稳定性

根据冻土地区的气候特点，在冻融劈裂试验(Lottman 试验)(T0729)的基础上，改进冻融条件，使其更接近冻土地区沥青稳定基层的实际使用条件，分析沥青稳定碎石的水稳定性。

对表 8-2 中的沥青稳定碎石进行冻融劈裂试验，试验采用双面击实各 50 次的大型马歇尔试件。试件分三组，每组 4 个试件。一组试件在 25℃水浴中保温 2～3h，按 T0716 方法进行劈裂试验，试验加载速率为 50mm/min，压条宽度为 19mm，测定并计算得到劈裂强度 R_0。另外两组试件先进行真空饱水，在 98.3～98.7kPa(730～740mmHg)真空条件下保持 30min，然后打开阀门，恢复常压，并在水中静置 60min；将试件取出后放入塑料袋中，加水约 30ml，扎紧袋口后分别放入－18℃、－28℃的环境箱中冷冻 20h；再经过 40℃±0.5℃水浴保温 24h 和 25℃水浴保温 2～3h 后进行劈裂试验，分别得到劈裂强度 R_1、R_2。计算混合料的残留强度比 $TSR=R_i/R_0\times100\%$，($i=1,2$)。试验结果见表 8-6。

冻融劈裂试验结果

表 8-6

试验项目 \ 混合料类型	ATB-30	沥青稳定碎石 1 号	沥青稳定碎石 2 号	沥青稳定碎石 3 号
油石比(%)	3.8	3.8	4.2	4.2
空隙率(%)	7.38	5.50	4.81	4.79
毛体积密度(g/cm^3)	2.382	2.421	2.430	2.436
未冻试件劈裂强度(MPa)	0.341	0.475	0.507	0.409
冻融后试件劈裂强度(－18℃)(MPa)	0.302	0.388	0.357	0.362
残留强度比 TSR(－18℃)(%)	88.46	81.72	70.45	88.43
冻融后试件劈裂强度(－28℃)(MPa)	0.230	0.286	0.314	0.305
残留强度比 TSR(－28℃)(%)	67.35	60.30	61.87	74.49

由试验结果可以得出，随着冻融循环冷冻温度的降低，劈裂强度损失明显增大，说明冻土地区的低温环境对沥青混合料的抗冻性极其不利，与一般地区相比抗冻指标应有更高的要求。

分析以劈裂强度或残留强度比对混合料的抗冻稳定性排序可得，单纯以某一特定冻融条件来测试混合料的抗冻稳定性能不一定得到合理的评价结果，因为随着自然条件恶劣程度的加剧(温度降低)，其 TSR 值排序要发生变化。混合料设计中应考虑混合料使用中的实际自然环境条件，合理确定抗冻性能评价的冻融试验条件，以正确评价混合料实际使用中水和冻融循环共同作用下的稳定性。

从总体规律看，沥青稳定速碎石在水和冻融循环作用下的稳定性随冻融条件的加剧(经冻温度降低)而降低，降低幅度因混合料而异，空隙率越小、越密实的混合料，下降越少，即稳定性较好。在不改变沥青用量的条件下，调整混合料的级配组成，有可能增大混合料的劈裂强度(如混合料 ATB-30、1 号)，但是稳定性不一定增大；同时也可能降低劈裂强度(如混合料 2 号、3 号)，但稳定性却有增大。最大粒径的增大未对混合料的稳定性造成明显的影响，几种级配的沥青稳定碎石均满足使用要求。

第五节　疲 劳 性 能

一、沥青路面的疲劳破坏

沥青路面使用过程中，将经受自然因素和行车荷载的重复作用，长期处于应力应变交叠变化状态，导致路面结构强度逐渐下降。当荷载重复作用超过一定次数后，路面基层和面层内产生的应力会超过强度下降后的结构抗力，路面出现裂纹，产生疲劳破坏。随着近年来公路交通流量和车辆轴载的不断增加，沥青路面的疲劳破坏引起了越来越多的关注。

沥青路面疲劳特性的研究方法基本上可以分为两类，一类为现象学法，即传统的疲劳理论方法，它采用疲劳曲线表征材料的疲劳性质；另一类为力学近似法，即应用断裂力学原理分析疲劳裂缝扩展规律以确定材料疲劳寿命的一种方法。现象学法与力学近似法都是研究材料的裂缝以及裂缝的扩展，其主要区别在于前者的材料疲劳寿命包括裂缝的形成和扩展阶段，研究裂缝形成的机理以及应力、应变与疲劳寿命之间的关系和各种因素对疲劳寿命及疲劳强度的影响；后者只考虑裂缝扩展阶段的寿命，认为材料一开始就有初始裂缝存在，因此不考虑裂缝的形成，而主要研究材料的断裂机理及裂缝扩展规律。

疲劳是材料在重复荷载作用下产生不可恢复的强度衰减积累所引起的一种现象。在研究中，通常把材料出现疲劳破坏的重复应力值称作疲劳强度，相应的应力重复作用次数称为疲劳寿命。为了模拟路面在荷载作用下的应力应变状态，可以采用控制应力和控制应变两种不同的加载模式进行沥青混合料的疲劳试验。控制应力试验又称常值应力试验，试验时始终保持作用应力（或施加荷载）不变，随着荷载重复作用次数的增加，混合料的强度逐渐减小，因而应变逐渐增大，直至试件断裂。控制应变试验又称常值应变试验，试验时始终保持应变（或挠度）不变，随着荷载重复次数的增加，混合料的强度下降，应力将逐渐减小，通常不会出现明显的断裂破坏，以应力（或混合料劲度）下降至初始值的50%或更低作为疲劳破坏标准。

控制应力和控制应变试验得出的沥青混合料的疲劳特性可以分别表征为：

$$N_f = K\left(\frac{1}{\sigma_0}\right)^n \tag{8-10}$$

$$N_f = C\left(\frac{1}{\varepsilon_0}\right)^m \tag{8-11}$$

式中：N_f——达到破坏时的荷载重复作用次数；

σ_0、ε_0——初始弯拉应力和弯拉应变；

C、m、K、n——试验确定的回归参数。

对于相同的材料，在初始应力、应变条件相同的情况下，控制应变试验得出的试件达到破坏时的荷载作用次数，即疲劳寿命，要大于控制应力试验得出的疲劳寿命。疲劳试验具体采用何种荷载模式，主要应考虑两个因素：一是能够更好地反映沥青混合料在路面中受行车荷载作用的疲劳特性；二是路面结构中沥青混合料的应力应变状态更接近于哪种荷载模式。对路面层状弹性体系不难做出以下分析：当沥青结构层下具有较高刚度的基层时，或者当沥青层下的结构层弱，且沥青结构层厚度较薄时，路面在交通荷载作用下而产生疲劳。在疲劳过程中，沥青层底部应变状态变化不大，特别是当基层刚度较大，沥青结构层厚度也较大时，其应变状态基本上不随混合料劲度的变化而变化。此时的应变状态与控制应变的疲劳试验类似，用应变控制模式较为合适。当沥青层厚度较大，而沥青层下结构层刚度较小时，沥青层底部的应力状态随着面层混合料劲度变化的幅度要比应变随混合料劲度变化的幅度小。相对而言，这种情况下面层底部的应力类似于控制应力的混合料疲劳试验的状态，此时用应力控制模式较为合适。

沥青路面的疲劳寿命主要受荷载条件、材料性质和环境变化的影响。其中荷载条件包括试验时的荷载历史、加载频率、波谱形式、间歇时间等。控制应力模式试验和控制应变模式试验的荷载历史不同，前者为试验过程中保持荷载条件不变，而后者则为了保持试件应变不变而改变应力，且这种改变又与温度变化相关。两种模式得出的疲劳寿命不同，两者的差值在低温时甚小，而高温时较大。沥青混合料的劲度随着加载频率的提高而增大，但在不同加载频率下，劲度随着加载作用次数的增加而下降的趋势相近。疲劳试验施加的应力或应变波谱较多采用单向作用的矩形波、三角形波和半正矢波，或是交变的正矢波形。波谱的形状对试验结果的影响并不显著，但波谱是单向作用或是交变作用则可对试验结果产生较为显著的影响。已有室内试验发现，试件在承受单向受拉脉冲时的疲劳寿命比承受相等的拉压交变脉冲时提高约30%。沥青路面实际使用过程中，车辆荷载通过时将产生压—拉—压三个连续的交变脉冲。荷载间歇时间对疲劳试验结果有较大影响，主要取决于间歇时间的长短和试验温度。路面在承受车辆荷载时，在车辆前后轮之间或前后车辆轮载之间都有间隔时间，由于沥青材料具有黏弹性性质，故在间歇时间内沥青路面将产生有利于疲劳微裂缝愈合的内部应力，可延长其疲劳寿命。试验疲劳寿命的增长速率随着间歇时间的增长而逐渐减小，但当超过某一间歇时间后，间歇时间的有利作用将逐渐趋于稳定。

沥青种类、集料表面形状、混合料劲度、沥青用量、空隙率等对混合料的疲劳性能都有影响。沥青种类和稠度对混合料疲劳性能的影响与其对沥青混合料劲度的影响相关。控制应力试验的疲劳寿命随沥青硬度的增大而增长，控制应变试验结果则相反，即沥青愈软，疲劳寿命愈长。集料的表面纹理、形状和级配可以影响混合料中的空隙结构，即空隙的大小、形状与连贯状况以及沥青的适宜用量和沥青与集料的相互作用情况，从而对混合料的疲劳寿命表现出不同的影响。从疲劳观点看，沥青混合料的劲度模量是一个重要的材料特性。任何影响混合料劲度的因素，均会影响混合料的疲劳性能。混合料劲度对疲劳性能的影响与加载模式相关。控制应力模式试验中，混合料的劲度模量越高，试件在相同常量应力下每次荷载产生的应变越小，混合料的疲劳寿命就越长；但在控制应变模式下，相同的常量应变条件时，混合料的劲度模量越高，每次荷载作用于试件的应力越大，疲劳寿命则随着混合料劲度的增大而降低。混合料的疲劳寿命随其空隙率的降低而显著地增长。在保证混合料高温性能的前提下，尽量增大沥青用量，可以降低混合料空隙率，提高疲劳寿命。

影响沥青混合料疲劳性能的环境因素主要是温度、湿度以及其他使混合料性质发生变化的大气因素。温度在一定限度内降低时，沥青混合料的劲度增大，试件在一定的应力条件下所产生的应变减小，使控制应力试验得出的疲劳寿命较长；而控制应变试验中，温度的增高引起混合料的劲度降低，使裂缝扩展速度变慢，导致混合料疲劳寿命得以增长。低温时两种加载模式得出的疲劳寿命基本接近，而在较高温度下的差值则较为显著。湿度的变化会引起混合料的劲度减小，混合料在大气因素作用下的老化过程可使混合料的劲度增高，从而影响混合料的疲劳性能。

二、沥青稳定碎石的疲劳特性

沥青稳定碎石基层同沥青面层一样，也承受行车荷载的重复作用。对于冻土地区的沥青稳定碎石基层，还要承受较大温度应力的重复作用。因此，冻土地区沥青路面结构设计中应考虑沥青稳定碎石基层的抗疲劳性能。

1. 试验方法

沥青及沥青混合料试验规程规定，最大粒径≥26.5mm 时，采用轮碾成型的板块试件或从道路现场钻取 100mm±2mm 或 150mm±25mm、高 40mm±5mm 的圆柱体试件。试验采用轮碾板切割成型的 50mm×50mm×240mm 梁试件。

疲劳试验采用应力控制模式，加载频率采用 10Hz，相当于 60～65km/h 的行车速度。荷载波形为半正弦波，在正式试验前，以最小荷载对试件进行预加载 10s，以保证各部件接触良好。

试验过程中采用 MTS810 计算机系统自动记录数据，包括：应力作用次数和小梁跨中挠度值。利用下式将挠度值换算为梁底部弯拉应变值：

$$\varepsilon=\frac{6hd}{l^{2}} \tag{8-12}$$

式中：ε——试件底部弯拉应变；

h——跨中断面试件的高度；

d——试件的跨中挠度；

l——试件的跨径。

试验针对冻土地区的自然环境条件，分别考虑沥青稳定碎石在15℃下的常温疲劳和－25℃下的低温疲劳。15℃的温度相当于最不利季节路面的温度，此温度大体是我国北方的春融期温度和南方地区的雨季温度。根据多年冻土地区的研究资料，－25℃作为该地区具有代表性的冬季路面基层温度。

2. 试验结果分析

对表8-2中的沥青稳定碎石分别在15℃和－25℃进行弯拉强度和疲劳试验，按式(8-10)表征混合料的疲劳特性，试验结果如表8-7～表8-10和图8-8、图8-9所示。

15℃弯拉强度试验结果 表8-7

混合料类型	AC-30II	沥青稳定碎石1号	沥青稳定碎石2号	沥青稳定碎石3号
油石比(%)	3.8	3.8	4.2	4.2
空隙率(%)	6.5	4.56	4.03	3.86
弯拉强度(MPa)	1.371	1.947	2.060	1.740

15℃疲劳试验结果 表8-8

级配种类	应力比	疲劳寿命(次)	K	n	R^2
AC-30II	0.3	46 080	1 341.529	4.181 5	0.971 7
	0.4	21 689			
	0.5	6 946			
	0.6	2 577			
沥青稳定碎石1号	0.3	36 426	4 571.935	4.138 2	0.977 1
	0.4	15 756			
	0.5	5 760			
	0.6	2 023			

续上表

级配种类	应力比	疲劳寿命(次)	K	n	R^2
沥青稳定碎石 2 号	0.3	40 504	7 540.497	3.736 5	0.984 3
	0.4	18 697			
	0.5	6 999			
	0.6	3 083			
沥青稳定碎石 3 号	0.3	16 462	4 661.224	1.896 3	0.989 9
	0.4	8 588			
	0.5	6 418			
	0.6	4 251			

−25℃弯拉强度试验结果 表 8-9

混合料类型	油石比(%)	空隙率(%)	弯拉强度(MPa)
AC-30II	3.8	6.45	4.187
沥青稳定碎石 1 号	3.4	6.01	5.162
	3.8	4.56	11.336
	4.2	3.88	11.863
沥青稳定碎石 2 号	3.8	5.06	10.274
	4.2	4.03	11.229
	4.6	3.25	12.722
沥青稳定碎石 3 号	3.8	4.67	11.411
	4.2	3.86	11.485
	4.6	3.11	11.748
AC-20	4.4	4.70	9.108
	4.9	3.70	9.660
	5.4	2.70	9.408

注:表中 AC-20 级配采用规范中值,下同。

−25℃疲劳试验结果 表 8-10

混合料	油石比(%)	应力比	疲劳寿命(次)	K	n	R^2
AC-30II	3.8	0.7	550 462	114.551	23.241	0.993 2
		0.8	13 689			
		0.9	1 641			
沥青稳定碎石 1 号	3.4	0.7	510 462	166.265	22.403	0.993 2
		0.8	22 689			
		0.9	1 841			
	3.8	0.7	870 462	643.724	19.738	0.984 3
		0.8	36 689			
		0.9	6 241			
	4.2	0.7	1 356 462	1 099.006	19.810	0.998 5
		0.8	81 689			
		0.9	9 404			
沥青稳定碎石 2 号	3.8	0.7	692 542	464.943	20.629	0.998 6
		0.8	51 821			
		0.9	3 854			
	4.2	0.7	1 366 372	1 077.209	19.996	0.999 9
		0.8	90 689			
		0.9	8 994			
	4.6	0.7	1 856 462	1 559.193	19.139	0.999 6
		0.8	130 689			
		0.9	12 641			
沥青稳定碎石 3 号	3.8	0.7	558 698	634.600	19.109	0.999 3
		0.8	48 621			
		0.9	4 566			
	4.2	0.7	1 095 400	1 184.677	19.030	0.999 0
		0.8	75 681			
		0.9	9 226			
	4.6	0.7	1 246 812	1 537.092	18.865	0.999 4
		0.8	110 358			
		0.9	10 841			

续上表

混合料	油石比(%)	应力比	疲劳寿命(次)	K	n	R^2
AC-20	4.4	0.7	581 189	104.001	23.869	0.998 5
		0.8	18 202			
		0.9	1 409			
	4.9	0.7	895 294	351.560	22.741	0.998 3
		0.8	71 633			
		0.9	3 993			
	5.4	0.7	1 129 448	525.000	21.784	0.984 2
		0.8	83 097			
		0.9	4 674			

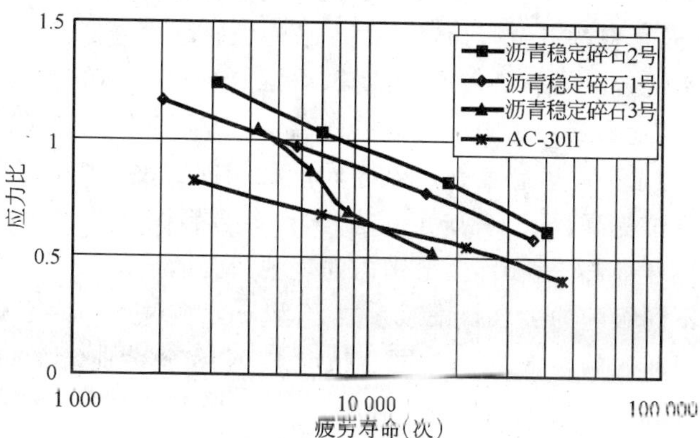

图 8-8 混合料 15℃疲劳曲线

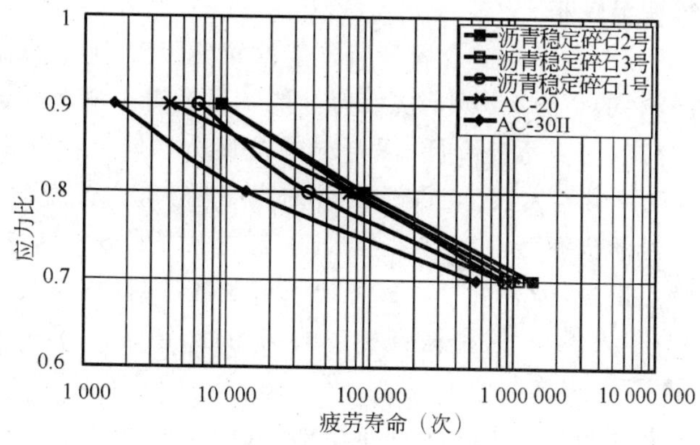

图 8-9 混合料最佳油石比时的－25℃疲劳曲线

由沥青稳定碎石混合料15℃和-25℃下的疲劳试验结果可以得出：

(1)沥青稳定碎石在-25℃时的弯拉强度比15℃时约大5～7倍，-25℃的疲劳寿命比15℃的大得多，相差几个数量级。说明沥青稳定碎石低温条件下的强度明显高于常温，抗疲劳性能显著提高。

(2)疲劳试验过程中观察发现，试验温度为15℃时，微裂缝一般靠近梁底部的大粒径集料的边缘开始出现，并逐渐沿集料的边缘轮廓线扩展，变形累积较快，最终导致破坏，试件破坏时的弯曲变形明显，破坏断面不甚平整，较粗的集料基本未破坏；而试验温度为-25℃时，试件底部的弯拉应变随荷载作用次数的增加而增大的速率相当缓慢，单次作用引起的损害(试件的变形)很小，而一旦微裂缝出现，裂纹扩展非常快，试件迅速破坏，破坏时试件变形很小，破坏断面较平整，可以明显看到大粒径集料的破坏。

(3)15℃与-25℃时混合料的疲劳寿命变化规律基本一致。对于同一级配的混合料，随着油石比的增大，参数 n 值减小或有减小的趋势(不同混合料表现略有不同)，即混合料的疲劳寿命对应力水平的敏感程度降低。不同级配的混合料对比，较密实混合料的 n 值较小，表明随着混合料密实度的增加，疲劳寿命对应力水平的敏感度降低。相同混合料在低温(-25℃)时的 n 值较大，混合料的疲劳寿命对应力水平的敏感度高。对于同一种级配的混合料，随着油石比的增加，疲劳曲线线位提高，K 值有增大的趋势，即混合料的疲劳寿命随油石比的增加而增大，在最佳油石比±0.5%范围内的表现较为明显。

(4)对于不同级配的混合料按照参数 K 和 n 分别对其疲劳性能进行优劣排序，15℃和-25℃时的排序基本相同。按参数 K 和疲劳曲线线位高低的排序为：沥青稳定碎石2号>3号>1号>AC-20>AC-30II，其中，前三种差别并不大，均远优于AC-30II；按参数 n 和疲劳寿命对应力水平的敏感度的排序为：沥青稳定碎石3号<2号<1号<AC-20<AC-30II，-25℃下前三者差别不大，15℃下级配3号明显较小。

总体而言，空隙率是影响混合料疲劳性能的重要因素，随油石比的增大或密实度的提高，混合料的空隙率减小，抗疲劳性能明显改善。增大混合料中大粒径集料的含量，会提高(至少不会降低)混合料的抗疲劳性能。沥青稳定碎石1号与AC-20相比，粒径明显大，较大粒径集料的含量增大，疲劳寿命大幅提高；而沥青稳定碎石3号的抗疲劳性能与2号相比，提高不太明显。这可能在于，从材料的损伤力学观点出发，沥青混合料在低温下属于脆性材料，但其损伤性能与金属、陶瓷等材料有很大不同，这种复合材料的均匀性、连续性、完好性等均较差，在外部条件的作用下，损伤很容易发生。Zaitsev-Wittmann集料干扰模型认为：集料对裂缝的扩展有明显的干扰和阻滞作用；混凝土的开裂过程是裂缝从界面引发，随着荷载的增大，裂缝从沥青胶浆中扩展，剪断过程中碰到集料后，被阻止的裂缝将沿集料界面扩展，直至开裂；而对于强度比较高的混凝土往往会穿透集料。从试验过程中疲劳破坏裂纹的扩展规律来看，在密实度相同的混合料内部，大粒径集料的存在，将在一定程度上阻碍裂纹在混合料内部的扩展或者改变了其发展的方向，从而延缓了试件的破坏。但是大粒径集料不能过多，以免影响混合料的整体性和均匀性，这可能就是沥青稳定碎石 3 号的抗疲劳性能并未明显提高的原因。

沥青稳定碎石低温疲劳寿命远大于常温疲劳寿命，－25℃的疲劳寿命比 15℃的高出几个数量级。原因可能在于，常温（15℃）条件下，沥青混合料呈现较强的黏弹塑性，随着温度的降低，混合料的弯曲劲度模量迅速增大，在低温（－25℃）时基本表现为弹性。在采用应力控制的弯曲疲劳试验中，低温下表现为弹性的试件在一定荷载作用下产生的应变较小，疲劳寿命增大。W. V. 迪兹克研究了路面试件疲劳试验的能量消耗特性，提出的疲劳寿命计算公式也表明，劲度与疲劳寿命有一定相关性，路面材料劲度越大，则弹性越明显，疲劳寿命也越大。

在－25℃附近的低温区，沥青稳定碎石混合料具有足够抵抗自然因素和交通荷载的疲劳作用的能力，即冻土地区沥青稳定碎石基层在低温下具有较好的抗疲劳性能。但沥青稳定碎石常温下的抗疲劳性能远逊于低温时，为此，混合料设计中应通过常温下的疲劳试验结果选择混合料类型。另外，在最佳沥青用量的基础上，适当增加沥青用量可以明显提高沥青稳定碎石的抗疲劳性能，但在工程实践中应与经济性综合考虑。

第六节　混合料配合比设计

根据级配组成，目前基层使用的沥青稳定碎石有密级配、半开级配和开级配三种。密级配沥青稳定碎石具有较高的承载能力，国内外广泛应用于路面基层；半开级配沥青稳定碎石热稳定性好，但耐久性和水稳性较差，可用作防治路面反射裂缝的中间层；开级配沥青稳定碎石具有较大空隙率，排水性能好，作为路面的排水基层。不同级配组成的沥青稳定碎石配合比设计方法有所不同，本节主要介绍大粒径密级配沥青稳定碎石基于大马歇尔试验的配合比设计。

一、设计思路

沥青混合料设计的目的是针对道路工程的环境特点、交通特性、结构特性、建设经费约束等，设计出满足使用要求、功能要求与建设要求的沥青混合料。沥青混合料的设计，主要是选择原材料，并按照一定的比例组合成混合料，以达到路面要求的性质，包括选择矿料的类型和级配、选择沥青的类型和标号及确定沥青用量。

冻土地区沥青稳定碎石基层混合料的配合比设计，需要充分考虑地理、地质及气候条件、荷载条件及基层结构的受力状况，混合料的性能应该能满足冻土地区关键的路用性能特别是低温性能的要求。针对多年冻土地区的地理和气候特点以及沥青稳定碎石所在基层的结构功能，沥青稳定碎石混合料应满足以下要求：

(1)具有较高的力学强度，使路面结构具有较高的承载能力，以适应交通的需要；

(2)具有较好的低温性能，即具有较好抵抗低温开裂的能力；

(3)具有较好的水密性，能阻止水分进入到沥青基层及底基层中，防止因水进入而产生冻融、冲刷等破坏；

(4)能较好地适应路基冻胀、融沉的不均匀变形，即不因路基冻胀、融沉而开裂；

(5)有良好的施工和易性，即低温施工时具有良好的流动特性和易成型性，且不容易出现离析。

目前，沥青混合料设计主要依据经验来确定沥青混合料的材料组成，并采用缺乏足够力学依据和实际验证的方法来评价沥青混合料的路用性能。按照路用性能，特别是长期路用性能来设计沥青混合料是道路工程技术领域的一个重要课题。显然，采用原理清晰的方法测定并描述沥青混合料组成材料的特性，研究沥青混合料材料组成的体积关系对其功能的影响，选择合理的试验手段评价沥青混合料的路用性能，建立科学有效的数学模型，由组成材料的特性预测沥青混合料整体的力学特性，根据沥青路面长期使用性能评价沥青混合料设计理论与方法，是沥青混合料设计的科学理念和系统，也是今后的发展方向。因此，对于冻土地区沥青稳定碎石基层混合料，应以此理念指导其配合比设计。

公路交通对于沥青混合料的功能要求不仅表现为前述的多元性，也表现出功能要求之间的矛盾性。这种矛盾性突出的是沥青混合料高温抗变形能力与低温抗裂能力之间的矛盾，而混合料的稳定性和耐久性之间也需要寻求一个平衡点。从混合料设计的技术观点出发，这种矛盾性也有体现，例如沥青混合料的高温特性、低温特性、疲劳特性、工艺特性之间既存在显著的依赖关系，也具有完全不同的力学机理。因此，针对具体情况设计混合料时，应选择并突出混合料的主要要求，在主要要求与次要要求发生矛盾时，应服从主要要求，并在不同要求之间需要寻求一个平衡点，使得混合料的整体性能达到最优。

在适宜的施工温度范围内，沥青混合料要具有良好的流动特性并易于成型；为了防止车辙产生，在较高的使用温度范围内，沥青混合料不仅要表现出足够小的流动变形，也要具有弹性变形恢复能力；对于疲劳抵抗能力，沥青混合料不仅要具有足够的柔韧性和适宜的重复荷载作用下的能量耗散能力，最新研究还表明，沥青混合料还应该在尽量低的温度阈值下进入疲劳损伤状态；对于低温开裂，沥青混合料则不仅要具有足够的低温条件下的应力松弛能力，还要有较小的收缩变形和较大的低温抗裂能力。在工程实践中，过度地强调提高沥青混合料的某一项性能，就会不可避免地损失其他一些性能，沥青混合料的组成设计，就是要把握这些特性之间的平衡。

二、原材料要求

沥青混合料材料的选择主要是沥青结合料和矿料原材料的选择。基层混合料原材料选择时，应综合考虑自然条件、材料分布、混合料性能要求等因素，确保混合料既能满足交通荷载反复作用的要求，提供良好的长期使用功能，又能经受自然环境的考验，具备较高的稳定性和耐久性。

1. 沥青

沥青结合料的性质对混合料的性能有很大的影响，必须采用合适试验手段评价沥青的性质和使用性能。研究表明，沥青性能对于混合料低温抗裂性能的贡献率为87%。因此，应用于冻土地区路面基层的沥青稳定碎石，以低温抗裂性能作为混合料设计的主要目标时，宜采用稠度较小、低温延度较大、针入度指数较大的沥青，以减轻温度应力的影响，减少低温断裂的可能。

沥青稳定碎石基层一般采用普通沥青，沥青标号根据公路等级、气候条件、交通条件等确定，通常采用与下面层沥青混合料相同的沥青。当温度敏感性相同时，针入度大的沥青有较低的劲度模量。参考已有研究成果，并结合多年冻土地区的气候条件，以及基层结构所处层位，选择沥青标号时，宜将沥青的25℃针入度控制在120～160之间。这样的要求是兼顾沥青稳定碎石的低温抗裂性、黏结力特性与抗疲劳能力而提出的，较软的沥青有助于改善混合料的低温抗裂性能，但应注意防止因针入度的提高将降低沥青的黏结力，而导致混合料松散、剥落等损害发生。

用于多年冻土地区沥青路面基层的沥青稳定碎石，沥青建议技术指标要求见表8-11。

2. 集料

矿质集料特性对沥青混合料性能至关重要。随着沥青混合料设计方法的不断革新和发展，越来越多的设计者注意到集料特性对提高混合料性能有着重要意义。针对冻土地区的自然条件、荷载条件和材料分布情况，沥青稳定碎石基层混合料的集料选择时，应注意以下几点：

(1)保证集料具有足够的强度，减少黏土块和易破碎颗粒含量，以保证混合料的强度；

(2)提高粗、细集料的棱角性，尽量减少砾石和天然砂的用量，以获得较高的内摩阻力，提高混合料的抗剪切强度，并保证集料形成较强的骨架，且保留一定的空隙以增强混合料抵抗永久变形的能力和获得较好的耐久性；

多年冻土地区沥青稳定碎石的沥青技术要求 表 8-11

试验项目		单位	技术要求
针入度(25℃,100g,5s,)		0.1mm	120～160
软化点(R&B)		℃	≮39
PI			−1.5～−1.0
延度(10℃)		cm	≮30
闪点		℃	≮230
溶解度		%	≮99.5
密度(15℃)		g/cm³	测定值
RTFOT 后	质量变化	%	±0.8
	残留针入度比	%	≮45
	残留延度(10℃)	cm	≮10

(3)限制集料的吸水率和黏土含量，提高集料与沥青结合料之间的黏附性，对于黏土含量过高的集料必须进行水洗；

(4)限制扁平细长颗粒的含量，不规则的扁长颗粒不利于集料的密实排列，且扁长颗粒在施工过程中和交通荷载作用下易破碎；

(5)集料应有较好的抗冻性，在冻融条件下具有较高的残留强度和较小的质量损失。

粗集料主要采用碎石或破碎砾石，必须由具有生产许可证的采石场生产或施工单位自行加工，保证粒径规格满足级配组成的要求。粗集料应该洁净、干燥、表面粗糙。多年冻土地区沥青稳定碎石的集料应满足表 8-12 中的质量技术要求。粗集料与沥青的黏附性不符合要求时，宜掺加消石灰、水泥或用饱和石灰水处理，或掺加抗剥落剂。

多年冻土地区沥青稳定碎石粗集料技术要求 表 8-12

检验性质	强度	冻融耐久性		黏附性	杂质	吸水率	形状
技术指标	压碎值	质量损失	强度损失	黏附性等级	<0.075mm 颗粒含量	吸水率	针片状(扁平)颗粒含量
技术要求	≯30%	≯5%	≯25%	≥4 级	≯1%	≯3%	≯20%

细集料可以采用天然砂、机制砂、石屑,必须由具有生产许可证的采石场、采砂场生产。细集料应洁净、干燥、无风化、无杂质,并有适当的颗粒级配。细集料的洁净程度,天然砂以小于 0.075mm 含量的百分数表示,要求不大于 5%;石屑和机制砂以砂当量表示,要求不小于 50%。

3. 填料

沥青稳定碎石基层混合料中宜添加矿粉。矿粉必须采用石灰岩或岩浆岩中的强基性岩石等憎水性石料经磨细得到的矿粉。矿粉应干燥、洁净,能自由地从矿粉仓流出。矿粉含水率应不大于 1%,亲水系数小于 1%,塑性指数小于 4%。

拌和机的粉尘可作为矿粉的一部分回收使用,但每盘用量不得超过填料总量的 25%,掺有粉尘填料的塑性指数不得大于 4%。

三、矿料级配组成

现今普遍认为,沥青混合料的弹黏塑性性质主要取决于沥青的性质、黏结矿料颗粒的沥青膜的厚度以及矿料与结合料相互作用的特性。要改善沥青混合料的性质,就必须根本改变它的结构,改变矿料与沥青结合料相互作用状况,使两种材料之间产生化学键,从而形成具有较高强度的凝聚结构。

沥青混合料的结构取决于下列因素:矿料骨架结构、沥青结合料种类与数量、矿料与沥青相互作用的特点,以及沥青混合料的密实度及其毛细—空隙结构的特点。矿料骨架结构是指沥青混合料成分中矿料颗粒在空间的分布情况。在路面沥青混合料中,矿料骨架本身承受大部分荷载力,因此骨架应由坚固的颗粒组成,并且是密实的。沥青混合料的强度,在一定程度上也取决于内摩阻力的大小,而内摩阻力又取决于矿料颗粒的性状和矿料骨架的结构。为使沥青能在沥青混合料中起到应有的作用,沥青应均匀地分布于矿料之中,使尽可能完全裹覆矿料颗粒。矿料颗粒表面上沥青层的厚度,以及填充颗粒间空隙的自由沥青的数量具有重要意义。自由沥青和结构沥青的性质,对沥青混合料的结构产生影响。而沥青混合料中的沥青性质,又取决于原沥青的性质、沥青与矿料的比例,以及沥青与矿料相互作用的特性。

研究表明,沥青性能对于路面车辙抵抗的贡献率为 29%,对于疲劳抵抗能力的贡献率为 52%,对于低温抗裂性能的贡献率则为 87%。因此,良好的沥青混合料组成设计不仅依赖于沥青性能和沥青胶浆性能,同时也依赖于粗集料颗粒之间的嵌挤。在不断改善沥青性能的同时,针对设计要求,选用合理的矿料级配,充分发挥集料对于沥青混合料性能的积极作用,是提高沥青混合料使用性能的一个重要方面,矿料级配选择成为混合料组成设计方法的一个重要组成部分。

沥青混合料按其强度构成原则,可分为按密实级配原理构成的结构和按嵌挤原则构成的结构两大类。介于两者之间的还有半密实或者半嵌挤(部分形成了嵌挤作用)的结构,而最理想的结构则是既嵌挤而又紧密的结构。各种结构有其自身的特性。按密实级配原则构成的沥青混合料的结构强度,是以沥青与矿料之间的黏聚力为主,矿质颗粒间的嵌挤内摩阻力为辅而构成的。由于沥青结合料的感温性,这类沥青混合料的结构强度受温度的影响较大。按嵌挤原则构成的沥青混合料的结构强度,是以矿质颗粒之间的嵌挤力和内摩阻力为主,沥青结合料的黏结作用为辅而构成的,这些结构是以较粗的、颗粒尺寸均匀的矿料构成骨架,沥青结合料填充其空隙,它的主要功能是把矿料黏结成一个相对稳定的整体。这类结构强度受温度的影响较小。

按以上原则构成的沥青混合料,其结构通常可以分为三种主要类型:(1)悬浮—密实结构,以最大密实度为目标构成,矿料颗粒由小到大连续存在,但较大一档颗粒都被较小一档挤开,大颗粒犹如悬浮于较小颗粒之中。这种结构的优点是混合料密实度高,水稳定性、低温抗裂性能、耐久性都较好。(2)骨架—空隙结构,混合料的级配按照嵌挤原则构成,粗集料彼此紧密相接,石料和石料能够形成互相嵌挤的骨架。但是较细颗粒不足以充分填充骨架空隙,造成空隙较大。这种结构的混合料基于其结构上的组成特性,高温稳定性较好,低温抗裂性、耐久性较差。(3)骨架—密实结构,综合前面两种结构,一方面混合料中有足够数量的粗集料形成骨架,又根据集料骨架空隙大小填入足够较细的填料,形成较大密实度和较小残余空隙率。这种结构兼具以上两结构的优点。

沥青稳定碎石基层混合料的级配组成应考虑基层结构的受力特点和所处地区的环境条件,针对主要破坏形式,从功能要求出发综合选择确定。沥青稳定碎石按照密实级配原理和嵌挤原则可以构成悬浮—密实结构、骨架—空隙结构和骨架—密实结构,也可通过不同结构组成的空隙率,划分为密级配、半开级配和开级配沥青稳定碎石。不同结构类型的混合料的性能差别明显,且各有特色。悬浮—密实结构以最大密实度为目标构成,优点是混合料密实度高,水稳定性、低温抗裂性能、耐久性都较好;骨架—空隙结构按照嵌挤原则构成,高温稳定性较好,低温抗裂性、耐久性较差;骨架—密实结构兼具以上两结构的优点。

现行沥青路面设计规范和施工技术规范在参考众多国家规范级配的基础上,经过近年来的试验路验证,推荐了大粒径沥青稳定碎石的级配组成范围,见表 8-13。

大粒径沥青稳定碎石矿料级配范围 表 8-13

级配类型	通过下列筛孔(mm)的质量百分率(%)														
	53	37.5	31.5	26.5	19	16	13.2	9.5	4.75	2.36	1.18	0.6	0.3	0.15	0.075
ATB-40	100	90～100	75～92	65～85	49～71	43～63	37～57	30～50	20～40	15～32	10～25	8～18	5～14	3～10	2～6
ATB-30		100	90～100	70～90	53～72	44～66	39～60	31～51	20～40	15～32	10～25	8～18	5～14	3～10	2～6

续上表

级配类型	通过下列筛孔(mm)的质量百分率(%)														
	53	37.5	31.5	26.5	19	16	13.2	9.5	4.75	2.36	1.18	0.6	0.3	0.15	0.075
ATB-25			100	90～100	60～80	48～68	42～62	32～52	20～40	15～32	10～25	8～18	5～14	3～10	2～6
ATPB-40	100	70～100	65～90	55～85	43～75	32～70	20～65	12～50	0～3	0～3	0～3	0～3	0～3	0～3	0～3
ATPB-30		100	80～100	70～95	53～85	36～80	26～75	14～60	0～3	0～3	0～3	0～3	0～3	0～3	0～3
ATPB-25			100	80～100	60～100	45～90	30～82	16～70	0～3	0～3	0～3	0～3	0～3	0～3	0～3
LSM-40	100	90～100	75～90	65～85	55～75	50～70	35～55	30～50	23～45	17～35	10～25	8～20	5～15	3～12	3～7
LSM-30		100	90～100	75～90	60～85	45～70	40～60	35～55	23～45	17～35	10～25	8～20	5～15	3～12	3～7
LSM-25			100	90～100	70～90	55～75	45～65	35～55	25～45	17～35	10～25	8～20	5～15	3～12	3～7
AM-40	100	75～98	67～96	50～80	25～60		15～40	10～35	6～25	6～18	3～15	2～10	1～7	1～6	1～4
AM-25			100	70～98	50～85		32～62	20～50	6～29	6～18	3～15	2～10	1～7	1～6	1～4

注：LSM 和 AM 为沥青路面设计规范称法。

不同类型的沥青混合料在不同温度域的破坏模式有很大区别。在低温温度域，沥青混合料具有高的模量，收缩产生的应力来不及松弛而产生聚集，当收缩的应力或应变超过破坏强度或破坏应变时产生开裂；温度裂缝也可能是温度反复降温的温度疲劳所致，这是混合料低温破坏的主要模式。在常温温度域，混合料的模量适中，荷载反复作用产生的疲劳破坏成为路面的主要破坏形式。高温温度域，混合料的劲度很低，破坏模式主要是在荷载作用下失去稳定，产生车辙等流动变形。

多年冻土地区的路面基层主要处于低温状态，且经受重复大温差作用，夏季虽有较高温度出现，但持续时间较短，同时，面临强烈的冻融循环，主要破坏是低温开裂，并可能出现疲劳破坏和冰冻水损害。因此，从沥青稳定基层的结构特性出发，认为悬浮密实结构的沥青混合料以其较好的低温性能、疲劳耐久性和经济性，可以作为多年冻土地区公路路面基层沥青混合料结构的首选。

悬浮密实型结构的沥青混合料以最大密实度为目标，存在一些不足。如混合料性能受沥青结合料的性质和物理状态的影响较大，故高温或者相对高温下稳定性较差，即抗变形能力较差等。通过适当调整级配组成，增加混合料的强度和抗变形能力是有必要的，而理论和实践都证明，这种可能性也是存在的。试验研究表明，对于某一特定级配，通过同时增加较大粒径的集料和细集料的比重，也就是减少中间粒径集料的含量，能够在不增加沥青用量的基础上大幅提高混合料的物理力学性质，最大提高幅度能达到将近一倍。同时，适当减少中档集料的含量，有利于提高混合料的压实度和稳定性。较大粒径的粗集料增多，使矿料级配的嵌挤程度提高，内摩阻力增大；而细集料和矿粉的增多，使沥青胶浆的比例增大，混合料的黏结力提高。随着集料粒径的减小，其比表面积增大。粗集料和细集料的比例同时增大，但混合料的总比表面积并未增加或者增加很少，在不增加沥青用量的条件下可以保证集料表面的沥青薄膜厚度并不减薄。另外，细集料对混合料空隙率的影响要大于中间粒径的集料，增大细集料的含量，可以使混合料的空隙率减小，密实程度提高。

因此，沥青稳定碎石配合比设计中，应对悬浮密实型结构进行适当调整，主要是根据强度和稳定性要求，调整粗细集料比例。通过试验研究和工程应用，推荐多年冻土地区沥青稳定碎石的级配组成范围如表 8-14 所示，供工程应用参考。

多年冻土地区沥青稳定碎石矿料级配组成推荐范围 表 8-14

筛孔(mm)	37.5	31.5	26.5	19	16	13.2	9.5	4.75	2.36	1.18	0.6	0.3	0.15	0.075
通过百分率(%)	100	85～95	72～84	62～80	52～68	42～60	36～50	28～42	22～34	16～28	10～20	7～17	4～12	2～6

四、大型马歇尔试验与标准

在选定沥青与集料及矿料级配后，需要成型试件，选定试验方法及参数最终确定沥青稳定碎石混合料的最佳沥青用量。当前沥青混合料试件的成型方法主要有马歇尔击实法和旋转压实搓揉成型法；确定沥青混合料最佳沥青用量的方法主要有三种：马歇尔设计方法、维姆法（综合设计法）和 SHRP 性能设计法。马歇尔设计法是基础性的体积设计方法，其优点是对沥青混合料的密实度和孔隙特性有较好的反映，以设计耐久性好的热拌沥青混合料为目标，且设备价格不高，便于携带和质量控制，在世界各国得到了广泛应用，也是我国目前配合比设计采用的主要方法，而 SHRP 法和维姆法设备昂贵，在国内未列入试验规程。

马歇尔试验方法是在第二次世界大战期间，由美国密西西比州公路局的工程师 Bruce Marshell 提出来的，1948 年美国陆军工程兵部队对其加以改进，并增添了一些测试性能，最终发展成为沥青混合料设计标准并被广泛使用至今。我国几十年来一直采用标准马歇尔试验进行沥青混合料设计和研究。近年来，随着大粒径沥青混合料不断应用于公路沥青路面结构，国内外对大粒径沥青混合料配合比设计开展了相关研究。研究表明，由于集料尺寸效应的影响，传统的马歇尔试验方法已不适用，无法满足设计要求。于是，开发研制新的、适合于较大粒径沥青混合料配合比设计的大型马歇尔试验方法就被提上议事日程。此间，美国宾夕法尼亚州运输部为了研究 ID-2 联结层和基层混合料，采用的最大集料尺寸分别为 37.5～53mm，无法使用传统马歇尔方法，因此，开始了对 6in (15.24cm)大型马歇尔试件的研究，并于 1969 年首次提出了直径为 6in 的大型马歇尔试验方法，经过不断完善后于 1996 年被正式订为 ASTM D5581 标准。

大型马歇尔试验试件采用与标准马歇尔试件相同的径高比，将标准马歇尔试件直径、高各放大 1.5 倍，直径为 152mm，高度为 95.3mm。击实锤的落高保持不变，仍为 457mm，为了使试件获得与标准马歇尔击实试件表面相同的击实功，按照平圆压头面积增加的比例，锤重由 4.536kg 增加到 10.2kg。为保证与标准马歇尔击实试验双面 75 次时试件所承受的体击实功相当，大型马歇尔击实试验的双面击实次数为 112 次。大型马歇尔与标准马歇尔击实参数的对照见表 8-15。

大型马歇尔与标准马歇尔击实技术参数对照表 表 8-15

参数	试件直径（mm）	试件高度（mm）	锤重（kg）	落锤高度（mm）	击实次数（次）	体击实功（$N \cdot m/mm^3$）
标准马歇尔	101.6	63.5	4.53	457.2	75	0.002 957
大型马歇尔	152.4	95.25	10.21	457.2	112	0.002 946

随着交通量和荷载的变化以及新材料、新工艺的不断涌现，马歇尔试验设计方法自身存在的问题也日益凸现。主要表现在与路面设计缺乏联系，对于不同交通荷载与混合料技术指标要求的不同没有精确的判断，试件成型方法不能模拟真实的压实过程等。同时，对于大粒径沥青混合料，采用大型马歇尔击实方法成型试件时石料的破碎较多，容易造成试件不均匀，试验结果的离散性较大。采用旋转压实搓揉方法成型大粒径沥青混合料的试件，既可以使试件逼真地压实到实际路面气候和荷载条件下所达到的密实状态，又可以避免矿料级配组成因石料的明显破碎而过多改变，因而可提高成型试件的均匀性，降低试验结果的离散程度。

由图 8-10 所示沥青稳定碎石 2 号的大型马歇尔击实和旋转压实成型试件的试验结果对比可得，相同油石比下，旋转压实成型试件的密度大于马歇尔击实成型试件，空隙率减小约 1.0%～1.5%。两种方法成型的试件的稳定度和流值没有太明显的差别。与马歇尔击实成型试件相比，旋转压实成型试件有更小的矿料间隙率(VMA)和更大的沥青饱和度(VFA)。

现行沥青路面设计规范和施工规范推荐的密级配大粒径沥青碎石大型马歇尔试验技术指标见表 8-16。

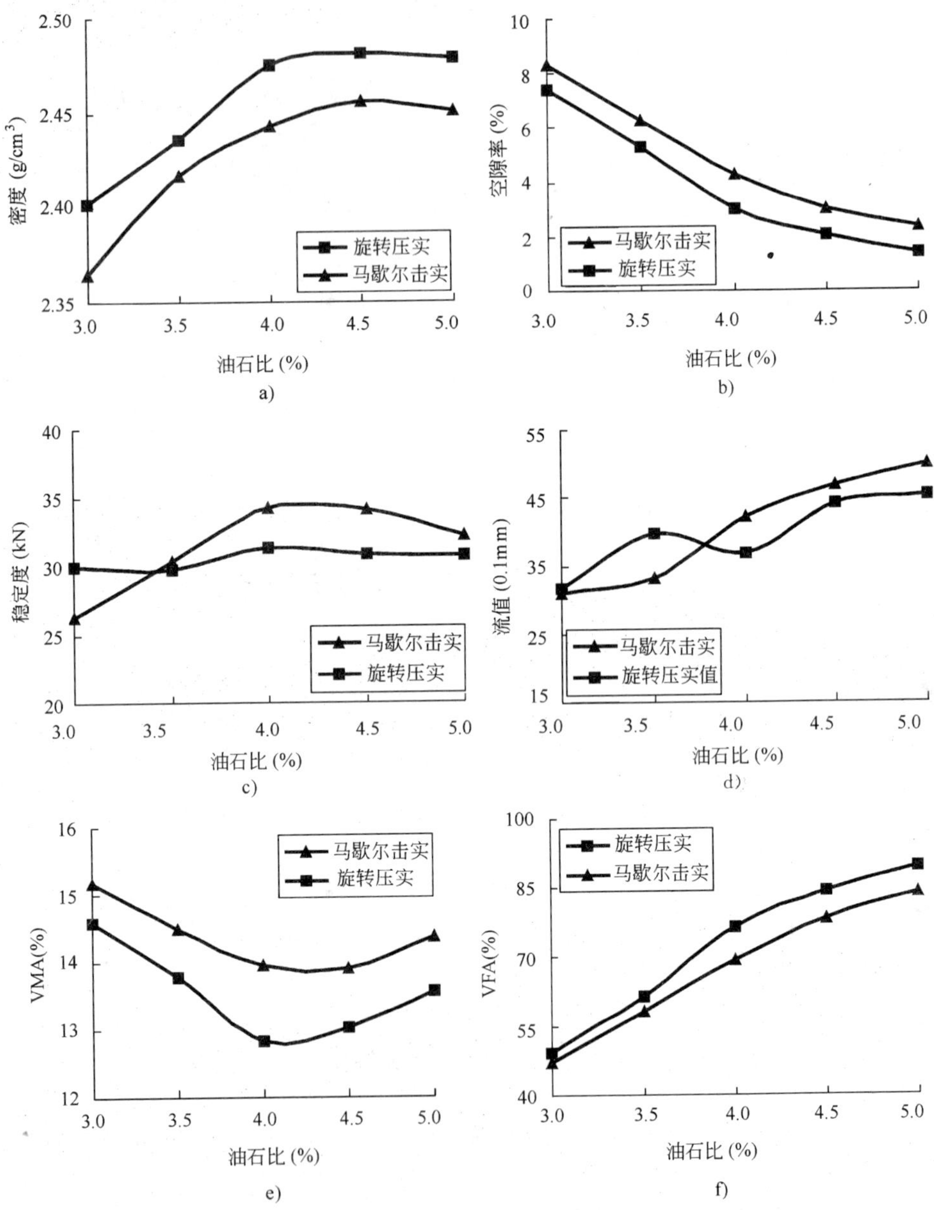

图 8-10 大型马歇尔击实与旋转压实试件各项物理力学指标对比

a)密度；b)空隙率；c)稳定度；d)流值；e)矿料间隙率(VMA)；f)沥青饱和度(VFA)

密级配沥青稳定碎石大型马歇尔试验规范推荐技术指标 表 8-16

试验指标	单位	技术要求			
		施工规范		设计规范	
公称最大粒径	mm	26.5	等于或大于 31.5	等于或大于 26.5	
试件尺寸	mm	ϕ101.6×63.5	ϕ152.4×95.3	ϕ152×95.3	
击实次数(双面)	次	75	112	112	
空隙率	%	3～6	3～6	4～6	
稳定度，不小于	kN	7.5	15	18	
流值	mm	1.5～4	实测	实测	
沥青饱和度	%	55～70	55～70	55～70	
矿料间隙率，不小于	%	设计空隙率(%)	ATB-40	最大公称粒径(mm)	要求
		4	11	26.5	12.5
		5	12	31.5	12
		6	13	37.5	11.5

对于多年冻土地区，沥青稳定碎石基层建议采用标号较高的沥青，大型马歇尔试验温度为 60℃时，沥青结合料软化明显，且通过多年冻土地区沥青路面基层顶面温度测试得出，最高温度代表值为 40℃，因此，大型马歇尔试验条件建议为 40℃水浴中浸泡 50min。沥青稳定基层混合料的空隙率建议为 3%～8%，较大的空隙率可以及时排除路面渗入的自由水，而且可以提高基层内部的热扩散能力，减少沥青路面吸热对路面结构和冻土路基温度场的影响。其他技术指标要求与现行规范一致。

五、设计步骤

与一般沥青混合料组成设计类似，冻土地区沥青稳定碎石基层混合料配合比设计主要确定原材料、矿料级配、最佳沥青用量，并进行混合料的性能验证。

考虑到旋转压实成型设备的普及程度，以及旋转压实成型试件与大型马歇尔击实成型试件之间的关系尚不完全明确，冻土地区沥青稳定碎石混合料配合比设计采用大型马歇尔击实成型试件，具体设计流程如图 8-11 所示。

1. 环境、荷载条件及结构分析

通过环境条件调查与分析，确定沥青结合料选择和试验温度，如基层混合料使用中可能出现的高温、低温和常温，为沥青选择、强度试验、疲劳试验等提供依据。通过交通量、轴重等荷载条件和路面结构分析，为混合料强度等路用性能要求提供依据，也为初步选择矿料级配组成提供依据。

2. 原材料选择与试验

根据前述冻土地区沥青稳定碎石基层混合料的沥青结合料、集料、填料等原材料技术要求，选择确定适宜的原材料，并进行试验检验。

3. 矿料级配组成拟定

利用现行规范和已有研究推荐的级配组成范围，结合工程经验，拟定 1～2 个矿料级配组成。

4. 最佳沥青用量(油石比)确定

根据冻土地区沥青路面的沥青稳定碎石基层的结构特性与功能要求，采用大型马歇尔试验技术指标与强度特性综合确定最佳沥青用量，得出体积指标与强度性能达到最优的沥青用量。首先，对拟定的矿料级配组成分别在不同沥青用量(油石比)下进行大型马歇尔试验，以密度、空隙率、稳定度三项指标为主确定初始最佳沥青用量(油石比)OAC_1，具体确定方法与普通沥青混合料相同。然后，根据温度分析结果，进行代表温度下的抗压强度和劈裂强度试验，以两个强度乘积的峰值确定初始最佳沥青用量(油石比)OAC_2。最后，将大型马歇尔试验确定的初始最佳沥青用量(油石比)OAC_1 与强度试验确定的初始最佳沥青用量(油石比)OAC_2 取平均值，作为最佳沥青用量(油石比)OAC_3。

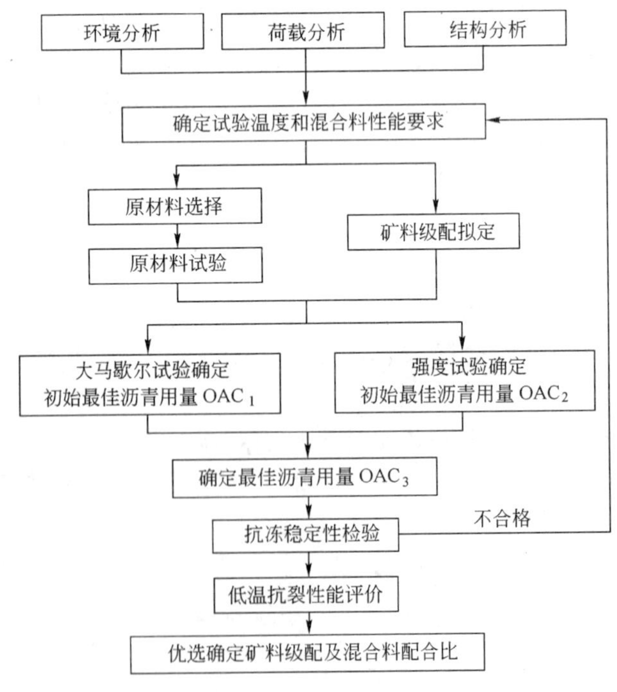

图 8-11　冻土地区沥青稳定碎石混合料设计流程

5. 抗冻稳定性检验

为了提高冻土地区冻融循环下基层混合料的耐久性，应重点检验混合料的抗冻性能。冻土地区沥青稳定碎石混合料设计中，应结合该地区的气候特点，在冻融劈裂试验的基础上，改进冻融条件，检验混合料的抗冻稳定性。根据沥青稳定碎石基层的实际最低温度代表值，确定试验冻结温度，以现行规范中普通沥青混合料的残留强度比不小于70%的要求作为检验标准，对不同矿料级配组成的混合料在最佳沥青用量下的抗冻稳定性进行检验。

6. 低温抗裂性能评价

针对冻土地区的温度条件，沥青稳定碎石基层混合料设计中应重视低温抗裂性能。利用前述沥青稳定碎石混合料的低温抗裂性能综合评价方法，对不同矿料级配混合料在最佳沥青用量下的低温抗裂性能进行评价，优选矿料级配。

7. 混合料配合比确定

通过对各项路用性能试验结果的综合评价与分析，确定各项性能俱佳的矿料级配组成及其最佳沥青用量(油石比)。若设计混合料的路用性能不满足要求时，应进行混合料组成调整。调整的方法包括：调整所用的沥青，提高或降低其黏度，甚至更换性能更好的沥青结合料；更换使用强度更高、表面粗糙、棱角性更好的集料；调整级配以适当增加或减小混合料的空隙率等。

第九章　沥青稳定碎石基层施工

沥青稳定碎石作为一种热拌沥青混合料，其基层施工主要包括混合料配合比确定，施工机械设备准备，下承层准备，拌和、运输、摊铺、压实等，施工工艺流程如图9-1所示。

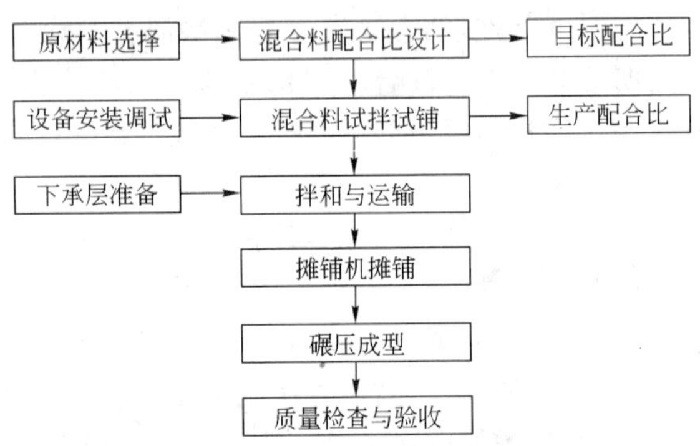

图9-1　沥青稳定碎石施工工艺流程

冻土地区的自然条件给沥青路面施工带来了诸多不利影响，沥青路面施工条件与一般地区差别较大，如有效施工期短、施工温度低、碾压成型困难等。多年冻土地区公路的最佳施工时间为每年的5～10月份，而路面基层与面层的适宜施工时间为6～9月份。即使在这几个月，气温仍较低，日温差也较大，夜间往往出现负温，有效施工时间短。同时，多年冻土地区的降水又集中在7～9月，且雨雪无常，明显影响路面施工的连续性。多年冻土地区常年低温，即使在路面的可施工季节，气温也较低。如五道梁地区6～9月份的月平均气温在0～6℃之间，其中气温最高的7月日最高气温仅为11～20℃，夜间经常出现负温。沥青混合料施工温度明显低于一般地区，满足现行规范规定的施工温度要求较为困难，加上多风、风大，热拌沥青混合料施工过程中的温度损失，明显快于一般地区，使沥青混合料碾压成型困难。因此，多年冻土地区沥青稳定碎石基层施工中，应在现行规范要求的基础上，考虑其施工条件的特殊性。本章主要讨论沥青稳定碎石的主要施工工艺与特殊施工条件下的质量控制措施。

第一节　施工准备

沥青稳定碎石基层大面积施工前，应进行材料、机械设备、下承层、施工组织等方面的准备。

一、混合料配合比设计

沥青稳定碎石混合料配合比设计程序与一般热拌沥青混合料相同，包括目标配合比设计、生产配合比设计及生产配合比验证阶段。

目标配合比设计阶段，按照第八章混合料配合比设计方法，选择并试验确定施工原材料，优选矿料级配、确定最佳沥青用量，符合配合比设计技术标准和配合比设计检验要求，以此作为目标配合比，供拌和机确定各冷料仓的供料比例、进料速度及试拌使用。施工原材料应满足技术要求，尽量选择当地产的优质材料。当地材料无法达到要求时，则应外购外运。要严把材料质量关，不单纯追求廉价，实践表明，优质材料造价上的增加可以从路面使用质量的提高、使用年限的延长、维修养护投入的减少得到补偿和回报。

施工原材料进场后，应重视原材料的堆放与保护。沥青在运输和贮存中易发生老化，而一般认为这一过程比较短暂，未受到重视。多年冻土地区的强太阳辐射和极低的温度环境容易使沥青老化，沥青材料在紫外线的催化作用下与空气中的氧气发生氧化反应，极低的温度环境可以使沥青发生物理硬化(变脆)，因而在这种特殊条件下常年存放沥青，甚至裸放沥青是应禁止的。多年冻土地区施工季节雨水多，降雨量形式多变，而且多为阵性降水，又急又大，集料堆放应予以重视。集料裸露堆放时，雨水会使集料含水率增大，导致烘干难度增大，能源浪费明显，且不利于混合料拌和与出料温度的保证，也为沥青与矿料相互作用埋下质量隐患。粗集料堆放场地表面应硬化处理，不同规格集料应设立足够高度的隔墙。雨水对细集料、矿粉的影响更大，应搭建防雨棚储存。

生产配合比设计阶段主要针对间歇式拌和机。间歇式拌和设备的集料计量控制是由热料仓的计量装置来精确计量的，与冷料仓的进料相比，二者可能不一定完全吻合。由于我国石料生产中因料筛磨损更换不及时等原因引起石料级配规格不稳定，尽管冷料仓上料比例恒定，但冷料的供给组成实际上已发生变化，使得热料仓供料与冷料仓的料不一样。由于冷料在储存过程中，可能会受到污染、含水率增多，经过干燥筒烘干、除尘后，使得冷料有部分损失而引起冷料输入与进入拌和楼的料差异较大。除此而外，经过热料仓的筛分，使得部分超粒径的颗粒被分离溢出拌和楼外，也引起供料变化。在目标配合比设计中，如果各档料的用量比例不平衡，热料筛的筛孔孔径设置不恰当，可能引起冷料仓与热料仓料的不平衡，导致出现冒顶、窜仓或大量溢料现象，则混合料级配难以控制稳定。因此，目标配合比确定后必须进行生产配合比设计。

生产配合比设计应从二次筛分后进入热料仓的材料中取样进行筛分，按规定方法取样测试各热料仓的材料级配，按照级配要求确定各热料仓的材料用量比例，以供拌和机控制室精确控制使用。同时选择适宜的筛孔尺寸和安装角度，反复调整冷料仓的上料比例，尽量使各热料仓的供料大体平衡，不产生热料仓的窜仓、溢料的情况。选取目标配合比设计得出的最佳沥青用量OAC、OAC±0.3%等3个沥青用量进行马歇尔试验和试拌，通过室内试验及从拌和机取样试验综合确定生产配合比的最佳沥青用量，此沥青用量与目标配合比设计的结果的差值不宜超过±0.2%。

在生产配合比验证阶段，拌和机按生产配合比结果进行试拌、铺筑试验段，并取样进行马歇尔试验，同时钻取芯样观察空隙率的大小，由此确定生产用的标准配合比。标准配合比的矿料合成级配中，至少应包括0.075mm、2.36mm、4.75mm及公称最大粒径筛孔的通过率接近优选的工程设计级配范围的中值，并避免在0.3～0.6mm处出现"驼峰"。对确定的标准配合比，宜再次进行车辙试验和水稳定性检验。根据标准配合比及质量管理要求中各筛孔的允许波动范围，制订施工用的级配控制范围，用以检查沥青混合料的生产质量。

针对冻土地区的施工条件，沥青稳定碎石基层大面积施工前应铺筑试验路段，确定可以保证施工质量的标准施工方法，指导大面积施工。

试验路段长度宜为100～200m，铺筑分为试拌和试铺两个阶段。各种施工机械设备检验合格后，根据混合料生产配合比设计结果进行试拌，验证混合料的质量，确定生产用的标准配合比，以及拌和机相关参数和操作工艺。试铺阶段重点检验运输、摊铺、碾压成型等施工工艺，确定松铺系数、碾压工艺、施工机械设备的协调和配合，提出施工质量控制措施，以及大面积施工标准方法。对于冻土地区，应重点检验施工温度的控制。

在设计过程中，应确保材料的代表性，经设计确定的配合比在施工过程中不得随意变更。如遇进场材料发生变化，经检测混合料的矿料级配、马歇尔技术指标不符合要求时，应及时调整配合比，使混合料质量符合要求并保持相对稳定，必要时重新进行配合比设计。

二、下承层准备

沥青稳定碎石基层大面积施工前，应对其下承层进行准备。沥青稳定碎石基层的下承层应保证表面平整、坚实、具有规定的路拱，没有任何松散材料和软弱点。

基层施工前，应清扫、冲洗下承层顶面，并洒布透层油和铺筑下封层。透层油可以采用液体沥青、乳化沥青或稀释沥青。对于半刚性下承层，透层油宜在碾压成型后表面稍变干燥、但尚未硬化的情况下喷洒；对于无结合料下承层，宜在铺筑沥青稳定碎石基层前1～2天洒布。采用沥青洒布车喷洒，用量根据试洒结果确定，必须保证洒布均匀。喷洒后通过钻孔或挖掘方法，确认透层油渗透入下承层的深度宜不小于 5（无机结合料稳定集料结构层）～10mm（无结合料结构层）。为了防止水分积聚在半刚性下承层顶面，引起水损害，在半刚性下承层喷洒透层油后，可以采用层铺法表面处治或稀浆封层法施工下封层。对于无结合料下承层，可以设置下封层，也可以在下承层底面设置封闭层，避免水分进一步下渗进入路基，影响路基承载能力和冻土路基的温度状况。

在验收合格的下承层上进行施工放样。施工放样包含平面控制和标高控制两项内容，前者主要确定摊铺横向边线位置，后者确定摊铺高程与厚度。具体放样与前面章节的其他基层施工准备相同。

第二节　混合料拌和与运输

一、混合料拌和

与一般热拌沥青混合料相同，沥青稳定碎石的拌和工序及其相应装置如表 9-1 所示。

混合料拌和工序与装置　　表 9-1

拌制工序	各工序所对应的装置	拌制工序	各工序所对应的装置
冷集料级配与供给	冷集料的定量供给和输送装置	沥青的定量供给	沥青定量供给系统
冷集料烘干与加热	集料的烘干、加热与热集料的输送装置	各种配料的搅拌	沥青混合料搅拌器
热集料筛分、存储与二次称量、供给	热集料筛分装置及热集料仓储及称量装置	沥青混合料成品储存	沥青混合料成品储仓
沥青熔化脱水及加热	沥青仓储、保温罐及脱桶装置	粉尘回收	除尘装置
矿粉定量供给	矿粉的仓储、输送及定量供给装置		

1. 拌和设备准备

1）拌和设备

沥青稳定碎石混合料必须在沥青拌和厂（场、站）采用专门的拌和设备进行拌和。根据分类标准不同，拌和设备可分为多种形式，见表 9-2。

沥青混合料拌和设备分类、特点及适用范围 表 9-2

分类形式	分类	特点及适用范围
生产能力	小型	生产能力 40t/h 以下
	中型	生产能力 40～100t/h
	大型	生产能力 100～350t/h
	超大型	生产能力 400t/h
搬运方式	移动式	装置在拖车上，可随施工地点转移，多用于公路施工
	半固定式	装置在几个拖车上，在施工地点拼装，多用于公路施工
	固定式	不搬迁，又称沥青混合料工厂，适用于工程集中的城市道路和公路施工
工艺流程	间歇强制式	高等级公路宜采用间歇式拌和机拌和，二级以下公路有条件采用。一个工程从多处进料、料源或质量不稳定时，不得采用连续式拌和机
	连续滚筒式	

拌和厂的设置必须符合国家有关环境保护、消防、安全等规定，与工地现场距离应充分考虑交通堵塞的可能，确保混合料的温度下降不超过要求，且不致因颠簸造成混合料离析。此外，拌和厂应具有完备的排水设施。各种集料必须分隔贮存，细集料应设防雨顶棚，料场及场内道路应作硬化处理，严禁泥土污染集料。

拌和设备应能准确计量，具有防止矿粉飞扬散失的密封功能，并有除尘设备。根据所采用工艺流程的不同，拌和设备主要分为两大类：间歇强制式和连续滚筒式。

间歇强制式拌和设备的生产特点是冷矿料在干燥滚筒内烘干、加热后，经过二次筛分、储存，每种矿料分别累计计量后，与单独计量的矿粉和热沥青，按照预定的程序和配合比，分批投入到拌和器内进行强制搅拌，成品料分批卸出。间歇强制式拌和设备能保证矿料的级配，矿料与沥青的比例达到相当精确的程度。易于根据需要随时变更矿料级配和油石比，拌制出的沥青混合料质量好，可满足各种施工要求，这种设备在国内外使用较为普遍。其缺点是工艺流程长、设备庞杂、建设投资大、耗能高、搬迁困难，尤其是为使除尘效果符合环保要求，对除尘设施的要求较高，其投资通常达到拌和设备总造价的 30%～40%。

连续滚筒式拌和设备的工艺特点是：集料烘干、加热及同沥青的搅拌在同一个滚筒内完成，即集料烘干与加热后未出滚筒就被沥青裹覆，从而避免了粉尘的飞扬和逸出。其拌和方式是非强制式的，依靠滚筒的旋转，筒内矿料不断地被提升和自由跌落，从而得到拌和。滚筒式拌和设备使用中应注意下述问题：保持各冷料斗中材料规格的一致；正确调整各冷料仓门的开度和皮带给料机的速度；经常检查各冷矿料材料的级配和含水率;利用计算机的控制数据,经常保持对混合料质量的监控。与间歇强制式搅拌设备相比,连续滚筒式搅拌设备的优点是工艺较简单,设备的组成部分较简单,投资省,维护费用低,能耗少,且由于湿冷集料在干燥搅拌筒内烘干,加热后即被沥青裹覆,使粉尘难以逸出,对空气污染少。其缺点是集料的加热采用热气顺着料流的方向进行,故热能利用率低,拌制好的沥青混合料的含水率较大,且温度也较低(110~140℃)。

2)拌和设备生产率计算

拌和设备生产率的计算主要是确定拌和产量,以选择合理的机械设备组合和生产工艺流程。沥青混合料拌和设备的生产率按每小时拌制混合料的数量 Q (t)来计算。

(1)间歇式拌和设备

$$Q = \frac{n G_j K_b}{1\,000} \qquad (t/h) \tag{9-1}$$

式中:G_j——每拌制一份混合料的质量;

n——每小时拌制的份数;

K_b——时间利用系数,K_b=0.8~0.9。

每小时拌制的份数:

$$n = \frac{60}{t_1 + t_2 + t_3} \tag{9-2}$$

式中:t_1——搅拌器加热时间;

t_2——混合料搅拌时间;

t_3——成品料卸料时间。

(2)连续式拌和设备

$$Q = \frac{60 G_L K_b}{1\,000} \qquad (t/h) \tag{9-3}$$

式中:G_L——搅拌器内的料重。

拌和时间与拌制混合料种类、搅拌器桨叶端部圆周速度以及采用的搅拌器形式(间歇式或连续式)有关。当桨叶端部的圆周速度 v 为 2.3~2.5m/s 时,搅拌时间间歇式取为 0.5~1.25min,连续式取为 1.5~3min。低值对应于粗粒径混合料,高值对应于砂粒混合料。当拌制粗粒混合料时,通常取 v 为 1.5~1.8m/s,因而拌和时间将大于上述低限值,可降低驱动功率,减小摩擦元件的磨损。

3)拌和设备的选择

间歇式拌和设备的特点是冷矿料的烘干加热以及与热沥青的拌和,先后在不同设备中进行。即级配后的各种冷砂、石料，在干燥滚筒烘干、加热后，经过二次筛分、储存，每种矿料分别累计计量后，与单独计量的矿粉和单独计量的热沥青，按照预先设定的程序和配合比，分批投入到搅拌锅内进行强制搅拌，成品料分批卸出，其采用相对较简单的计量技术，即可获得各种沥青混合料较精确的配合比；尤其适用于矿料品种复杂、不规范的情况。其缺点是，在同等生产能力条件下，设备庞杂，对除尘设施要求高，搬迁困难。

滚筒式拌和设备是将冷矿料烘干、加热及与热沥青拌和均在同一滚筒内进行，其拌和方式是非强制式的。它依靠在旋转滚筒内的自行跌落而实现矿料被沥青的裹覆。其最显著的特点是，在整个生产过程中，矿料都是潮湿状态的，粉尘的飞散量大为减少，不需要设置复杂的除尘设备即可达环保要求。因此滚筒式拌和工艺在减少污染、简化设备、节约能源等方面显示出了极大潜力。其缺点是油石比和矿料比例控制受到限制。

我国现行规范规定，高等级公路宜采用间歇式拌和机拌和，二级以下公路有条件时采用。连续式拌和机使用的集料必须稳定不变，一个工程从多处进料、料源或质量不稳定时，不得采用连续式拌和机。其主要原因是，我国砂石料的供应渠道较多且不规范，间歇式拌和设备因为有二次筛分装置，并且各种材料在与热沥青拌和之前分别以质量方式进行计量，矿料的适应性较好，易为人们所接受。对于沥青稳定碎石混合料，为了保证混合料的拌和质量，宜采用间歇式拌和机拌和。

2. 混合料拌和

(1)材料供给

施工之前，应对各种材料进行试验，选择符合使用要求的原材料，经确认的材料和料场，不得随意改动。为保证连续施工，集料堆场贮存的集料应为平均日用量的 5 倍以上。集料应加遮盖，以防雨水。研究表明，集料含水率的多少对拌和设备生产能力影响很大，含水率大则意味着烘干及加热时间长，生产能力降低，燃油消耗量增加。集料要干净，无垃圾、尘土等杂物，堆放要严格，防止不同粒径的料混杂。料场地面应经过硬化处理。矿粉和沥青贮量应为平均日用量的 2 倍以上，贮存的矿粉，必须遮盖，不得浸水，否则影响矿料配合比精度和拌和机生产效率。

不同规格的集料分别放置于相应的冷料仓中。进行冷料仓布置时，为易于观察输送带上细集料供给是否正常，将细集料安排在靠近烘干筒一侧，并由细到粗逐个向另一侧布置。各个冷料仓的集料通过冷料仓口下的皮带输送到通往拌和机的大输送带上。供料数量可以通过调整冷料仓出料口的开启大小和调整皮带运行速度对各冷料仓进行控制。实际生产中，一般均根据集料粗细和所需的比例固定出料口的开启度，通过改变皮带的运行速度调整供料的数量，并画出皮带运行速度与供料数量的关系曲线，作为调整供料数量时设置皮带运行速度的依据。

(2)拌和时间与温度

为了保证各种组成材料在混合料中分布均匀，并使所有矿料颗粒全部被沥青所裹覆，混合料需要一定的时间进行拌和。间歇式拌和机每盘的生产周期不宜少于45s，其中干拌时间不少于5～10s。

拌和温度对混合料的拌和质量有明显影响。适宜的拌和温度可以使沥青达到要求的流动性，较好地裹覆矿料颗粒。拌和温度过高，会导致沥青老化，严重影响混合料的使用性能。拌和过程中需要控制沥青加热温度、矿料加热温度和混合料出厂温度等。沥青稳定碎石的拌和温度要求见表9-3。

沥青稳定碎石混合料的施工温度(℃) 表9-3

施工工序		石油沥青的标号			
		50号	70号	90号	110号
沥青加热温度		160～170	155～165	150～160	145～155
矿料加热温度	间隙式拌和机	集料加热温度比沥青温度高10～30			
	连续式拌和机	矿料加热温度比沥青温度高5～10			
沥青混合料出料温度		150～170	145～165	140～160	135～155
混合料贮料仓贮存温度		贮料过程中温度降低不超过10			
混合料废弃温度，高于		200	195	190	185
运输到现场温度，不低于		150	145	140	135
混合料摊铺温度，不低于	正常施工	140	135	130	125
	低温施工	160	150	140	135
开始碾压的混合料内部温度，不低于	正常施工	135	130	125	120
	低温施工	150	145	135	130
碾压终了的表面温度，不低于	钢轮压路机	80	70	65	60
	轮胎压路机	85	80	75	70
	振动压路机	75	70	60	55
开放交通的路表温度，不高于		50	50	50	45

3. 拌和质量控制

冻土地区，沥青稳定碎石混合料的拌和应注意以下几点：

(1)冻土地区施工条件下，由于沥青稳定碎石混合料的粒径较大，施工过程中的温度损失比一般沥青混合料快，保证低温施工的沥青稳定碎石温度是确保施工质量的关键。为了满足施工温度要求，应根据沥青结合料性质、运输距离、施工气温等综合确定拌和温度，以保证碾压终了温度不低于70℃。青藏公路试验路修筑过程中，沥青结合料加热温度为160～170℃，矿料加热温度为170～180℃，混合料拌和出厂温度控制不低于165℃。

(2)多年冻土地区雨雪无常，路面施工季节往往是该地区降水集中的时间，拌和厂储备的矿料容易雨淋受潮，且含水率变化较大。因此，矿料加热烘干时间应根据矿料潮湿状况进行适当调整，避免矿料加热温度不足或含有一定水分，影响混合料拌和质量和使用性能。

(3)由于沥青稳定碎石的沥青用量较低，集料粒径较大，拌和时间应比一般沥青混合料延长，以混合料拌和均匀、所有矿料颗粒全部裹覆沥青结合料为准。青藏公路试验路修筑中采用间歇式拌和机拌制，确定的适宜拌和时间为60s。

(4)严格控制施工级配，避免控制不严导致混合料离析或沥青析漏，施工过程中等时间间隔从热料仓抽取集料，筛分检验级配组成，并测定沥青用量。

(5)虽然目前拌和机配备的成品储料仓的保温性能好，但在冻土地区的较低气温下，混合料温度损失仍较明显，且沥青稳定碎石在储料仓中容易出现离析和滴漏，尤其是拌和温度提高后滴漏更为明显。因此，冻土地区沥青稳定碎石拌和后，不宜在成品储料仓中储存，应随拌随用。

拌和过程中，质检人员应经常通过仔细目测，判断拌和质量。若混合料装载过程中明显冒烟或色泽灰暗，混合料可能过热；若混合料装车困难，则可能温度过低，或沥青裹覆不匀。如运料车上的沥青混合料能够堆积很高，则说明混合料欠火，或混合料中沥青含量过低。反之，如果热拌混合料在料车中容易塌平（不易堆积），则可能是沥青或矿料湿度过大所致。

拌和过程中，应随时进行温度测试、混合料取样与试验。温度测试可以采用插入式温度计直接测试料车上混合料的温度，也可以采用红外测温计测量出料口处的混合料温度，但后者需要经常校对。混合料的取样与测试是拌和厂进行质量控制最重要的两项工作。取样和测试所得到数据，可以证明成品是否合格。因此，必须严格遵循取样和测试程序，确保试验结果能够真实反映混合物的质量和特征。测试的主要内容是马歇尔的稳定度、流值、空隙度、饱和度、沥青抽样实验、抽取后的矿料级配组成，必要时进行残留稳定度测定。抽样频率宜根据生产量确定，一般每250t混合料不少于一次抽样测试。

4. 拌和质量缺陷原因分析

造成沥青混合料拌和质量缺陷的原因十分复杂，表9-4列出了出现问题的现象及可能原因，可以帮助拌和厂技术人员有效地控制生产质量。

沥青混合料拌和中可能出现的问题和原因 表 9-4

原因 \ 适用设备类型 \ 质量缺陷	沥青含量不符合要求	集料等级规格不符合要求	混合料中细料过多	无法保持均匀温度	料车载重与一盘料质量不一致	料车中混合料呈游离状态	料车中混合料粉尘呈游离状态	大集料未被沥青覆裹	料车内混合料不均匀	料车一边混合料沥青过量	料车内混合料无光泽	混合料明显老化	混合料呈深褐色或深灰色	混合料重沥青过量	料车内混合料冒烟	料车内混合料冒水汽	料车内混合料色泽灰暗
矿料含水率过大				A				A					A			A	
料仓分隔不严		A	A														
矿料进料口设置不当	A	A	A														
烘干机超负荷运转				A				A					A			A	
烘干机位置太陡				A				A					A			A	
烘干机操作不当				A				A			A	A	A		A	A	A
温度指示器未调准				A				A				A	A		A	A	A
矿料温度过高				A								A			A		A
筛网破损		B															
筛网工作故障		B	B						B				B				
溢料溜槽失灵		B	B						B								
料斗渗漏		B	B		B				A								
料斗内矿料离析		A	A						A								
筛网超载(料过满)		A	A						A								
矿料规格未作调整	B	B	B		B	B			B					B			
矿料不准	B	B	B		B	B			B					B			
矿粉供料不匀		B	B						B					B			
热料斗矿料不足		A	A						A					A			
称量次序不对							B		B	B							
沥青用量不足	A							A					A				A
沥青用量过多	A					A					A			A			
矿料中沥青分布不均	A					A		A	A	A	A			A			

原因＼质量缺陷＼适用设备类型	沥青含量不符合要求	集料等级规格不符合要求	混合料中细料过多	无法保持均匀温度	料车载重与一盘料质量不一致	料车中混合料呈游离状态	料车中混合料粉尘呈游离状态	大集料未被沥青覆裹	料车内混合料不均匀	料车一边混合料沥青过量	料车内混合料无光泽	混合料明显老化	混合料呈深褐色或深灰色	混合料重沥青过量	料车内混合料冒烟	料车内混合料冒水汽	料车内混合料色泽灰暗
沥青称量不准	B					B		B	B				B	B			
沥青计量器不准	C					C		C	C		C		C	C			
一斗数量过多或过少	B	B	B		B	B		B		B	B		B	B			
拌和时间不恰当	B		B					B	B	B							
出料斗安装不当或叶片破损	B	B				B		B	B	B							
卸料口故障		B					B		B								
沥青和矿料供料不协调	C	C	C			C		C	C		C		C	C			
料斗中混入灰尘		B	B					B									A
拌和设备作业不稳定				A			A	A	A	A	A	A	A	A	A	A	A
取样错误		A	A	A													

注：A-适用于传统间歇式拌和设备和滚筒式拌和设备；

B-适用于传统间歇式拌和设备；

C-适用于滚筒式拌和设备。

二、混合料运输

沥青稳定碎石宜采用较大吨位的自卸车运输。运输车辆数量必须满足拌和、摊铺等设备和连续生产的要求。在生产中所用运输车辆数量 n 视拌和设备生产能力 G(t/h)、车辆的载重能力 G_0(t)及运输时间等因素按式(9-4)计算，并通过试验路段修筑综合确定，一般应在摊铺机前有 3～5 辆运料车等候。

$$n = \alpha \frac{t_1 + t_2 + t_3}{T} \tag{9-4}$$

式中：t_1——重载运程时间；

t_2——空载运程时间；

t_3——在工地卸料和等待的总时间；

T——拌制一车混合料所需的时间，$T=60G_0/G$；

α——储备稀疏，视交通情况而定，一般取 $\alpha=1.1\sim1.2$。

运料车每次使用前后必须清扫干净，在车厢板上薄涂一层防止沥青黏结的隔离剂或防粘剂，但不得有余液积聚在车厢底部。可以采用油水（柴油：水=1：2）或肥皂水（肥皂粉：水=1：10）。

冻土地区沥青稳定碎石运输中的关键是保温和防止离析。沥青稳定碎石粒径较大，运输中温度损失比一般沥青混合料大，应根据运输距离加强覆盖措施，采用双层篷布或棉被加篷布进行覆盖保温。运料车装料时，应多次挪动汽车位置，平衡装料；运输过程中，车辆应保持匀速行驶，尽量避免急刹车和过大颠簸，以减少混合料离析。

施工中，应组织好车辆在拌和设备处装料和工地卸料的顺序，尤其要计划好车辆在工地卸料时的停置地点。为精确控制材料，载料车出厂时应进行称量，常用磅秤或使用拌和厂的自动称量系统。

运料车进入摊铺现场时，轮胎上不得沾有泥土等可能污染路面的脏物，否则宜设水池洗净轮胎后进入工程现场。运料车不得急刹车、急弯掉头，以免损伤透层、封层。在摊铺现场应凭运料单收料，并检查沥青混合料的质量，检查混合料的颜色是否均匀一致，有无花白料，有无结团或严重离析现象，温度是否在容许的范围内，如混合料的温度过高或过低，应该废弃不用。已结块或已遭雨淋的混合料也应废弃。

摊铺过程中，运料车应在摊铺机前 10～30cm 处停住，不得撞击摊铺机。卸料过程中运料车应挂空挡，靠摊铺机推动前进。在有条件时，运料车可将混合料卸入转运车经二次拌和后向摊铺机连续均匀的供料，减少离析。运料车每次卸料必须倒净，如有剩余，应及时清除，防止硬结。

第三节　混合料摊铺

一、摊铺设备准备

1. 摊铺设备

沥青稳定碎石混合料采用沥青混合料摊铺机摊铺。摊铺机能够保证摊铺层厚度、宽度、拱度和平整度，并能使铺层达到一定的密实度。

沥青混合料的摊铺设备按其结构、功能、摊铺宽度、传动方式等的不同可以有多种分类方法，如表 9-5 所示。

沥青混合料摊铺设备分类 表 9-5

分类形式	分　类		特点及适用范围
生产能力	小型		生产能力<50t/h
	中型		生产能力 50～100t/h
	大型		生产能力 150～350t/h
	超大型		生产能力>400t/h
搬运方式	自行式	履带式	多为大型和超大型，附着力大，运行平稳，但机动性差，制造成本高
		轮胎式	多为中、小型，机动性好，但附着力较小，在摊铺宽度大、铺层厚时易打滑
		复合式	作业时利用履带，行走、运输时采用充气轮胎，多为小型摊铺机
	拖式		结构简单，使用成本低，但摊铺能力小，摊铺质量低，仅用于三级以下公路路面的养护
摊铺宽度	小型		摊铺宽度≤3.6m，主要用于路面养护和城市巷道路面修筑
	中型		摊铺宽度 4～6m，主要用于一般公路的养护和修筑
	大型		摊铺宽度 7～9m，主要用于一般公路修筑，也可用于高等级公路路面工程
	超大型		摊铺宽度 10m 以上，主要用于高速公路和一级公路路面工程
预压密实度	标准型		预压密实度最高可达 85%
	高密实度型		预压密实度大于 90%

目前主要采用履带式摊铺机，其优点是接地面积大，对地面的压力小，牵引力大，能充分发挥其动力性；对路基的不平度不太敏感，尤其对有凹坑的路基不影响其摊铺质量。其缺点是：行驶速度低，不能很快地自行转移工地；对地面较高的凸起点适应能力差；机械传动式的摊铺机在弯道上作业时会使铺层边缘不整齐；此外，其制造成本较高。

沥青混合料摊铺机的生产率以每小时的吨数 Q 表示，按式(9-5)计算。

$$Q=hBv_{o}\rho k_{B} \qquad (9\text{-}5)$$

式中：h——摊铺层厚度；

B——摊铺带宽度；

v_{o}——摊铺机工作速度；

ρ——沥青混合料密度；

k_{B}——时间利用率，$k_{B}=0.75\sim0.95$。

2. 摊铺机参数的选择与调整

摊铺机的参数包括结构参数和运行参数两部分，摊铺作业前应对这些参数进行选择和调整。

1)结构参数

施工时应按工程要求确定并调整摊铺机的熨平板宽度、拱度及摊铺厚度 3

个基本结构参数，并对分料螺旋离地高度、分料螺旋与熨平板的距离、刮料板的离地高度、振捣器行程等进行必要调整。

(1)熨平板宽度

熨平—振捣装置是摊铺机的核心工作装置之一，熨平板的宽度和拱度主要由其调整。熨平板的主要功能是将摊铺槽内全幅宽度的混合料摊平、捣实、熨平，其参数调整好坏直接关系到混合料的压实成型效果和表面平整度。

一般自行式摊铺机主要通过以下两种方式实现：一是先用振捣梁进行预捣实，再由熨平板整型、熨平成型；二是用振动熨平板直接同时进行振实、整型和熨平。二者的主要区别是，前者紧贴在熨平板前面有一根悬挂在偏心轴上的振捣梁，由此对混合料进行低频捣实；后者则以装在熨平板上的振捣器来替代振捣梁，由熨平板自身完成振实功能，二者的结构基本相同。

摊铺机的熨平—振捣装置由牵引臂、刮料板、振捣梁、熨平板、厚度调节器、拱度调节器和加热系统等机构组成。其位置在螺旋布料器的后面，由刮料板、熨平板和熨平板两端挡板所围的空间为摊铺槽，端面挡板则可以使铺层获得平整的边缘断面。左右牵引臂铰接在摊铺机中部，整个熨平—振捣装置则依靠提升液压缸悬挂在机身的后部，摊铺中整个装置浮动在铺层上面。熨平板两端设有垂直杆结构形式的摊铺厚度调节器。牵引铰接点处设有多组连接孔的牵引板，通过不同的牵连位置可以调节熨平板的初始工作角。熨平板内部设有铺层拱度调整机构，由螺杆、锁定螺母和标尺等组成。旋转螺杆时，可以使两熨平板上端分开或合拢，从而使熨平板中部抬起或下降，使熨平板形成水平、双斜坡、单斜坡，以满足摊铺不同断面的需要。新型摊铺机是通过液压调整装置来实现的，基本原理相同。

路面宽度往往超过摊铺机的标准宽度，为减少摊铺次数，一般需要对摊铺宽度，即熨平板宽度进行调整。常用的熨平装置有机械加长式和液压伸缩式两种类型。机械加长式熨平装置由基本熨平板和加长段熨平板组成。一般基本熨平板宽度为 2.5m 或 3.0m，加长熨平板的结构与基本熨平板相同，它们之间可以通过螺旋连接，加长段长度为 0.25m、0.50m、0.75m、1.00m、1.25m 等，组合出的摊铺宽度多以 0.50m 为间隔。这种加长方式的熨平装置的整体刚性好，摊铺质量稳定，其最大摊铺宽度通常可达 12.5m，有的甚至达 16m。目前高等级公路中绝大多数采用这种形式的熨平装置。但其缺点是在摊铺作业中不能及时变换摊铺宽度，加减宽度必须停机进行，操作麻烦，劳动强度较大，不适宜于经常变化宽度的摊铺工作。液压伸缩熨平装置由基本熨平板、左右伸缩熨平板和左右加长段熨平板组成。进行摊铺作业时，基本熨平板宽度为 2.5m 或 3.0m，其左右伸缩熨平板均可无级伸缩，左右两边伸缩距离分别可控制在 1.25m 或 1.50m 之内。如果伸出的最大宽度仍不能满足施工要求，就需要在左右伸缩熨平板的两边再加上加长段熨平板。由于液压伸缩熨平装置受到整体质量和刚度的制约，一般最大摊铺宽度控制在 9m 之内，液压伸缩熨平装置的端头在摊铺作业中的最大变形量不应大于 3mm，否则会严重影响摊铺质量。液压伸缩熨平装置的基本熨平板常置于左右伸缩熨平板的后方。基本熨平板或液压伸缩熨平板与加长段熨平板之间的固定连接，因加长段质量较大（约为几百公斤），在施工现场操作十分不便，为此有的厂家研制出"楔形锁快速固定连接装置"，可采用简单的榔头等工具即可在短时间内完成调整与固定连接加长熨平板的工作，且十分安全可靠。

为减少摊铺次数，每一条摊铺带的宽度应按照具体的摊铺机型号的最大摊铺宽度来考虑，但又要避免最后一条很窄使摊铺机无法正常作业。对于给定的路面宽度 B 所需的纵向摊铺次数 n（即摊铺条数）可按式(9-6)计算，即路面宽度应为摊铺机总摊铺宽度减去重叠量后的整数倍。

$$n=\frac{B-x}{b-x} \tag{9-6}$$

式中：B——路面宽度；

b——摊铺机熨平板的总长度；

x——相邻摊铺带的重叠宽度，一般取 0.25～0.08m。

一般情况下，经计算的 n 值并不一定为整数，此时应在尽量减少摊铺次数的前提下，使所剩的最后一条摊铺带的宽度不少于该摊铺机型的标准摊铺宽度。同时，应使摊铺带尽可能宽，以减少路面的纵向接缝，提高路面的整体铺筑质量。

调整熨平板宽度时还应使摊铺机左右对称，否则摊铺机容易走偏，且会因混合料的惯性作用而使熨平板前混合料的压力不一致，造成在横断面上摊铺厚度的差异。

在调整熨平板宽度的同时，必须相应调整螺旋布料器和振捣梁，检查熨平板的平直度和整体刚度，以保证成型表面的平整度。

(2)熨平板拱度

熨平板宽度调整后，进行拱度调整。其目的是将在水准尺上读出的拱度绝对数(mm)或横坡的百分数调整到与拱度设计值一致。调整好后要进行试铺校验，必要时再次进行调整。调整拱度时需注意熨平板两端的挠度变形。

对于大型摊铺机，有前后两幅调拱机构，其前拱拱度应调节得比后拱略大为宜。经验表明，前拱过大，中间部分混合料较多，于是出现中间紧密并刮出亮痕和纵向撕裂状条纹；前拱过小，甚至小于后拱，中间部分的混合料偏少，于是就会出现中间疏松，两侧紧密并被刮出亮痕和纵向撕裂状条纹的现象。因此，前后拱拱度要合适地进行调整，一般人工接长调宽的熨平板，其前后拱之差为 3～4mm，液压伸缩调宽的熨平板，差值为 2mm 为宜。

(3)摊铺厚度

摊铺工作开始前,一般准备两块长方形垫木作为摊铺厚度调整的基准。垫木宽 5～10cm,长与熨平板沿道路纵向方向的尺寸相同或稍长,高度为摊铺层的松铺厚度。摊铺机摊铺厚度应为设计厚度与松铺系数的乘积,松铺系数应根据试验路的铺筑确定。一般情况下,沥青稳定碎石的松铺系数为 1.20～1.30。

摊铺中应及时检查平整度、路拱等表面状况,发现问题及时调整。摊铺厚度调整方法是将摊铺机停置于摊铺带起点的平整处,升起熨平板,将两块垫木分别置于熨平板两端的下方。如果熨平板加宽,则垫木放在加宽部分的两端下面,操纵升降油缸,放下熨平板并使升降油缸处于浮动状态,然后转动左右两个摊铺厚度调节器的螺杆,直至感觉到有微量间隙为止(用手轻微转动手轮,摊铺厚度调节器为中立位置,即首轮左右旋转均有手感间隙),此时熨平板完全以自重落在垫木上。

在试铺过程中,应用深度测量仪检查实际的摊铺厚度,必要时须进行重新调整。对于采用自动调平装置的摊铺机,摊铺作业中的铺层厚度由自动调平装置自动控制。

摊铺厚度还直接与刮板输送器的生产能力有关,当刮板输送器的生产能力与最大摊铺宽度已知时,可以方便地调整摊铺厚度。

(4)熨平板初始工作迎角

熨平板放置妥当后,接着调整摊铺机的初始工作迎角,即旋动调节螺杆,使熨平板前缘抬高,形成一个初始工作角。该迎角视机型、铺层厚度、混合料种类和温度等因素的不同而异,在各摊铺机的使用说明书中都有规定。在同一种沥青混合料的条件下,对较大的摊铺厚度应选择较大的初始工作迎角。一般熨平板前端抬起 0.6～1.2mm,或者将调节螺杆右旋(使熨平板后部向下压)1～1.25 圈即可,此时熨平板的前缘向上微升,使之具有 20′～40′的迎角,铺层厚度越大,迎角越大,主要根据实际经验确定。

多数摊铺机上装有手动调整机构,用来调整初始迎角。调节正确与否,只能通过实际摊铺厚度检验。每调整一次,必须在 5m 范围内作多点厚度检测,取其均值与设计值进行比较,在确定检验结果前不得进行任何调整。对于凸凹不平的下承层,仅采用多点厚度检测难以确定铺层准确的厚度,这时可从摊铺的面积和使用的混合料数量求出每平方米所用的混合料质量,以此与规定的密度作比较,可以确定摊铺的厚度是否合适。摊铺的实际平均厚度 h 可按式(9-7)计算。

$$h=\frac{100G}{\gamma \cdot A} \tag{9-7}$$

式中:G——已用混合料的质量;

A——铺筑面积;

γ——未最终压实的混合料密度。

具有自动调平装置的摊铺机，在机器结构上可以靠改变熨平板牵引臂安装位置来获得有限级(一般为三级)的初始工作迎角，每一级初始工作迎角适应一定范围的摊铺厚度，同时依靠电子液压调平装置来控制工作迎角的瞬间变化，以确保摊铺的平整度。

对于液压伸缩熨平板，由于中间的基本熨平板与左右熨平板不在同一纵向位置，当初始工作迎角改变时，两者的后缘距地面高度会变得不一致，因此在调整工作迎角之后，要使用同步调整结构调整左右伸长熨平板的高度，使其后缘与基本熨平板后缘处于相同高度。

摊铺过程中不要频繁调整厚度调节螺杆，否则，工作迎角会不断发生变化，而工作迎角的恢复需要一段时间，这对铺层的平整度影响很大。

当厚度确定后，要准确记录当天完工时倾角标尺位置，以便次日按同样的位置工作，以保证均匀一致的摊铺作业。

(5)布料螺旋与熨平板前缘的距离

现代摊铺机上，熨平板与分料螺旋之间的距离是可变的，其主要目的是适应不同摊铺厚度、混合料粒径、温度和油石比、下承层强度和刚度变化的调整要求。这一距离的调整，主要涉及混合料下料速度及其通过性。调整操作应遵循：在一般摊铺条件下(厚度 10cm 以下，中粒式或粗粒式沥青混凝土，集料最大粒径 3cm)，应将熨平板与布料螺旋之间的距离调到中间位置；在较软基层上摊铺(稳定土类基层)，摊铺厚度较小，集料粒径不大时，宜将距离调小；摊铺厚度较大，集料粒径也较大，混合料温度偏低，或发现摊铺层表面出现波纹时，宜将距离调大。

熨平板前缘和布料螺旋的距离的变化，会引起熨平板前缘堆料高度的变化和螺旋布料器处混合料的压力发生变化。混合料压力过大，混合料对熨平板底面的阻力增加，使工作迎角相应变大，从而引起路面平整度的变化，反之亦然。因此，该项调整应在其他项目调整完毕后进行。

(6)螺旋布料器高度

大多数摊铺机对螺旋布料器高度的调节，设置有高中低三个位置。其目的在于能使布料厚度(堆积在熨平板导板之前的物料)与设计路面厚度相适应。置螺旋器于低位时，导板前混合料堆积得少，这一点在较宽路面的薄层作业中特别重要。有关选定螺旋适宜高度的建议为：

高位(比中位高 5cm)：适用于路面铺层厚超过 15cm；

中位(螺旋布料器中心线距离底面高 36.5cm)：适用于路面铺层厚 4～15cm；

低位(比中位低 5cm)：适用于路面铺层厚小于 8cm。

在中间的螺旋驱动外壳上，与主机上部结构的支架连接的支承座上，以及承重梁上的支承座上都设有槽孔，以调整螺旋器的高度，可以从中位往上提高 5cm 或往下下降 5cm。

实施高度调整时，必须将整个摊铺机构平行地上升或下降，任何歪斜不均，都会导致螺旋器的凸缘和外轴承架过度磨损。每个槽孔都刻有中位线标志，可用直尺量测各点调整升降值，达到均衡一致。

(7)振捣梁振幅和频率

大多数摊铺机在熨平板之前设有机械往复式振捣梁，由一偏心轴转动，而偏心轴一般由一台液压电机驱动，通过转阀进口处的压力来控制振捣梁的振幅。振幅调整可分为有级调整和无级调整，视摊铺厚度、温度、密实度等确定，调整范围在 4～12mm 之间。

影响振捣梁压实效果的主要因素是振幅、频率和摊铺速度。振动压实时大振幅比小振幅具有较高的压实能力，而振捣梁振幅的调整的主要依据是摊铺厚度和铺层密实度，摊铺厚度大、密实度要求高、矿料温度低、集料粒径大时宜采用大振幅，反之采用小振幅。在摊铺薄层时，不要采用高振幅振动，以免基层松散或整体强度下降；在摊铺上面层时，则只能采用小振幅。

振动频率主要影响混合料颗粒的重新排列，在振动作用下，矿料颗粒间内摩阻力减小，则易于压实。振捣器频率的调整是大振幅采用低频，小振幅采用高频，调整时由低到高逐渐增加。一般摊铺机每前进 5mm，振捣次数不得少于 1 次，并随时检查铺层的密实度，以便及时调整。

(8)刮料护板

大多数摊铺机的熨平板前装有刮料板，将混合料分成两部分，一部分进入具有一定工作角 α 的熨平板底部，形成摊铺层，剩余部分回到螺旋器内继续随之翻滚。刮料板的高度对熨平板前部混合料的堆积高度有重要影响，从而影响到进入熨平板下的沥青混合料，因此正确调整刮料板高度非常重要。

大量实践表明，刮料板离地高度的调整应根据铺层厚度和混合料的最大粒径进行，当铺层厚度小于 10cm 时，对于机械加长式熨平板，刮料板底刃高出熨平板底板前缘 130～150mm；对于液压伸缩熨平板，该值应稍小，当铺层厚度增加或集料粒径加大，该值可适当加大，反之铺层厚度减小、混合料中细料偏多或油石比较大时，则应减小该值。为确保在熨平板全宽范围内堆料高度一致，刮料板底刃必须平直，且与熨平板底边缘保持平行。

2)运行参数

摊铺机的运行参数主要是摊铺作业速度。摊铺速度对摊铺作业效率和摊铺质量的影响很大，正确选择合适的摊铺速度，是加快施工进度、提高摊铺层质量的有效手段。

目前摊铺机都有较宽的速度变化范围，可从零值到每分钟几十米之间进行调节。并且由于采用液压传动和电控技术，速度一经选定，就能保持恒定匀速前进。为提高铺层摊铺质量，不得随意改变摊铺速度或中途停顿。如果摊铺机时快时慢、时开时停，将导致熨平板受力系统的平衡频繁变化，对平整度和密实度将产生很大影响。摊铺速度过快，供料困难，也容易使摊铺层疏松；停机则会使摊铺层出现明显台阶，影响平整度，而且引起的混合料温度降低使碾压密实困难。

摊铺机的摊铺作业速度主要与混合料类型、摊铺层厚度、摊铺宽度、配套机械、施工技术等有关。摊铺速度的选择原则是保证连续摊铺作业，一方面要考虑供料能力，另一方面要与混合料的类型、温度和铺筑层次相联系。

摊铺速度可根据拌和厂混合料的供给、摊铺宽度与厚度情况按式(9-8)计算。

$$v=\frac{100Q\cdot C}{60b\cdot h\cdot \gamma} \tag{9-8}$$

式中：v——摊铺速度；

Q——混合料的供给能力；

b——摊铺宽度；

h——压实后的摊铺层厚度；

γ——混合料压实后的毛体积密度；

C——摊铺机的效率系数，根据材料供应、拌和机的生产能力和混合料的运输能力等配套情况来确定，一般宜取 0.9 左右。

目前摊铺机的工作速度可在 2～10m/min 范围内选择。当环境气温较低、施工现场风速较大时，为了减少混合料的温度损失，减轻混合料的离析，提高预压实度，宜采用较慢的摊铺速度。

3. 设备检查调试

摊铺作业前，应对刮板输料器、料斗闸门、螺旋布料器、熨平板、振捣梁等摊铺机的工作装置及其调节设施进行检查调试，使之处于良好的工作状态。如检查振捣梁底面及其前下部是否磨损过大，行程与运动速度是否恰当，与熨平板之间的间隙以及离熨平板底面的高度是否合适；熨平板底面有无磨损、变形或黏附混合料，加热装置是否良好；厚度调节器和拱度调节状况是否完好；各部位有无异常振动；采用自动调平装置时要检查该装置是否正常；安装好熨平板的安全护栏和脚踏板是否合适。

检查摊铺机的动力及传动系统，使发动机运转正常，离合器和传动系统工作正常。对于履带式摊铺机使其履带松紧适度，轮胎式摊铺机的轮胎充气正常，电气系统、液压系统工作正常，操纵系统灵活可靠。

尽量减少安装与调试产生的误差，横坡传感器的安装误差不应超过

±0.1%,浮动基准梁的滑动应与摊铺基准面平行,且横坡相同,随时检查液压系统的工作压力,使其处于良好的工作状态。

作业前,用喷油器向料斗、推辊、刮料输料器、螺旋布料器、行走传动链和振动熨平板等部位喷洒薄层柴油。

二、混合料摊铺

沥青稳定碎石一般采用履带式沥青混合料摊铺机摊铺。一台摊铺机的铺筑宽度不宜超过 6~7.5m。宽度大时,宜采用两台或多台摊铺机梯队联合摊铺,前后错开 10~20m,两幅之间应有 30~60mm 宽度的搭接,并躲开车道轮迹带,上下层的搭接位置宜错开 200mm 以上。

摊铺机就位并调整完毕后,应对熨平板进行预热和保温。其目的是减少熨平板及其附件与混合料的温差,以防止混合料黏附在熨平板底面上而影响摊铺质量,即使在炎热的夏天也不例外。因为 100℃以上高温的混合料碰到 30℃以下的熨平板底面时,将会冷粘在底板上,这些黏附的粒料随熨平板前行时,会拉裂铺层表面,形成沟槽和裂纹。如果先对熨平板进行加热,则热的熨平板对铺层起到熨烫的作用,从而使铺层表面平整无痕。但加热不可过快或温度过高,否则会使熨平板本身变形过大,加速板的磨损,以及使表面的沥青胶浆老化而出现拉沟。加热时间与外界环境温度有关,一般摊铺机开工前提前 0.5~1h 预热熨平板,要求熨平板温度不低于 100℃,接近混合料温度。加热可以采用气体或液体燃料,用间歇燃烧、多次加热,或靠自身导热,或靠热风等方法进行交替加热,每次加热时间最好不大于 10min。摊铺中若暂停时间较短,可借助刚摊铺的热混合料进行保温,此时应将熨平板提升液压缸锁死,避免熨平板下沉,若采用火焰保温,应尽量减小火焰强度。

摊铺过程中,螺旋布料器转速应与摊铺速度协调,保持匀速转动,全宽范围内应保持有不少于送料器 2/3 高度的混合料,以减少摊铺过程中混合料离析。

摊铺机宜采用钢丝绳引导的高程控制方式自动找平,必须缓慢、均匀、连续不间断地摊铺,不得随意变换速度或中途停顿,以提高平整度,减少混合料的离析。当发现混合料出现明显的离析、波浪、裂缝、拖痕时,应分析原因,及时予以消除。摊铺遇雨时,应立即停止施工,并清除未压成型的混合料,对于遭受雨淋的混合料则应废弃,不得卸入摊铺机摊铺。

多年冻土地区沥青稳定碎石摊铺过程中重点控制摊铺温度和离析,为此需注意:

(1)根据摊铺速度和运输距离,合理配备运输车辆数量,减少运输车辆在摊铺机前的等待时间,以减小沥青碎石的温度损失。同时,严格监测控制运输车辆内混合料的温度，保证卸入摊铺机进料仓的混合料温度不低于150℃。

(2)沥青稳定碎石级配较粗，摊铺速度对离析有明显影响。摊铺机应低速、均匀、连续摊铺，摊铺速度不宜超过2m/min，同时，摊铺过程中应保证摊铺机进料口供料连续。低速摊铺能使布料器均匀地向熨平板供料，减少离析，且可提高摊铺初始压实度，缩短碾压时间，有利于低温条件下的快速成型。

三、摊铺质量控制

摊铺过程中，应经常进行混合料直观检查、温度检查、摊铺厚度检查和摊铺表面检查。混合料直观检查中，如果混合料特别黑亮，在运料车上呈平坦状或有沥青明显析漏，则表明沥青用量过大，或集料没有充分烘干；如果混合料呈褐色，暗而脆，粗集料没有被沥青完全裹覆，摊铺机受料斗中的混合料不“蠕动”，则表明沥青用量过少，或拌和温度过高，或拌和不充分。沥青混合料在正常摊铺和碾压温度范围内，往往冒出淡蓝色蒸汽，如果冒黄色蒸汽或缺少蒸汽，则表明混合料温度过高或过低。

混合料摊铺前后应随时检测混合料的温度，当运料车中的混合料温度或摊铺后的混合料温度低于要求值时，必须废弃或铲除重铺。测定摊铺层温度时，应将温度计触头插入摊铺层中部，并将周围轻轻踏实。

摊铺过程中，应经常检测摊铺厚度，并根据已测压实厚度，及时调整松铺系数和摊铺厚度。

摊铺后尚未压实的表面应平整、均匀而密实，并无局部粗糙、小波浪、撕裂或拉沟等现象，否则应查明原因及时处理。

摊铺过程中常见的质量缺陷主要有厚度不准、平整度差(如小波浪、台阶等)，混合料离析、裂纹、拉沟等，产生的原因有混合料的质量、摊铺机操作和机械本身等，如表9-6所示。

摊铺质量缺陷及其原因 表9-6

原因 \ 缺陷		裂纹	拉沟	小波浪	混合料离析
混合料	0.074mm以下粉料过多	√			
	温度不当	√			
	沥青含量过多或过少		√		
	矿粉含量不足		√		
	集料的尺寸与摊铺厚度不协调		√		
	砂未完全烘干	√			

续上表

原因 \ 缺陷		裂纹	拉沟	小波浪	混合料离析
摊铺机的操作	受料斗两翼板上积料过多				√
	受料斗两翼翻动过速				√
	供料系统速度忽快忽慢			√	
	机械猛烈起步和紧急制动	√		√	
	摊铺速度快慢不匀			√	
	行走装置打滑			√	
摊铺机的调整	熨平板的工作迎角调整过量			√	
	振捣梁与熨平板的相互位置调整不当		√		
	刮料护板安装不当	√	√		
	各部分的驱动链条松紧度未调好		√	√	
	发动机调速器未调好			√	

第四节　碾压成型

一、碾压机械准备

1. 碾压机械

沥青混合料的碾压设备主要有光面钢轮压路机和轮胎压路机，压实作用力有静力作用式和振动作用式。光面钢轮压路机按轮数可分为双轴双轮式、双轴三轮式和三轴三轮式等，按质量可分为特轻型(0.5～2t)、轻型(2～5t)、中型(5～10t)、重型(10～15t)、特重型(15～20t,有的重达25t以上)。目前使用较多的是带振动的双钢轮压路机和重型双钢轮压路机，一般用于初压和终压。轮胎压路机可装5～11个光面橡胶轮，橡胶轮通常具有改变轮胎压力的性能，其工作质量一般为5～30t。目前施工中常用的是前5轮、后6轮的9～16t胶轮压路机，轮胎压力在500～620kPa。由于充气轮胎的弹性变形，轮胎压路机工作时除有静力压实作用外，还产生揉压(剪切压实)作用。轮胎压路机可用来进行接缝处的预压、坡边预压、消除裂纹，薄摊铺层的压实等。轮胎压路机在对两侧边做最后压实时，能使整个铺层表面均匀一致，而对路缘石的擦边碰撞破坏比钢轮压路机要小得多。

振动压路机的压实能力是由压路机的自重和钢轮的振动共同产生的。沥青路面施工常用的振动压路机质量为7～18t,激振力为150～300kN。双轮振动压路机靠两个轮共同驱动，有单轮振动和双轮振动两种，具有可调的振频和振幅。其转向系统有铰接转向、前轮转向和前后轮偏移的铰接转向。由于前后轮偏移的铰接转向能在转弯中减少路缘石损坏，以及在弯道时只需注意一个轮子方向的优点，所以目前使用广泛。

2. 碾压机械的选型与组合

实际工作中，需结合摊铺机的生产率、摊铺厚度、混合料特性和施工现场的具体条件等来选择压路机的种类、大小和数量。一般摊铺机的生产效率决定了需要压实的能力，从而影响压路机的大小和数量。而混合料的特性则是选择压路机吨位大小、最佳频率与振幅的主要依据。比如，混合料矿料含量增多、粒径增大或沥青稠度增高，都会明显降低压路机的工作效率，要达到理想的压实效果，则必须采用较大压实能力的压路机。

压路机形式选择的一般原则为：

(1)对于沥青混合料，振动压路机比普通静力压路机具有更好的压实效率，组合式的振动—轮胎压路机的压实效果比有同样振动特性的单一钢轮振动压路机的压实效果好，因此，大多数国家都有双轮振动压路机或使用组合式振动压路机的趋向。钢轮压路机容易压碎沥青混合料中的大集料，并将外露集料顶面的沥青膜磨去，而轮胎压路机不易压碎大料，也不易将外露集料顶面的沥青膜破坏，因此，轮胎压路机是压实沥青面层不可缺少的机械。

(2)使用两种不同的压路机，即首先用振动压路机，接着用轮胎压路机，能得出较好的压实效果。

(3)当混合料中粗集料含量多、最大尺寸较大，或沥青稠度高时，都会使其工作度下降，需要具有较大压实能力的压路机。

(4)使用振动压路机时，在一定范围内增加线压力可以改善压实效果，对于大中型振动压路机，最佳静线压力范围为 200～400N/cm。不少高速公路施工中规定线压力不宜小于 350N/cm。

(5)压实沥青混合料时最适用的频率范围为 33～55Hz，最适用的振幅范围是0.3～1.0mm，为了适应沥青混合料不同厚度(25～300mm)的需要，振动压路机要能通过变化频率和振幅来改变振动强度，一般的振动压路机都具有较高的频率和可变的振幅。摊铺层厚度小于 6cm 时最好使用振幅为 0.35～0.6mm 的中小型振动压路机(2～6t)，这样就可以避免材料出现推波浪、压坏集料等现象；在压实较厚的摊铺层(大于 6cm)时，使用高振幅(0.6～1.0mm)的大、中型振动压路机(6～10t)。

(6)压路机的数量要根据具体工程确定，工程开始时，由于混合料的冷却速率、压实遍数及其他因素等难以确定，只有在试摊铺时通过仔细观察、测量、试验和以往工程经验才能得出。在混合料温度、厚度、下承层温度变化的条件下，混合料冷却速率研究表明：利用温度参数可以相当准确地估算有效压实时间，即混合料从摊铺后的温度冷却至最低压实温度所需的时间，再根据摊铺速度、宽度和压实速度即可确定压路机的需要量。

二、碾压成型

压实是保证沥青混合料质量、物理力学性质和功能特性符合设计要求的重要环节。沥青稳定碎石宜采用振动压路机和胶轮压路机联合碾压，以钢轮振动压路机为主，辅以胶轮碾压。沥青稳定碎石混合料的压实层厚度不宜大于12cm，但当采用大功率压路机且经试验证明能达到压实度时，允许增大到15cm。具体压路机数量和组合方式根据试验路结果确定。

碾压过程分为初压、复压和终压三个阶段。初压又称为稳压，目的是整平和稳定沥青混合料，为复压创造有利的压实条件，是路面压实的基础。沥青混合料摊铺后具有一定的预压实度，而且温度较高，采用较小的压实功便可以达到稳压效果，初压阶段主要是保证压实的平整性。初压宜采用6～8t的双钢轮压路机或6～10t的振动压路机（关闭振动装置），紧跟摊铺机后静压1～2遍，以尽快使表面压实，减少热量散失。

复压是压实的主要阶段，目的是使混合料密实、稳定、成型。复压应紧跟在初压后进行，宜采用重型轮胎压路机和钢轮振动压路机联合碾压。利用轮胎压路机对混合料进行搓揉碾压，利用振动压路机提高密实程度。层厚较大时，振动压路机选用高频率大振幅，厚度较薄时采用高频率低振幅。振动碾压频率可采用33～50Hz高频，以避免粗集料的大量破碎，在温度较高时，能使集料颗粒得到初步互相锁定，使压路机在碾压遍数最少的情况下压实混合料。振幅主要影响压实深度，碾压厚度较大时，采用较高振幅，一般为0.4～0.8mm。复压期间的温度不应低于120～130℃。碾压遍数参照铺筑试验段时所得的结果确定，通常不少于6遍。

终压的目的是消除轮迹，最后形成平整的压实表面。终压应紧接在复压后进行，可用双轮钢筒式压路机或关闭振动的振动压路机碾压不宜少于2遍，至无明显轮迹为止。

碾压作业顺序为先边缘后中间，由低到高碾压。碾压时驱动轮在前（靠近摊铺机），从动轮在后。后退时沿前进碾压的轮迹行驶，压路机折回的地点不在同一断面上，而是呈阶梯形。初压、复压和终压的回程不准在相同的断面处，前后相距不少于1m。碾压过程中，为了保持被碾压路面在正常的碾压温度范围内，压路机的碾压作业长度应与摊铺机速度相协调，随摊铺机向前推进。每完成一遍重叠碾压，压路机就要向摊铺机靠近一些，每次压实到离开摊铺机大约20m左右需折返，随着摊铺机不断向前，压路机的折返点也跟着向前移动，这样可避免在整个摊铺层宽度上，在同一横断面换向所造成的压痕。

碾压温度控制是冻土地区低温条件下施工的关键。混合料的摊铺温度应满足要求，宜大于 150℃。沥青稳定碎石中粗集料颗粒较多，碾压中只要温度较高，粗颗粒容易形成嵌挤骨架结构，适当加快碾压速度，不容易产生推移。碾压施工应采用紧跟快压，减少温度损失，在温度较高时完成初压和复压，可以保证密实度。

碾压轮在碾压过程中应保持清洁，黏有混合料时应及时清除。对钢轮可涂刷隔离剂或防黏结剂，但严禁刷柴油。当采用向碾压轮喷水(可添加少量表面活性剂)的方式时，必须严格控制喷水量且成雾状，不得漫流，以防混合料降温过快。轮胎压路机开始碾压阶段，可适当烘烤、涂刷少量隔离剂或防黏结剂，也可少量喷水，并先到高温区碾压使轮胎尽快升温，之后停止洒水。

压路机不得在新铺混合料上转向、掉头、左右移动位置或突然刹车，以及从刚碾压完毕的路段进出。当天碾压完成尚未冷却的摊铺层表面，不得停放一切施工设备(包括临时停放压路机)，以免产生变形，振动压路机在已成型的路面上行驶时应关闭振动。

三、碾压质量控制

1. 影响压实效果的因素

影响沥青混合料压实效果的因素主要有材料性能、压实功、碾压温度、施工环境等。

混合料的最大集料尺寸、粗集料比例、砂用量、矿粉用量和类型等都会对沥青混合料的压实度有影响。连续级配混合料比单一尺寸集料级配的混合料或间断级配混合料较易压实。粗集料比例大的沥青混合料，必须显著增大压实力，才能获得所需的空隙率。多砂的或细级配沥青混凝土极易可塑，在压实作用下易于推挤且难以压实。

沥青黏度影响沥青混合料劲度，并与混合料的可压实性有关。一般说来，在规定的 135℃沥青黏度越高，混合料减少空隙率的抵抗力越大。因此，使用高黏度沥青时，采用较高压实温度是减少黏度促进沥青路面可压实的必要手段。

沥青混合料性能更大程度地影响沥青路面压实，这种影响甚至比单纯集料或沥青更明显。沥青混合料中沥青用量较低时，易形成干涩、粗糙的混合料，这种混合料往往难于压实；沥青用量太大时，会形成过度润滑混合料，使混合料在压路机作用下难以稳定。对于略低于最佳沥青用量的混合料可以通过增加压实过程的效率来减少空隙率，达到满意的程度；但如果沥青用量高于最佳沥青用量，在压实时几乎不能防止沥青混合料的塑性变形。

混合料碾压温度对压实效果有显著影响。初压温度过高时，沥青的黏度较低，混合料容易错位和活动，推移现象较为严重，还容易出现裂纹；初压温度过低，则混合料难以压实，过度碾压还会出现裂纹。实际施工中，应根据沥青的黏度—温度关系，确定合适的初压温度。混合料复压温度一般在 90～115℃时，能得到较高的压实度，当温度低于 80℃，压实效果已不明显。一般控制碾压终了温度不低于 70℃。

2. 压实质量控制措施

(1)严格控制碾压温度

对于冻土地区的沥青稳定碎石而言，气温较低，风速较大，混合料粒径较大，摊铺后混合料的温度损失较快，严格控制碾压温度是保证压实质量的关键。

在合理碾压温度范围内，沥青混合料在压路机作用下不会产生水平推移、表面开裂，压实阻力较小，可用较少的碾压遍数获得较小的空隙率和较高的密实度。沥青混合料的合理碾压温度与矿料级配组成、沥青用量、压实设备等有关。一般情况下，沥青混合料的合理碾压温度上限为 160℃，下限为 70℃。

当对沥青混合料的拌和温度、出厂温度、摊铺温度进行有效控制，混合料摊铺后的温度一般在合理碾压温度之内，所以初压应紧跟在摊铺机后及时进行。同时，复压是保证混合料密实程度的关键阶段，应尽量提高复压温度，不应为提高平整度而降低碾压温度。终压的目的主要是消除碾压轮迹，所以在保证碾压终了温度要求的前提下，温度不宜过高。

(2)充分保证有效压实功

影响沥青混合料压实功的因素主要有压实设备类型、压实速度、振动频率与振幅、碾压遍数等。在沥青混合料的合理碾压温度范围内施加的压实功，对提高混合料的密实程度有显著作用，属于有效压实功。当碾压温度过高或过低时，压实功提高混合料密实程度的作用并不明显，反而会出现推移、裂纹等。

根据混合料类型和摊铺层厚度选择合适的压实设备后，合理的压实速度对减少碾压时间，提高作业效率十分重要。压实速度过低，会使摊铺与压实工序间断，难以在有效压实时间内完成碾压工作，甚至需要增加压实遍数方可提高密实程度；压实速度过快，容易出现推移、横向裂缝等，也不利于混合料的密实。因此，一般情况下合理的压实速度宜控制在 2～4km/h 内，轮胎压路机可适当提高，但也不宜超过 5km/h。实际压实速度应根据试验路修筑确定。

碾压遍数主要根据试验路修筑情况确定。通常初压采用钢轮压路机静压 1～2遍，复压根据试验确定，终压采用双钢轮压路机或关闭振动的振动压路机碾压不少于 2 遍，直至无轮迹为止。

目前沥青混合料的复压阶段较多采用调频调幅的振动压路机。振频主要影响表面压实质量，合理的振频应使冲击间距比压实层厚度要小一些，以避免表面出现短的波纹。振频在33～50Hz之间选择，能得到良好的压实效果。振幅主要影响压实深度。当碾压层较薄时，宜选用高振频、低振幅，以防止集料破碎；而碾压层较厚时，则可满足最低振频的要求下，选取较高的振幅，以产生较大的激振力，达到压实的目的。一般情况下，压路机振幅宜在0.4～0.8mm之间选择。

(3)高度重视特殊路段碾压

对于小半径弯道、交叉口、路边、陡坡等特殊路段，应采取适宜的压实作业方式，保证压实质量，避免密实程度不均匀。

在弯道或交叉口的碾压，应先用铰接转向式压路机作业，从弯道内侧或弯道较低一边开始碾压(使较低的一侧混合料首先稳定，以形成支承边)。对急弯应尽可能采取直线式碾压(即缺角式碾压)，并逐一转换压道，对缺角处用小型机具压实。压实中应注意转向同速度相吻合，尽可能开振动碾压，以减少剪切力。

压路机在无支承边的厚层上碾压时，可在离边缘30～40cm(较薄层时，预留20cm)处开始碾压作业。这样，就能在路边压实前，形成支承侧面，以减少沥青混合料碾压时铺层塌边。接下来碾压留下的未压部分时，压路机每次只能向自由边缘方向推进10cm。

在陡坡碾压时，压路机的很大部分作用力将向下坡方向，因而增加了混合料顺坡下移的趋势。为改变这种趋势，除了下承层表面必须清洁、干燥、喷洒黏层沥青外，压实时应注意，先采用轻型压路机预压(轮胎压路机不宜用作预压)。无论是上坡还是下坡，压路机的从动轮始终朝着摊铺机方向，即从动轮在前，驱动轮在后(与一般路段碾压时相反)。这样做，从动轮起到了预压作用，从而使沥青混合料能够承受驱动轮产生的剪切力。如果采用振动压路机，则应先静碾，待混合料稳定后，方可采用低振幅的振动碾压。陡坡碾压中，压路机的起动、停止、变速要平稳，避免速度过高或过低，混合料温度不宜过高。

第五节　施工质量控制检查

1. 材料质量控制

原材料的质量是保证路面质量至关重要，目前我国沥青路面出现的诸多损坏，与原材料质量不佳关系密切。原材料质量控制包括材料来源、质量、规格、堆放、储存等。应重视“事前检查”，施工前应以同一料源、同一批次的相同规格品种的原材料作为一“批”进行严格检查控制，保证每“批”材料的质量均符合要求。施工过程中，应对检查合格进场后的各种原材料进行抽样试验，以确定质量稳定性。检查项目与频度见表9-7。

沥青混合料生产过程中，应对混合料质量进行严格控制，按表9-8的项目和频度检查沥青混合料产品的质量。

从料堆和皮带运输机随时目测各种材料的质量和均匀性，检查泥块及超粒径集料，检查冷料仓有无窜仓。目测混合料拌和是否均匀，有无花白料，油石比是否合理，检查集料和混合料的离析情况。检查控制室拌和机各项参数的设定值、控制屏的显示值，核对计算机采集和打印记录的数据与显示值是否一致。检测沥青混合料的材料加热温度、混合料出厂温度。

材料质量检查项目与频度

表9-7

材料	检查项目	检查频度		试验规程规定的平行试验次数或一次试验的试样数
		高速公路、一级公路	其他等级公路	
粗集料	外观(石料品种、含泥量等)	随时	随时	—
	针片状颗粒含量	随时	随时	2~3
	颗粒组成(筛分)	随时	必要时	2
	压碎值	必要时	必要时	2
	含水率	必要时	必要时	2
细集料	颗粒组成(筛分)	随时	必要时	2
	砂当量	必要时	必要时	2
	含水率	必要时	必要时	2
	松方单位重	必要时	必要时	2
矿粉	外观	随时	随时	—
	<0.075mm含量	必要时	必要时	2
	含水率	必要时	必要时	2
沥青	针入度	每2~3d1次	每周1次	3
	软化点	每2~3d1次	每周1次	2
	延度	每2~3d1次	每周1次	3
	含蜡量	必要时	必要时	2~3

混合料质量检查项目与频度

表9-8

项目		检查频度及单点检验评价方法	质量要求或允许偏差		试验方法
			高速公路、一级公路	其他等级公路	
混合料外观		随时	观察集料粗细、均匀性、离析、油石比、色泽、冒烟、有无花白料、油团等现象		目测
拌和温度	沥青、集料的加热温度	逐盘检测评定	沥青：160~170℃ 集料：170~180℃		传感器自动检测、显示并打印
	混合料出厂温度	逐车检测评定	160~180℃		传感器自动检测、显示并打印

续上表

<table>
<tr><th colspan="2" rowspan="2">项　　目</th><th rowspan="2">检查频度及单点检验评价方法</th><th colspan="2">质量要求或允许偏差</th><th rowspan="2">试验方法</th></tr>
<tr><th>高速公路、一级公路</th><th>其他等级公路</th></tr>
<tr><td colspan="2" rowspan="3">沥青用量(油石比)</td><td>逐盘在线监测</td><td colspan="2">±0.3%</td><td>计算机采集数据计算</td></tr>
<tr><td>逐盘检查,每天汇总1次取平均值评定</td><td colspan="2">±0.1%</td><td>总量检验</td></tr>
<tr><td>每台拌和机每天1～2次,以2个试样的平均值评定</td><td colspan="2">±0.3%</td><td>抽提T0722、T0721</td></tr>
<tr><td rowspan="9">矿料级配(筛孔)</td><td>0.075mm</td><td rowspan="3">逐盘在线检测</td><td colspan="2">±2%</td><td rowspan="3">计算机采集数据计算</td></tr>
<tr><td>≤2.36mm</td><td colspan="2">±5%</td></tr>
<tr><td>≥4.75mm</td><td colspan="2">±6%</td></tr>
<tr><td>0.075mm</td><td rowspan="3">逐盘检查,每天汇总1次取平均值评定</td><td colspan="2">±1%</td><td rowspan="3">总量检验</td></tr>
<tr><td>≤2.36mm</td><td colspan="2">±2%</td></tr>
<tr><td>≥4.75mm</td><td colspan="2">±2%</td></tr>
<tr><td>0.075mm</td><td rowspan="3">每台拌和机每天1～2次,以2个试样的平均值评定</td><td>±2%</td><td>±2%</td><td rowspan="3">T0725抽提筛分与标准级配比较的差</td></tr>
<tr><td>≤2.36mm</td><td>±5%</td><td>±6%</td></tr>
<tr><td>≥4.75mm</td><td>±6%</td><td>±7%</td></tr>
<tr><td colspan="2">马歇尔试验:空隙率、稳定度、流值</td><td>每台拌和机每天1～2次,以4～6个试件的平均值评定</td><td colspan="2">符合设计要求</td><td>T0702、T0709</td></tr>
<tr><td colspan="2">浸水马歇尔试验</td><td>必要时</td><td colspan="2">残留稳定度不小于75%</td><td>T0702、T0709</td></tr>
<tr><td colspan="2">冻融劈裂试验</td><td>必要时</td><td colspan="2">残留强度比不小于70%</td><td>T0729</td></tr>
</table>

取样抽提、筛分检测混合料的矿料级配、沥青用量。抽提筛分应至少检查0.075mm、2.36mm、4.75mm、公称最大粒径及中间粒径5个筛孔的通过率。沥青用量的检测方法主要有射线法、离心分离法、回流式抽提仪法、烧灼法等。射线法是通过射线法沥青含量测定仪进行测定,需预先进行不同沥青用量标定,将现场测试结果与标定结果进行比较,可以快速确定出沥青用量,但如果标定不准确,或试验仪器有扰动等原因往往使测试结果不太准确。离心分离法和回流抽提法,主要适用于旧路调查时检查沥青混合料的沥青含量,用此法抽提的沥青溶液可用于回收沥青,以评定沥青的老化性能。其基本原理是通过溶剂(三氯乙烯溶剂)将混合料中的沥青充分溶解,经过离心机(或回流抽提仪)进行分离,得出混合料的质量损失即为混合料中沥青的质量,从而求出沥青用量。但该方法最大缺点是溶剂对工作人员污染大。烧灼法是将热拌沥青混合料试样放入高温炉内,使混合料中的沥青全部燃烧,测定燃烧前后的质量,由此求出混合料的沥青

用量。不过，在烧灼过程中，有可能有部分矿粉等集料损失，可能使沥青用量测试值偏高，因此一般应在测试前对设备进行标定。

取样成型试件进行马歇尔试验，测定空隙率、稳定度、流值，计算合格率。如果取样存放一段时间，可能对马歇尔试验体积指标有一定的影响，因此应以拌和厂取样立即成型的试件测试结果为准。

2. 工艺质量控制

施工过程中，应对拌和、摊铺、碾压等工艺环节的质量进行严格控制，当检查结果达不到规定要求时，应查找原因，及时处理。拌和工艺的控制同前面混合料控制。摊铺、碾压过程中，重点控制施工温度、厚度、压实度。对于多年冻土地区，混合料温度损失较快，控制摊铺温度和碾压终了温度极为重要。厚度控制应在摊铺后和碾压时随时量取。铺筑质量检查的内容、频度、允许差应符合表 9-9 规定。

铺筑质量控制项目与要求

表 9-9

项目		检查频度及单点检验评价方法	质量要求或允许偏差		试验方法
			高速公路、一级公路	其他等级公路	
外观		随时	表面平整密实，不得有明显轮迹、裂缝、推挤、油丁、油包等缺陷，且无明显离析		目测
施工温度	摊铺温度	逐车检测评定	开始摊铺温度不低于 140℃		T0981
	碾压温度	随时	碾压终了温度不低于 70℃		插入式温度计实测
厚度	每一层次	随时	设计值的 8%	设计值的 10%	施工时插入法量测松铺厚度及压实厚度
	每一层次	1 个台班区段的平均值	−5mm	—	总量检验
	总厚度	每 2 000m² 一点单点评定	设计值的 −5%	设计值的 −8%	T0912
压实度		每 2 000m² 检查 1 组逐个试件评定并计算平均值	实验室标准密度的 95% 最大理论密度的 91% 试验段密度的 97%		T0924、T0922
平整度	最大间隙	随时，接缝处单杆评定	5mm	7mm	T0931
	标准差	连续测定	2.4mm	3.5mm	T0932
宽度	有侧石	检测每个断面	±20mm	±20mm	T0911
	无侧石	检测每个断面	不小于设计宽度	不小于设计宽度	
纵断面高程		检测每个断面	±10mm	±15mm	T0911
横坡度		检测每个断面	±0.3%	±0.5%	T0911

参考文献

[1] 长安大学.高原多年冻土地区路基路面典型结构研究报告[R].西安:长安大学,2000.

[2] 武憋民,汪双杰,章金钊.多年冻土地区公路工程[M].北京:人民交通出版社,2005.

[3] 周幼吾,郭东信,邱国庆,等.中国冻土[M].北京:科学出版社,2000.

[4] 青藏公路整治改建办.青藏公路格尔木至拉萨段整治改建工程施工技术指导书[M].北京:人民交通出版社,2003.

[5] 徐学祖,等.冻土物理学[M].北京:科学出版社,2003.

[6] 长安大学.多年冻土地区路面设计与施工技术研究报告[R].西安:长安大学,2006.

[7] 西藏自治区交通科学研究所,长安大学.多年冻土地区路面基层修筑技术研究报告[R].拉萨:西藏自治区交通科学研究所,2004.

[8] 臧恩穆,吴紫汪.多年冻土退化与道路工程[M].兰州:兰州大学出版社,1999.

[9] 邱国庆,程国栋.中国的多年冻土——过去与现在[J].第四纪研究,1995,(1):13-23.

[10] 徐学祖.冻土分类现状与建议[J].冰川冻土,1994,16(3):193-201.

[11] 张建明,刘永智,吴青柏.公路工程冻土类型划分研究[J].西安公路交通大学学报,2001,21(4):1-5.

[12] 章金钊,武憋民,李祝龙.高原多年冻土地区公路修筑技术研究的回顾与展望[J].冰川冻土,1999,21(2):187-191.

[13] 简斌,薛刚.冻土对公路工程的危害及应对措施[J].岩土工程,2005,25(6):61-62.

[14] 邓学钧.路基路面工程(第二版)[M].北京:人民交通出版社,2006.

[15] 胡长顺.高等级道路路基路面的施工技术[M].北京:人民交通出版社,1999.

[16] 沙庆林.高等级公路半刚性基层沥青路面[M].北京:人民交通出版社,1998.

[17] 毛雪松,王秉纲,胡长顺.考虑相变作用的冻土路基变形场的数值分析[J].公路交通科技,2007,24(1):6-9.

[18] 王铁行,胡长顺,李宁.冻土路基应力变形数值模型[J].岩土工程学报,2002,24(2):193-197.

[19] 窦明健,胡长顺,何子文,等. 青藏公路多年冻土段路基病害分布规律[J]. 冰川冻土,2002,24(6):779-783.

[20] 窦明健,胡长顺. 多年冻土地区路基设计原则及其应用[J]. 冰川冻土,2001,23(4):402-406.

[21] 窦明健,胡长顺,多吉罗布,等. 青藏公路路面病害成因分析[J]. 冰川冻土,2003,25(4):439-444.

[22] 裴建中,窦明健,胡长顺. 多年冻土地区路基纵向裂缝形成机理研究[J]. 冰川冻土,2006,28(1):116-121.

[23] 李祝龙,章金钊. 青藏公路冻土路基沉降的模糊综合评判[J]. 公路,2000(2):21-24.

[24] 刘永智,吴青柏,张建明,等. 青藏高原多年冻土地区公路路基变形[J]. 冰川冻土,2002,24(1):10-15.

[25] 俞祁浩,刘永智,童长江. 青藏公路路基变形分析[J]. 冰川冻土,2002,24(5):623-627.

[26] 汪双杰,霍明,周文锦. 青藏公路多年冻土路基病害[J]. 公路,2004(5):22-26.

[27] 李述训,吴紫汪. 青藏高原多年冻土区沥青路面下融化盘形成变化特征[J]. 冰川冻土,1997,19(2):133-140.

[28] 原喜忠. 大兴安岭北部多年冻土地区路基沉陷研究[J]. 冰川冻土,1999,21(2):155-159.

[29] 刘戈,章金钊,吴青柏. 多年冻土地区路基变形特征及影响因素[J]. 公路,2006,(11):23-26.

[30] 王铁行. 多年冻土地区路基冻胀变形分析[J]. 中国公路学报,2005,18(2):1-5.

[31] 郭改梅,汪雪瑞,张喜发. 寒区路面问题及处理设计[J]. 中外公路,2003,23(6):17-20.

[32] 王秉纲,邓学钧. 路面力学数值计算[M]. 北京:人民交通出版社,1992.

[33] 孙立军. 沥青路面结构行为理论[M]. 上海:同济大学出版社,2003.

[34] 邓学钧,黄晓明. 路面设计原理与方法[M]. 北京:人民交通出版社,2001.

[35] 郑传超,王秉纲. 道路结构力学计算(上册)[M]. 北京:人民交通出版社,2003.

[36] 张起森. 道路工程有限元分析法[M]. 北京:人民交通出版社,1983.

[37] 任辉启. ANSYS 7.0 工程分析实例详解[M]. 北京:人民邮电出版社,2003.

[38] 丁浩江,何福保,谢贻权,等. 弹性和塑性力学中的有限单元法[M]. 北京:机械工业出版社. 1989.

[39] 钱家欢,殷宗泽. 土工原理与计算[M]. 北京:中国水利出版社. 1995.
[40] 曹东伟,胡长顺. 多年冻土区路基融沉变形的附加应力分析[J]. 重庆交通学院学报,2001,20(3):57-61.
[41] 马骉,姬杨蓓蓓,王秉纲. 多年冻土地区沥青混凝土路面材料对结构附加应力的影响[J]. 公路,2006(12):66-70.
[42] 姬杨蓓蓓,马骉,王秉纲. 冻土地区路基融沉变形对沥青路面结构的影响[J]. 中国公路学报,2006,19(5):1-5.
[43] 马骉,鲍燕妮,姬杨蓓蓓. 多年冻土地区路基不均匀融沉变形计算分析[J]. 公路交通科技,2007,24(1):6-9.
[44] 汪双杰,黄晓明,侯曙光. 多年冻土区路基路面变形及应力的数值分析[J]. 冰川冻土,2006,28(2):217-222.
[45] 汪海年,窦明健,吴敏慧. 青藏高原冻土区路面类型对路基温度场影响的非线性分析[J]. 冰川冻土,2005,27(2):169-175.
[46] 盛煜,马巍,温智等. 多年冻土区铁路路基阴阳坡面热状况差异分析[J]. 岩石力学与工程学报,2005,24(17):3197-3201.
[47] 盛煜,刘永智,张建明. 青藏公路下伏多年冻土的融化分析[J]. 冰川冻土,2003,25(1):43-48.
[48] 沙爱民. 半刚性路面材料结构与性能[M]. 北京:人民交通出版社,1998.
[49] 马骉,王秉纲,梁光模,等. 多年冻土地区温度对水稳砂砾强度形成影响[J]. 公路,2005,(8):129-132.
[50] 马骉,王秉纲. 多年冻土地区湿度对水泥稳定砂砾强度的影响[J]. 长安大学学报(自然科学版),2006,26(5):13-16.
[51] 马骉,王秉纲. 多年冻土地区水泥稳定砂砾抗冻融耐久性模拟试验[J]. 冰川冻土,2006,28(4):613-617.
[52] 马骉,王秉纲. 多孔性基层混合料抗冻融耐久性试验方法[J]. 公路,2006,(5):169-172.
[53] 马骉,陈拴发,王秉纲. 低温施工复合外加剂试验研究[J]. 公路交通科技,2007,(4):16-20.
[54] 廖公云,黄晓明. 水泥稳定粒料收缩试验[J]. 东南大学学报(自然科学版),2001,31(1):70-73.
[55] 徐江萍,陈庆亭. 矿料级配类型对半刚性基层材料早期强度的影响[J]. 公路交通科技,1999,16(3):20-21.
[56] 刘忠根,陈志国,刘雅纯,等. 几种半刚性材料抗冻性能试验及结果分析[J]. 东北公路,1998,21(2):32-35.
[57] 吴赣昌,凌天清. 半刚性基层温缩裂缝的扩展机理分析[J]. 中国公路学

报,1998,11(1):21-28.

[58] 商庆森,杨永顺,程广远. 半刚性材料养生问题研究[J]. 华东公路,2000,(3):55-58.

[59] 丛林,郭忠印,暨育雄,等. 半刚性基层材料性能参数的试验研究[J]. 建筑材料学报,2001,4(4):385-390.

[60] 杨红辉,唐娴,郝培文,等. 半刚性基层材料抗裂性评价方法[J]. 长安大学学报(自然科学版),2002,22(3):13-15.

[61] 黄松元. 散体力学[M]. 北京:机械工业出版社,1993.

[62] 王旭东. 沥青路面材料动力特性与动态参数[M]. 北京:人民交通出版社,2002.

[63] 吴赣昌. 半刚性路面温度应力分析[M]. 北京:科学出版社,1995.

[64] 赵镇南. 传热学[M]. 北京:高等教育出版社,2002.

[65] Maureen A. Kestler. An Open Graded Base to Reduce Thaw Weakening in Flexible Pavements[J]. Cold Regions Engineering,1996.

[66] ASTM. Standard Specification for Graded Aggregate Material For Bases or Subbases for Highways or Airports[A]. ASTM Document Summary, 2003.

[67] Abdel Salem,Gray Guymon. Incorporation of a drainage layer and infiltration to frost[R]. U. S. Army Cold Regions research and Engineering Laboratory,1997.

[68] Vincent C. Janoo,John J. Bayer II. The Effect of Aggregate Angularity on Base Course Performance-ERDC/CRREL TR-01-14[R]. US Army Corps of Engineers,2001.

[69] Nunn,Brown,Weston. Design of long-life flexible pavements for heavy traffic[R]. Transportation Research Laboratory,1997.

[70] ATHAR SAEED,JIM W. HALL,WALTER BARKER. Performance-Related Tests of Aggregates for Use in Unbound Pavement Layers-NCHRP REPORT 453[R]. Transportation Research Board-National Research Council,2001.

[71] Vincent C. Janoo. Quantification of Shape, Angularity, and Surface Texture of Base Course Materials-Special Report 98-1[R]. US Army Corps of Engineers,1998.

[72] Musharraf,Zaman. Resilient Modules Results for Granular Materials[J]. Journal of Transp. Eng,1995,120(6).

[73] 马骉,莫石秀,王秉纲. 级配碎石基于剪切性能的关键筛孔合理范围确定

[J]. 交通运输工程学报,2005,5(4):27-31.

[74] 马骉,莫石秀,王秉纲. 级配碎石抗剪切性能试验研究[J]. 公路交通科技,2005,22(12):39-41.

[75] 莫石秀,马骉,王秉纲. 级配碎石基于CBR的关键筛孔合理范围确定[J]. 广东公路交通,2006,(1):38-40.

[76] 严二虎,沈金安,李福普. 沥青路面级配碎石基层的设计与施工工艺[J]. 公路交通科技,2004,21(3):9-13.

[77] 李长江,栾海,张宏伟. 级配碎石柔性基层设计参数的研究[J]. 公路,2004,(7):153-157.

[78] 王龙,解晓光. 级配碎石材料标准振动成型方法的研究[J]. 公路交通科技,2005,22(7):26-30.

[79] 何兆益,唐伯明. 柔性基层沥青路面非线性特性及模量研究[J]. 公路交通科技,2001,18(1):13-16.

[80] 王龙,孟书涛,徐全亮. 级配碎石基层的设计参数研究[J]. 公路交通科技,2004,21(7):22-27.

[81] 王哲人,曹建新,王龙. 级配碎石混合料的动力变形特性[J]. 中国公路学报,2003,16(1):22-26.

[82] 朱洪洲,黄晓明. 沥青路面粒料基层设计模量取值[J]. 华中科技大学学报(城市科学版),2004,(6):81-83.

[83] 徐光辉,高辉,王哲人. 级配碎石振动压实过程的连续动态监控分析[J]. 岩土工程学报,2005,(11):1270-1272.

[84] 何兆益. 不同成型条件下级配碎石力学特性研究[J]. 东南大学学报,1997,27(1):133-135.

[85] 樊凯,章金钊,陈建兵. 保温材料在青藏公路路基工程中的应用[J]. 公路,2004,(8):163-166.

[86] 曹建新. 级配碎石混合料组成设计的试验研究[J]. 公路,2004,(2):107-110.

[87] 袁峻,邵敏华,黄晓明. 级配碎石的级配选择[J]. 公路,2005,(12):140-145.

[88] 任瑞波,陈静云,王哲人. 级配碎石材料动三轴试验的理论研究[J]. 辽宁交通科技,2004,(6):4-6.

[89] 梁乃兴,韩森,屠书荣. 现代路面与材料[M]. 北京:人民交通出版社,2003.

[90] 郭忠印,李立寒. 沥青路面施工与养护技术[M]. 北京:人民交通出版社,2003.

[91] 王松根，房建果，王林. 大碎石沥青混合料柔性基层在路面补强中的应用研究[J]. 中国公路学报，2004，17(3)：10-15.

[92] 姚祖康，毕艳祥，庄少勤. 沥青碎石排水基层的设计与施工[J]. 公路，2001，(12)：1-6.

[93] 杨群，黄晓明. 沥青稳定基层混合料变形性能试验研究[J]. 东南大学学报(自然科学版)，2001，31(5)：48-52.

[94] 杨群，黄晓明. 沥青稳定基层混合料设计方法研究[J]. 东南大学学报(自然科学版)，2001，31(3)：44-47.

[95] 杨群，黄晓明. 沥青稳定基层混合料正交试验研究[J]. 公路交通科技，2000，17(4)：4-7.

[96] 葛折圣，黄晓明. 根据疲劳性能优选沥青稳定基层的矿料级配[J]. 东南大学学报(自然科学版)，2001，31(3)：103-108.

[97] 叶志华，冯光乐，吴少鹏，等. 沥青稳定碎石柔性基层的级配设计及施工[J]. 武汉理工大学学报(交通科学与工程版)，2006，(10)：919-922.

[98] 郝培文. 沥青路面施工与维修技术[M]. 北京：人民交通出版社，2001.

[99] 邵明建. 沥青路面机械化施工技术与质量控制[M]. 北京：人民交通出版社，2001.

[100] 孙江. 公路路面基层施工[M]. 北京：人民交通出版社，2001.